모빌리티
이코노믹스

자동차 산업과 블록체인이 이끌어갈 새로운 경제 패러다임

MOBILITY ECONOMICS

모빌리티 이코노믹스

크리스 밸린저, 후카오 산시로 지음 · 유윤한 옮김

서울문화사

일러두기

- 본문 괄호 안의 설명 중 역자 주는 '옮긴이'로 표시했고, 그 외에는 모두 원문에 따랐습니다.
- 본문 안에 소개된 도서 중 한국에 출간된 책은 한국어판 제목에 따라 표기했습니다.

"Coming together is a beginning; keeping together is progress;
working together is success."

-

모이면 시작할 수 있고, 단결하면 발전할 수 있으며,
함께 일하면 성공할 수 있다.

-

Henry Ford

머리말

크리스 밸린저

오늘날 많은 독자들이 신문이나 언론에서 블록체인이라는 말을 매일 보거나 듣고 있지 않을까 생각합니다. 블록체인이란 여러 대의 컴퓨터들이 거래 데이터를 서로 공유하고 검증하면서 거래에 대한 올바른 기록을 쌓아가는 기술입니다. 그리고 이 과정에는 지극히 해독하기 어려운 암호기술이 이용됩니다. 블록체인이란 이름은 데이터가 모인 블록(덩어리)이 체인처럼 계속 이어져 있다는 데서 비롯된 것입니다.

이런 형태로 데이터 기록을 쌓아나가면 중간에 어떤 데이터가 수정될 경우 해당 데이터를 포함하는, 블록 뒤에 연결되는 다른 모든 블록들에 영향을 끼칩니다. 만일 누군가 그런 영향을 배제하고 데이터를 조작하려면 방대한 비용을 들여 난해한 암호를 풀어야 합니다. 하지만 블록체인은 이런 일을 엄두도 내지 못하도록 조작이 불가능하게 만들어졌습니다. 사실상 데이터를 조작할 수 없다는 것이야말로 블록체인의 가장 중요한 특징입니다. 또, 관리자가 없는 분산형 네트워크라는 특성도 가지고 있습니다. 이런 특징들은 여러 영향을 끼쳐 사회나 산업의 디지털 전환Digital Transformation : DX(디지털기술을 이용한 변혁)이나 새로운 비즈니스 창조로 연결됩니다. 이에 대한 자세한 설명은 본문에서 이어가려 합니다.

블록체인은 2008년 암호화폐 비트코인의 원천기술로서 갑자기 세상에 나타났습니다. 이 새로운 기술과 개념은 지금도 엄청난 속도로 진화하고 있습니다. 현재는 발전 무대를 핀테크 중심의 금융 영역에서 다른 산업 분야로 글로벌하게 확대 중입니다. 그중에서도 블록체인이 특히 주목받는 분야는 세계경제에 영향력이 큰 자동차 산업입니다.

이 책은 필자가 뜻을 같이하는 사람들과 함께 설립한 자동차 업계 세계 최대 규모의 컨소시엄(공통 목적을 위한 협회)인 모비MOBI : Mobility Open Blockchain Initiative의 활동이나 토론 등에 기반해 쓰였습니다. 변혁기에 들어선 자동차 산업이 다가오는 블록체인 사회를 어떻게 맞이하고 있는지, 그리고 블록체인은 자동차에 어떤 변화를 일으키고 있는지를 설명하고자 합니다.

외람되지만, 이 머리말에서 '정통 도요타맨'으로서 블록체인의 여명기를 목격했던 저의 경험을 바탕으로 간단히 자기소개를 하고자 합니다. 이를 통해 MOBI의 설립 경위를 밝히다 보면 지금 자동차 산업에서 일어나고 있는 큰 변화의 흐름을 독자 여러분께 전달해드릴 수 있지 않을까 합니다.

⊙ 블록체인과의 만남

오래전 이야기지만, 저는 1980년대 초 레이건 대통령의 경제자문위원회에서 국제무역 전문가로 활동한 후 미국 캘리포니아대학 버클리 분교UC Berkeley(UC버클리)에서 경제학 석사학위를 취득했습니다.

당시는 파생상품derivatives이나 스트럭처드 파이낸스Structured Finance(구조화 금융)의 여명기였습니다. UC버클리를 졸업한 후에는 신용카드 회사인 프로비디언 파이낸셜Providian Financial과 큰 은행인 뱅크오브아메리카Bank of America에서 금융공학 전문가로서 경력을 쌓았습니다.

이때의 경험을 바탕으로 이후 저는 금융위기 관리 업무를 전문으로 맡았습니다. 도요타 자동차의 세계 최대 자회사이자 금융 서비스 회사인 도요타 모터 크레디트 코퍼레이션TMCC에서 2008년부터 2017년까지 최고재무책임자CFO를 맡았고, 2014년부터 2017년까지는 도요타 파이낸셜 서비스TFS의 글로벌 이노베이션Global innovation 부문을 맡아 이끌었습니다.

제가 도요타를 떠나기 전 마지막으로 한 일은 2017년부터 2018년까지 실리콘밸리에 있는 도요타 리서치 인스티튜트TRI에서 CFO와 모빌리티 서비스 부문장을 맡은 것이었습니다. TRI에서는 자율주행 시스템 개발, 자동차의 커넥티드connected화 진행에 따른 새로운 비즈니스 모델 구축, 새로운 MaaSMobility as a Service(서비스형 모빌리티, 즉 다양한 이동수단을 통합해 출발지부터 목적지까지 최적의 이동 방식을 제공하는 통합 교통 서비스) 플랫폼 구축이 저의 일이었습니다.

UC버클리에서 경제학을 공부할 때 학습 과제들 중 '민간기업이 돈을 찍어내는 것은 쉽지 않다'라는 주제가 있었습니다. 그것은 민간기업이 지폐를 찍어낼 수 없거나 화폐를 제조할 수 없다는 의미가 아니었습니다. 민간 통화 발행자는 비밀리에 공급량을 늘려 통화가치를 떨어뜨리기 쉬우므로, 민간기업이 발행하는 통화는 신용이 떨어질 수밖에 없다는 말이었습니다.

이처럼 신용과 관련된 문제는 통화보다는 여러 관계자가 존재하는 시스템에서 더욱 일반적입니다. 특히 이런 신용문제는 디지털 환경에서 더욱 심각합니다. 왜냐하면 디지털 사회에서는 위조, 사기, 신분 세탁 및 ID 도용과 관련된 비용이 적게 들기 때문입니다. 이것은 컴퓨터 사이언스 분야에서 유명한 문제로, 1980년경부터 오랫동안 논의되어왔으며, '비잔틴 장군 문제Byzantine Generals Problem(전쟁을 치를 때 전체 장군 중 신뢰할 수 있는 충직한 장군을 3분의 2 이상 확보해야 한다는 말로 네트워크 참가자들의 신뢰성을 비유한 것 - 옮긴이)'라고도 합니다.

2008년에 사토시 나카모토Satoshi Nakamoto(일본인이라는 추측 아래 성을 먼저 불러 나카모토 사토시라고도 함 - 옮긴이)는 이 문제의 해결책과 관련된 짧은 백서 하나를 발표했습니다. 그 해결책은 암호기술, 교묘한 인센티브 설계, 게임 이론을 구사해 짜낸 것이었고, 이를 실현해낸 것이 바로 비트코인이었습니다. 비트코인은 앞서 언급한 신용문제를 해결해 민간인이 발행한 최초의 통화입니다. 사토시 나카모토가 비트코인을 통해 구현해낸 솔루션은 재화, 서비스, 데이터에 이르기까지 모든 것에 적용할 수 있어 비중앙집권적·분산형 시스템 안에서 어떠한 가치라도 교환할 수 있게 해줍니다.

저는 이 아이디어에 큰 흥미를 느꼈습니다. 그리고 이 아이디어에 대해 깊게 생각하고 보다 많이 배우게 될수록 여러 가지 활용 사례들이 떠올랐고, 충격과 놀라움은 점점 더 커졌습니다.

블록체인, 좀 더 일반적으로 말하자면 분산원장기술Distributed Ledger Technology : DLT은 디지털 트윈(현실 세계에 존재하는 대상이나 시스템의 디지털 버전-옮긴이), 마이크로페이먼트Micropayment(온라인상의 소액결제), 신뢰성 높은 공적 데이터 공유Trusted Shared Public Data, 개인 데이터 보호Protection of Personal and Company private Data 등을 가능하게 해줍니다. 저는 시간이 지날수록 과거의 컴퓨터나 인터넷의 출현과 마찬가지로 블록체인이 중대하고 파괴적인 힘을 갖게 될 것이라고 확신했습니다. 그리고 지금 자동차 산업 자체에 찾아오는 변화처럼 파괴적인 영향을 모빌리티(사람들의 이동을 편리하게 해주는 각종 서비스나 이동수단-옮긴이) 전반에 끼치게 될 것도 확신했습니다.

⊙ 사물 인터넷의 노드로 변한 차

블록체인은 왜 이렇게 큰 영향력을 가지게 된 걸까요? 그 이유를 이해하려면 우선 지금 모빌리티에 어떤 파괴적인 변화와 새로운 트렌드가 찾아오고 있는지를 알 필요가 있습니다.

최신 자동차는 스마트폰과 연결되어 있고, 차량 내 부품들도 인터넷으로 연결되어 있습니다. 새로운 센서나 차내 컴퓨터를 갖춘 이런 커넥티드 카connected car는 IoTInternet of Things(사물 인터넷)에서 하나의 노드와 같은 역할을 할 수 있습니다. 즉, 컴퓨터 네트워크상 하나의 단말장치와 같다고 할 수 있습니다.

IoT는 차량 관련 재화나 서비스가 개인 소유에서 MaaS로 전환되는 현상을 가속화시켜 이용량에 근거한 모빌리티 소비를 촉진합니다. 센서를 통한 데이터 접속과 컴퓨터 시스템의 도입으로 이제 자동차는 머신러닝과 인공지능AI 기반의 가치 있는 플랫폼이 되고 있습니다.

블록체인을 이용하면 인가된 사용자만 정보자산에 접근하도록 허락하는, 기밀성 높은 아이덴티티를 사물에 줄 수 있고, 가상공간에 현실의 쌍둥이인 디지털 트윈을 창조할 수도 있습니다. 그리고 디지털 공간에서 실현한 효율성을 실제 세계로 확대 적용할 수도 있습니다. 블록체인, IoT, AI의 결합은 사람이든 물건이든 자동차든 모든 엔티티(존재물)가 안전한 디지털 아이덴티티(디지털 ID)와 지능을 가지고 자율적으로 거래할 수 있게 해줍니다.

⊙ 차량 자율결제, 공급망 관리의 진화, 모빌리티 데이터 공유의 효율화 실현

지난 수년간 자율주행 시스템 개발을 위해 수십억 달러의 자금이 투입되었습니다. 그러나 진정한 자율주행(인간이 전혀 관여하지 않는 완전 자율주행, 레벨 5)의 실현은 여전히 먼 미래의 이야기입니다.

자율주행차의 실현보다 훨씬 앞서 자동차는 다른 것을 먼저 자율적으로 해결하게 되었습니다. 그것은 바로 자율주행보다 훨씬 더 큰 영향을 끼치고, 나아가 파괴적인 변화를 불러올 자율결제Autonomous Payments입니다. 자율결제를 구현하는 기술은 반도체 칩, 센서 그리고 커넥티드 카로 이미 갖추어졌습니다.

블록체인은 차량에 보안이 엄격한 디지털 ID를 부여하는 기술입니다. MOBI 커뮤니티가 이름 붙인 '새로운 이동경제The New Economy of Movement'에서는 사람, 인프라, 차량이 서로 자율적으로 거래와 결제를 하고, 서비스를 제공하며, 데이터를 교환합니다.

이러한 자율거래는 최종적으로 사용한 만큼 지불하는 방식Pay-As-You-Go입니다. 배기가스나 교통 정체처럼 사회적 비용이 드는 부분에 대한 운전자 부담, 도로 이용료, 보험료, 주유비 등 이동 서비스가 치러야 할 여러 가지 지불에 적용할 수도 있습니다.

블록체인은 모빌리티 서비스 이외에 공급망Supply-chain : SC 관리의 효율도 높여줍니다. 블록체인 기반 공급망에서는, 부품마다 각각 디지털 ID를 가지고 있습니다. 따라서 제조·조립 공정의 심리스seamless(경계가 없는) 추적, 불량 공정 파악, 모조품 혼입 배제, 수입 거래 등을 효율적으로 할 수 있습니다.

차량이나 부품에 디지털 ID를 부여하는 이런 변화는 모빌리티 전반의 데이터에도 적용할 수 있습니다. 그 결과 P2P의 데이터 공유나 비즈니스 협업의 효율성은 더욱 높아질 것입니다.

⊙ 블록체인은 팀 스포츠

최근 눈부신 기술 발전 속에서, 특히 지난 몇 년 동안은 자율주행 개발 등의 과대광고도 쏟아져 나왔습니다. 그런데 이런 상황에서 명확한 의문이 한 가지 떠오릅니다. 왜 블록체인이 제조, 모빌리티, 비즈니스 협업 등에서 널리 활용되고 있지 않는가 하는 점입니다.

그 해답은 블록체인기술의 여명기에 우리가 경험했던 일에서 찾을 수 있습니다. 2017년 2월, 저는 TRI의 엔지니어와 블록체인 업계의 선두 주자들을 한자리에 모아 회의를 했습니다. 그 후 회의 결과를 바탕으로 TRI에서는 여러 기술 검증Proof of Concept : PoC을 실시했습니다. 이런 PoC는 모두 블록체인의 활용 사례를 테마로 한 것들이었습니다.

테마에는, 라이드&카 셰어링, UBI보험(운전습관연계보험), 자율주행이나 머신러닝과 관련된 데이터 공유, 카 월렛, 디지털 차량 ID Vehicle Identity : VID가 포함되었습니다. 2017년 5월 저를 포함한 TRI 구성원들이 세계 최대의 블록체인 행사인 '컨센서스Consensus'에서 이들 PoC 결과를 발표하자 수많은 미디어가 긍정적으로 평가해주었습니다.

그러자 다른 자동차 제조사의 엔지니어들로부터 '우리 회사도 같은 PoC를 실시하고 있다'든지, '우리도 블록체인기술의 상업화, 비즈니스 실행 및 상품화와 관련해 벽에 부딪치고 있다'라는 이야기가 많이 들려왔습니다. 그때 우리 모두는 블록체인기술에 거대한 잠재성이 있지만, 상업화되려면 수많은 작업을 거쳐야 한다는 사실을 깨달았습니다.

차량, 부품, 거래, 일부 교통 기반시설을 블록체인에 연결하는 것은 그리 어려운 문제가 아니었습니다. 우리가 성공한 PoC에서는 블록체인 연결은 비교적 쉬운 문제였습니다. 그 대신 정말 어려운 문제로 드러난 것은 스케일링(블록체인의 규모, 혹은 확장성 문제)과 우리가 추구하는 차세대 모빌리티에 블록체인이 도입된 후, 그 기세가 이제는 티핑포인트(전환점)에 가까워지고 있다는 점입니다.

모빌리티에 대한 블록체인의 본격 도입을 앞둔 현시점에서 우리는 완전히 새로운 지적 틀을 구축할 필요가 있습니다. 그 틀은 자동차, 도로, 모빌리티 서비스가 스스로를 식별identify해 자율적으로 데이터를 교환하며 지급을 실행하는 방법에 관한 기준을 제시하는 것이어야 합니다.

결국 우리는 최소기능제품Minimum Viable Product : MVP(최소기능만 갖추어 빠르게 구현된 제품으로 고객들의 반응과 피드백을 통해 보완점을 알아낼 수 있음 - 옮긴이)뿐만 아니라 최소기능커뮤니티Minimum Viable Community : MVC를 만들 필요가 있었습니다. 사실 블록체인 도입의 열쇠는 기술이라기보다는 커뮤니티 형성에 있음을 알게 되었기 때문입니다.

블록체인의 기술 향상을 위해 설립된 프로젝트인 '하이퍼레저Hyperledger'의 최고책임자이자 MOBI의 고문인 브라이언 벨렌도프Brian Behlendorf는 자주 이렇게 말합니다.

"블록체인은 팀 스포츠입니다."

⊙ MIT 모임 거쳐 MOBI 탄생

2017년 9월, 기술 검증 초기 단계에 있던 우리는 미국 매사추세츠 공과대학교MIT의 미디어 랩MIT Media Labs이 만든 '디지털 통화 이니셔티브Digital Currency Initiative'의 후원 아래 첫 모임을 가졌습니다.

이 작은 모임은 도요타 외의 다른 자동차 제조 기업 6개 사의 담당자, 몇 개의 블록체인 스타트업, MIT 미디어 랩의 퍼실리테이터Facilitator(개인이나 집단의 문제해결 능력을 키워주기 위해 자극하고 돕거나 교육훈련 프로그램 실행에서 중재 및 조정 역할을 하는 사람-옮긴이) 몇 명으로 구성되었습니다. 우리는 이 모임을 통해 커뮤니티 형성이 가치 있는 일임을 확인했습니다.

그 후 몇 번의 회합을 거쳐 우리의 생각을 정리하고, 그에 따른 행동 계획을 세웠습니다. 또, 이런 노력을 이끌어가기 위한 비영리단체NPO 컨소시엄을 설립하자고 만장일치로 합의했습니다. 이 일이 너무 흥미로웠기 때문에 저는 이 컨소시엄의 초대 CEO로서 자원봉사하기로 결심했습니다. 몇 달 후 TRI를 퇴직했고, 2018년 5월 2일에는 드디어 MOBI 설립을 공식 발표하기에 이르렀습니다.

설립할 때 MOBI에는 35개 조직이 참여했고, 많은 글로벌 자동차 제조 기업, 블록체인 스타트업, 테크 기업, 공공기관, 비정부기구NGO들이 회원이 되었습니다.

MOBI는 블록체인과 관련 기술을 활용해 사람과 물건의 수송을 보다 친환경적이고 보다 효율적이며 보다 저렴한 가격으로 해내는 것을 목표로 하는 회원 주도 컨소시엄입니다. 이 컨소시엄의 주요 활동은 스마트 모빌리티 블록체인 도입을 위해 업계 표준이 마련되도록 연구 및 교육을 실시하고, 이노베이션 플랫폼을 형성하며, 국제 전문가 회의(콜로키엄)를 열고, 분과회 조성 등을 하는 것입니다.

MOBI는 하나의 커뮤니티로 창립된 이래 아시아, 유럽, 남북 아메리카로 거의 균등하게 회원 수를 늘려가고 있습니다. 현재는 100개 이상의 조직이 회원으로 참여한 큰 컨소시엄이 되었습니다. 코로나19 사태 때도 MOBI의 성장은 꺾이지 않아 최근에도 일본 히타치제작소나 미국 아마존 웹 서비스AWS 등 글로벌 기업의 참여가 이어지고 있습니다. 이처럼 빠른 성장이 가능한 이유는 블록체인기술 도입에 자동차 산업계의 높은 관심이 쏠리고 있고, 아무리 큰 기업이라 해도 독자적으로 필요한 커뮤니티를 구축하기는 어렵다는 현실 인식이 깔려 있기 때문이라고 봅니다.

⊙ 지금까지 걸어온 길

창립 후 2년여를 지나는 동안 MOBI는 블록체인을 이용한 차량 ID의 기술 표준을 발표했고, 이와 관련해 6개 분과회 활동을 시작했습니다. 그 분과회의 주제는 VID와 더불어 공급망, 커넥티드 카와 데이터 거래 시장Connected Mobility&Data Marketplace : CMDM, 전기차EV와 전력망의 융합EV to Grid Integration, 사용자 기반 운전습관연계보험Usage-based Insurance : UBI, 금융, 증권화 및 스마트 계약Finance, Securitization and Smart Contracts : FSSC 등으로 다양하게 나뉩니다.

각 분과회에서는 회원 기업 소속 전문가들이 회장과 부회장을 맡고 있으며, 기술 표준 작성과 특정 활용 사례를 비즈니스로 구현하기 위한 데이터 구조 구축을 목표로 활발히 활동하고 있습니다. 분과회에서 다루는 활용 사례에 대해서는 본문에서 소개하겠습니다.

또, MOBI는 교육 이벤트로서 국제 전문가 회의를 전 세계에서 실시하고 있으며, 회원으로 가입한 각 조직들이 준비한 일반인 대상 강의도 SNS에 올리고 있습니다. 덧붙여 MOBI의 회원인 조직들에도 이들이 관심을 가지는 테마나 기술의 조사 보고서를 작성해 제공하고 있습니다.

2020년 6월, MOBI는 회원으로 가입한 기업들을 위한 서비스도 시작했습니다. 각 기업들이 제품 개발을 위해 데이터를 공유하고 협업하도록 돕기 위해 한 분과회에서 개발한 공유형 데이터 레이어Shared Data Layer를 제공하기로 한 것입니다. 이것의 이름은 오픈 모빌리티 네트워크Open Mobility Network : OMN이고, VID의 기술 표준을 기초로 한 것입니다.

이외에도 MOBI 커뮤니티는 블록체인을 이용한 개방적인 데이터 거래 시장 플랫폼인 '사이토피아Citopia'를 개발했습니다. 사이토피아는, 커넥티드 카가 운행되는 모빌리티 생태계에 모여든 모든 관계자들이 활용할 수 있는 분산형 애플리케이션DApp(블록체인을 활용한 앱)입니다. 도시(자치체)나 교통 기반시설의 관리자가 사이토피아를 활용하게 되면, 교통 정체나 배기가스 등에 의한 사회적 비용을 회수하기 위해 원인 제공자의 상태를 재빨리 파악할 수 있습니다. 예를 들어, 운전자가 이런 사회적 비용 발생에 얼마나 책임이 있는지를 정확하게 알아내고 이를 바탕으로 요금을 재빠르게 계산해 징수할 수 있습니다. 또, 보다 친환경적으로 효율적인 이동을 하는 사용자에게는 토큰(암호화폐)을 주는 인센티브 설계도 가능합니다.

⊙ 모빌리티와 자동차 산업의 지속가능성 추구

저는 MOBI가 추구하는 많은 계획을 이 책에서 다루는 데 자부심을 느낍니다. 왜냐하면 아시아의 독자들이 이 책을 읽게 됨으로써 MOBI 커뮤니티의 생각과 이상을 널리 알릴 수 있기 때문입니다. 또, 이 기회를 활용해 자동차 애널리스트이자 이 책의 공동 저자인 후카오 산시로 씨와 제가 지금까지 블록체인을 탐구하고, 배워온 것을 독자 여러분과 공유하고 싶습니다. 그래서 보다 친환경적이고, 보다 효율적이며, 보다 일상적이고 친근한 모빌리티 실현을 함께 추구해갈 수 있기를 바랍니다.

2019년 2월 독일 뮌헨에서 MOBI 국제 전문가 회의를 개최하면서 후카오 씨와 처음 만났습니다. 사실 그전부터 이미 우리는 SNS나 이메일로 수많은 정보를 교환할뿐더러 토론하고 있었습니다. 그렇게 된 계기는 후카오 씨가 2018년에 출간한 전작 《모빌리티 2.0Mobility 2.0》에서 나와 MOBI를 언급한 사실을 도요타에서 함께 근무했던 친구가 알려주었기 때문입니다. 그 후 나는 링크드인Linked-in에 후카오 씨를 초대했고, 우리의 인연은 그렇게 시작되었습니다.

후카오 씨와 나는 여러 가지 면에서 마음이 맞았습니다. 일단 두 사람 다 대학 시절 경제학을 전공했습니다. 그리고 이 책에서 다루는 경제학의 중요 논점(거래비용, 정보의 비대칭성, 공유지의 비극 등)에서부터 모빌리티·자동차 산업에 이르기까지, 많은 문제에서 우리 두 사람은 블록체인의 유효성을 추구하고 있습니다.

덧붙여, 한층 더 중요한 공통점이 있습니다. 우리는 자동차를 소유하거나 이용할 수 없는 전 세계 90% 이상의 사람들이 혜택을 받게 될 지속가능한 모빌리티 사회를 실현하는 데 블록체인이 공헌하리라 믿고 있습니다.

또, 우리 두 사람은 모두 블록체인을 활용해 '부의 분산'을 이루려는 생각을 품고 있습니다. 블록체인기술은 모빌리티 비즈니스의 부가가치가 이른바 GAFA라 불리는 데이터 기업들(구글, 애플, 페이스북, 아마존)에 과도하게 치우치지 않도록 막아줄 것입니다. 그리고 기존 자동차와 부품 제조 기업이나 유통업자가 부가가치를 되찾도록 도와줌으로써, 자동차 산업 전체의 지속가능성을 개선시킬 것으로 보입니다. 우리 두 사람은 이런 생각을 알리기 위해 함께 책을 쓰자는 데 기꺼이 동의했습니다.

이 책의 공동저자인 후카오 씨는 전 세계 자동차 산업 동향에 정통한 자동차 애널리스트입니다. 특히 유럽과 아시아에서 광범위한 인적 네트워크를 꾸리고 있으며, 2019년부터는 MOBI의 고문Advisor을 맡고 있습니다. 그리고 2020년부터 MOBI 이사회의 결의에 따라 이사Board of Director를 맡고 있습니다. 후카오 씨는 아시아 지역 네트워크 확대나 활용 사례의 탐색과 관련해 MOBI의 경영에 조언을 해주고 있습니다. 특히 이 책을 통해 블록체인 사회에서도 빠른 발전을 보이는 아시아 관련 최신 정보나 그에 대한 후카오 씨의 지식과 식견을 공유하게 되어 매우 기쁘게 생각합니다.

⊙ 아시아에 전하는 메시지

저는 이 책이 아시아에서 출판된다는 사실에 기쁨을 느낍니다. MOBI를 통해 우리가 해나가는 일들이 아시아의 제조업이나 자동차 기업의 르네상스에 공헌하리라 생각하기 때문입니다. 경작지나 천연자원 및 광물의 자급량이 계속 감소하는 나라는 무엇인가 다른 산업에서 특화시킬 수 있는 것을 찾아 주력해야 합니다. 그리고 이런 상황은 새로운 데이터경제 발전이 필수임을 뜻합니다.

최근 IoT, 에지 컴퓨팅(분산된 소형 서버들을 통해 실시간으로 데이터를 처리하는 방식-옮긴이), 머신러닝을 위한 공유형 데이터 구조, 협조형 비즈니스 생태계 출현으로 실리콘밸리의 거대 테크 기업이 가진 비즈니스 우위성 중 상당 부분이 사라지고 있습니다. 심지어 그들이 누리던 몇몇 장점들은 이제 스스로의 활동에 장애가 될 것입니다.

21세기 초 20년 동안 기업 성장의 원동력이 되어 막대한 부를 이루게 해준 것은 독점적인 데이터 보유와 알고리즘이었습니다. 데이터를 독점하면, 세계 최고의 기업으로 군림할 수 있던 시기였습니다. 저는 그런 현장을 목격한 사람 중 한 명입니다. 그러나 앞으로 펼쳐질 세계에서는 개방적인 시스템, P2P 거래, 협조형 비즈니스 네트워크가 주류를 이루어 과거 20년간 데이터 독점자가 누렸던 영광은 계속되기 어려울 것입니다.

코로나19 바이러스가 불러일으킨 팬데믹은 많은 비즈니스 거래가 디지털 분산형으로 이행되도록 자극하고 있습니다. 물론 아직까지는 경제 전반에서 은행, 에스크로(제3자가 구매자와 판매자 간 상거래가 원활히 이루어지도록 중재하는 매매보호 서비스-옮긴이), 회계, 법률, 아비트레이션(제3자의 중재 및 조정)과 같은 광범위하고 값비싼 중간업자 서비스를 필요로 합니다. 시장경제가 제대로 돌아가기 위해 이런 서비스는 없어선 안 될 요소라 할 수 있습니다. 하지만 오늘날 대두되고 있는 M2M경제Machine-to-Machine Economy(기계끼리 거래하는 경제)에서는 설 자리를 잃어갈 것입니다.

블록체인의 주요 특징이자 장점은 안전한 신분보장 기반, 인증, 데이터의 투명성을 제공하는 데 있습니다. 모두 디지털 분산형 세계에서 신용이 구축되도록 충분히 지원할 수 있는 잠재력을 품고 있습니다. 그리고 한국과 일본은 이 새로운 디지털 분산형 세계에서 경쟁

하고 성공하기에 좋은 독특한 위치에 있으며, 문화적인 기반도 풍족합니다. 마지막 장에서 이에 대한 구체적인 이야기를 하며 몇 가지 제언을 해볼까 합니다.

그럼 지금부터는 본격적으로 이 책의 주제로 들어가 볼까 합니다. MOBI는 앞으로의 사회에서 새로운 개념으로 자리 잡을 블록체인을 보급하기 위한 경계 없는 컨소시엄입니다. 블록체인 기반의 새로운 경제권과 차세대 모빌리티로 어떻게 커뮤니티를 발전시키고, 어떻게 사람들을 풍요롭게 만들어줄 것인가를 추구하고 있습니다. 이 책의 제목을《모빌리티 이코노믹스》라고 붙인 것도 그런 이유 때문입니다.

특히 '이코노믹스'란 단어를 쓴 것은 이 책의 곳곳에서 경제학의 중요 논점을 다루고 있기 때문입니다. 저의 모교 UC버클리와 후카오 씨의 모교 영국 LSE에서 시작된 이 경제학 논점들에 대해서는 가능한 한 알기 쉽게 설명하고자 했습니다. 그리고 무엇보다 오랫동안 논의된 이 논점들을 해결할 수 있는 실마리가 블록체인에 있음을 보여주고자 했습니다. 이 책은 이와 같이 조금은 독특한 관점에서 이야기를 전개합니다.

블록체인에 관한 서적은 이미 많이 출판되어 있지만, 어려운 암호기술과 논리 구조에 대해 다룬 것이 대부분입니다. 하지만 이 책은 친근한 테마인 경제학과 친근한 산업인 모빌리티의 관점에서 블록체인에 접근합니다. 때문에 블록체인을 처음 접하는 많은 분들이 읽어주셨으면 합니다.

이 책을 계기로 블록체인을 활용한 차세대 모빌리티의 진화, 스마트시티의 구축, 크고 작은 각종 커뮤니티와 사회의 지속가능한 발전이 이루어지길 바랍니다. 그리고 그에 이르는 길을 독자 여러분과 함께 추구하고 싶습니다.

2020년 8월 13일 미국 로스앤젤레스 자택에서

차례

스마트시티 구축과 지속가능한 발전을 촉진하는 블록체인 모빌리티

⊙ 거래비용 증대와 모빌리티 범용화로 규모의 불경제에 직면

코로나19 바이러스의 팬데믹이 시작되기 전부터 세계 자동차 산업은 증산을 해도 이익이 줄어드는 어려움을 겪고 있었다. 자동차 산업이 이처럼 '규모의 불경제Diseconomies of Scale'에 빠진 이유는 품질 관리비용, 판매 장려금, 전동화나 자율주행 등 차세대 기술을 위한 연구 개발비와 관련된 거래비용Transaction Cost 증가에 있다. 또, 셰어링 서비스의 확대로 모빌리티가 보다 가깝게 다가오자 젊은층의 자동차 구입이 줄어들면서 자동차 가격에 영향을 줘 이런 곤경에 박차를 가하고 있다.

규모의 불경제 때문에 일부 자동차 회사들은 생산량을 감축하기 시작했고 심지어 공장을 폐쇄하는 회사들도 생겨나고 있다. 세계 자동차 생산 대수는 2019년부터 감소세로 접어들었다. 이는 일시적인 현상이 아니라 구조적인 문제다. 이제 세계 자동차 생산 대수는 팬데믹 이전 수준으로 돌아가지 못할 것이다. 또, 자동차 관련 기업들이 그동안의 경험칙만으로 사업을 전개한다면 이 난국에서 살아남기 어려울 것이다.

⊙ 지속가능성이 낮은 CASE와 MaaS

오늘날의 모빌리티는 사람이나 물건뿐만 아니라 데이터를 운반하는 것도 의미한다. 이에 따라 자동차 산업에는 한꺼번에 디지털화 바람이 불어 2016년에는 CASE(커넥티드 카connected cars, 자율주행autonomous driving, 차량 공유sharing, 전동화electrification의 머리말을 딴 것)라는 단어가 생겨났다. 이 말은 차세대 자동차기술의 새로운 조류를 잘 나타내고 있다. 그리고 이런 시대적인 흐름에 맞추어 자동차 기업들은 지금까지와 전혀 다른 씨름판에 서게 되었다. '100년에 한 번 있을 만한 대변혁'이라고 호소하는 경영자도 나오고 있다. 또, 차세대 모빌리티를 활용한 MaaS를 실현하기 위해 세계 각지에서 기술 검증이나 사회 적용 실험도 진행 중이다. 하지만 CASE든 MaaS든 아직까지 지속가능성이 높은 것은 별로 눈에 띄지 않는다. 이들 중 어느 것도 사업을 지속하기에 충분할 정도로 이익을 내지 못하고 있기 때문이다.

CASE에 대해 살펴보자면, 사업의 부가가치가 기존 자동차 관련 기업보다는 테크 기업이나 IT 기업과 같은 데이터 집적자에게로 옮겨가는 현상이 두드러진다. 그리고 이에 관련한 신규 참여 기업들이 뒤섞여 경쟁이 날로 격화되는 가운데 수익성이 계속 떨어지고 있다. MaaS의 경우에는 이미 수익이 적은 모달(이동수단)들을 연결하는 과정에서 종종 적은 수익을 모달끼리 주고받게 된다. 따라서 새로운 시스템을 도입하기 전보다 이용자 수를 늘리든가 단가를 올리든가 하여 매출을 창조할 수 있는 구조를 만드는 비즈니스 센스가 필요하다. 하지만 문제는 이런 해결책을 실행하기 위한 장벽이 지극히 높다는 점이다.

⊙ 거래비용 삭감과 새로운 사회 기반 구축에 필수적인 블록체인

모빌리티를 지속가능한 것으로 만들기 위해서는 앞으로 블록체인이 필요하게 될 것이다. 왜냐하면 블록체인을 활용하면 다양한 거래비용이 발생하지 않도록 만들거나 크게 줄일 수 있기 때문이다. 블록체인의 이런 장점은 차세대 비즈니스뿐만 아니라 기존 사업에도 적용해 수익을 개선할 수 있기 때문에, 규모의 불경제에 대한 중요한 해결책이 될 수 있다.

이처럼 비용 삭감의 중요한 도구가 되는 블록체인의 또 다른 장점은 새로운 가치를 낳는 기술이란 점이다. 예를 들어, 블록체인을 활용하면 다음과 같은 모빌리티를 실현할 수 있다. 커넥티드 카는 도시의 모빌리티 생태계에 도움이 되는 데이터를 M2M으로 그 도시에 자율적으로 제공하고, 데이터 제공에 대한 보상으로 토큰(암호화폐)을 받게 된다. 이때 자동차는 달리는 동안 미리 정해진 규칙이나 범위 안에서 데이터를 자율적으로 매매하고 그 대가로 받은 암호화폐를 저장하는 지갑이 되기 때문에 좀 더 가치가 높아질 수밖에 없다.

한편, 도시는 전기차를 이용하거나 더 많은 승객을 합승시키는 서비스처럼 커뮤니티에 도움이 되는 방향으로 모빌리티를 이용하고, 또 이런 서비스를 제공하는 행위에 대해서도 토큰을 줄 수 있다. 이처럼 고액의 기반시설 투자 없이 사용자의 행동양식을 바꾸는 것만으로도 커뮤니티가 좋아지는 모빌리티를 실현하게 해주는 것이 바로 블록체인이다. 결과적으로, 도시는 교통 정체나 교통사고를 줄이기 위한 기반시설 투자를 블록체인을 통해 효율화시킬 수 있다.

블록체인을 활용하면 자동차는 주행거리만큼의 도로 이용료를 암호화폐로 직접적이고 자율적인 방법으로 지불하게 된다. 이때 블록체인이 활용되는 과정을 보다 구체적으로 설명하자면, 자동차는 스마트 계약(계약의 자동집행)을 실시한 후 인프라를 이용한 만큼 M2M으로 소액결제를 한다. 한편, 공공재인 인프라를 관할하는 국가나 지자체는 이용량이나 주행거리에 알맞은 도로 이용료를 각각의 자동차로부터 정확하고 세세하게 징수할 수 있다.

지금 세계적인 트렌드는 기후변화와 환경보존에 대한 대책으로 전동화와 탈탄소를 추구하는 것이다. 그리고 이런 트렌드를 배경으로 많은 국가와 도시들이 휘발유나 경유에서 거두는 세수Gas Tax Revenues를 중심으로 도로 재원이 축소되는 문제 때문에 고민하고 있다. 이런 상황에서 지속가능한 모빌리티 사회를 구축하려면 블록체인은 필수적인 사회 기반이 될 것이다.

⊙ '100년에 한 번'에서 '500년에 한 번'으로

블록체인은 약 500년 전부터 계속되어온 거래 기록법과 신뢰 프로토콜(구조)을 뿌리에서부터 뒤집었다. 그리고 그 결과 복식부기와 활판인쇄가 탄생한 이래 최대의 부기 혁명과 정보 혁명이 일어나는 중이다. 처음에 블록체인은 비트코인이라는 암호화폐를 만드는 기술의 기반으로서 세상에 나타났는데, 이제는 그 기술을 금융 영역에서 비금융 영역으로 급속히 확대하고 있다.

지금은 한국과 일본 등 아시아에서도 매일같이 블록체인과 관련된 뉴스를 듣고 보게 되었다. 그중에서도 세계적으로 가장 주목받는 뉴스는 자동차 산업이 블록체인을 받아들이고 적용하는 과정이다.

자동차 산업은 세계 구석구석까지 공급망과 밸류체인(제품이나 서비스를 통해 부가가치를 만들어내는 일련의 과정-옮긴이)을 펼치고 있는 진정한 글로벌 산업이다. 또, 요즘 가장 글로벌한 관심을 끄는 테마인 지속가능한 개발이나 스마트시티 구축 등에서도 자동차 산업은 핵심 역할을 한다. 그런데 바로 이런 자동차 산업에 블록체인을 포함한 인터넷 사회의 기술 혁신, 즉 '웹 3.0'의 물결이 밀려오고 있다.

⊙ SDGs 달성을 촉진해 스마트시티의 기반기술이 되다

이제 '지속가능한 개발 목표SDGs : Sustainable Development Goals(경제 격차, 빈곤, 지구온난화 등 전 지구적 문제를 해결하기 위해 2015년 UN이 채택한 경제, 사회, 환경, 세 가지 분야를 대상으로 전 세계 국가나 기업이 실현해야 할 시책을 제시함-옮긴이)'는 전 세계의 공통 목표가 되었다. 그리고 이 목표를 달성하기 위해 꼭 필요한 것이 블록체인이다. 왜냐하면 SDGs의 가장 중요한 과제인 '사회적 포섭Social Inclusion(특정한 집단이 사회적 배제를 당하지 않도록 환경과 습관을 개선하기 위해 조치를 취하는 것을 뜻함-옮긴이)'을 실현하는 데 블록체인이 반드시 필요하기 때문이다.

인터넷은 모든 사람에게 풍요로움을 가져다주지는 않는다. 데이터가 새로운 석유로 떠오르는 시대Data is the New Oil인 요즈음엔 새로운 빈부격차가 생겨나고 있다. 이 격차는 인터넷을 활용해 데이터가 생산하는 가치를 누리며 부를 쌓는 부류와 그렇지 못한 부류 사이에서 점점 커지는 추세다. 이른바 디지털 격차가 사회적 문제로 떠오르고 있는 것이다. 그리고 부를 분산시키는 논리 구조를 지닌 블록체인 시스템이 이런 문제의 해결책으로 세계의 주목을 받고 있다.

또, 블록체인은 전 세계 도시의 이상적 목표라 할 수 있는 스마트시티를 구축하는 데 필요한 기반기술이기도 하다. IoT, AI, 차세대 통신규격 5G를 활용한 보다 안전하고 편리한 미래형 도시, 즉 스마트시티를 만들기 위해 가상공간에서 도시 또는 지역 커뮤니티의 디지털 트윈을 생성해 구현하는 것은 이제 세계적인 트렌드가 되고 있다.

그런데 스마트시티의 주요 구성요소인 사람, 차량, 그 외의 인프라에 속한 사물들의 디지털 트윈이 복제나 조작당하지 않고 거래되거나 가치를 교환할 수 있으려면, 블록체인기술과 그것을 기반으로 한 암호화폐가 필요하다.

최근 자동차 산업에서 떠오르는 중요한 테마도 SDGs 달성과 스마트시티 구축이다. 이 책을 읽다 보면 그에 대한 이미지가 보다 알기 쉽게 정리될 것이다. 다시 말해 앞으로는 모빌리티 비즈니스나 대중교통 정책을 관리하는 데 SDGs 달성과 스마트시티 구축이 가장 중요한 테마가 될 것이고, 이를 실현하기 위해 블록체인이 활용될 것이다. 그리고 이때 가장 중요한 것은, '아무도 뒤처지고 배제당하지 않도록' 만드는 사회적 포섭을 실현하면서 지역 커뮤니티를 활성화시키는 새로운 서비스를 효율적으로 설계하는 것이다.

⊙ '코로나 일상'에서 살아남기 위한 도구

코로나19 바이러스 팬데믹은 블록체인 활용이 지니는 경제적, 사회적 의의를 높이고 있다. 비즈니스 세계에서 코로나19 쇼크는 공급망 쇼크였다. 즉, 세계화의 진전으로 공급망이 복잡해지고 있는데, 이 망의 상류에 있는 중견·중소기업이 코로나19 팬데믹 이후 정상적으로 복구될지를 정확하게 파악할 수 없게 되었다. 그 결과 위기 후 사업 복원에 예상외로 시간과 노력을 들여야 하는 사태가 벌어질 것으로 보인다. 이런 시점에서 공급망의 추적 가능성을 구축하는 데 최적화되어 있는 블록체인이 위기 직후 산업계의 회복력(복원력)을 높이기 위한 기술로서 어느 때보다 높이 평가받고 있다.

코로나 일상 시대의 공공 서비스를 포함한 모빌리티 비즈니스 경영에서는 사회적 거리두기 안에서 새로운 신뢰 구조를 구축해나가야 한다. 그리고 기존의 SDGs 달성을 위해 나아가면서 사회적 포섭도 동시에 실현해야 하는 어려운 조정 과정이 필요하다. 이런 과제를 해결하는 가운데 앞으로 마주할 미지의 세계에 대한 불안감과 코로나19 팬데믹 이전의 상황으로 돌아가지 못할지도 모르는 많은 것들에 대한 상실감을 느끼는 것은 필자만이 아닐 것이다.

무엇보다 코로나19 팬데믹 이후 생활 기반과 환경의 틀이 크게 바뀐 상황에서 지역 커뮤니티에서 어떤 가치 제안Value Proposition이 가능한지를 다시 돌아보아야 한다. 이를 바탕으로 지속가능한 지역사회

경제를 어떻게 구축해나갈지 보다 깊이 생각할 기회가 왔다고 볼 수 있다.

지금까지는 신용보증서를 발급해온 '중앙'에 의존했다면, 앞으로의 사회는 공통의 생각이나 목적·목표를 가진 사람들이 상호 신뢰를 바탕으로 하나의 가치(암호화폐)를 유통할 것이다. 그리고 그 가치의 근원이 되는 개개의 능력(데이터)을 각각 임의로 제공하면서, 커뮤니티 전체가 보다 좋은 방향으로 나아가려 할 것이다. 이런 모습이 바로 블록체인을 기반으로 한 사회가 보여줄 이미지라 할 수 있다. 지역의 사회·경제 활성화라는 측면에서 보자면, 이런 이미지에는 코로나 일상을 겪는 현시점에 가장 적합한 새로운 커뮤니티의 모습이 담겨 있다고 볼 수 있다.

500년 전 유럽에서는 르네상스가 꽃피었다. 흑사병 팬데믹이 종식된 직후였던 당시까지 기득권이 누리던 특권과 편견을 깨기 위해 다양한 이노베이션이 시작되었고, 새로운 질서가 태어났다. 공교롭게도 지금 우리의 눈앞에 닥친 코로나19 팬데믹과 블록체인 사회의 확산은 당시의 대변혁기 상황과 비슷하다.

⊙ 이 책에서 전하고 싶은 메시지

규모의 불경제에 직면한 자동차 산업이 앞으로 해결해야 할 과제인

CASE나 MaaS의 수익 개선과 글로벌하고 지속가능한 발전을 추진하는 데 반드시 필요한 것이 블록체인이다. 그리고 코로나19 바이러스 팬데믹으로 인해 블록체인을 기반으로 한 이런 사회의 출현이 앞당겨질 것이다.

뉴노멀(시대의 변화에 따라 새롭게 떠오르는 기준) 시대의 모빌리티 산업에서 중요한 것은 시대 변화에 따른 발상의 전환이다. 지금까지의 모빌리티가 물건(차량이나 부품)을 이동시키는 것이었다면, 앞으로의 모빌리티는 가치를 이동시키는 것이어야 한다. 이때 가치의 원천은 지역 데이터에 있고, 가치를 고객·사용자의 입장에서 바라보는 시점을 가지고, 지역 데이터의 강점이나 제공 가치를 다시 정의해야 한다. 또, 블록체인을 활용해 지역에 뿌리내린 풍부하고 고유성(아이덴티티) 높은 가치를 인터넷상에 연결되도록 만들어야 한다. 이런 노력이 성공하면, 공급망은 회복되고 차세대 모빌리티의 수익성과 지속가능성은 높아질 것이며, 지역경제의 활성화와 순환형 경제를 실현하는 데 도움이 될 것이다.

지금까지 언급한 주제를 다루고 있는 이 책의 대략적인 흐름은 다음과 같다.

먼저, 자동차 산업이 거래비용의 증가로 인한 규모의 불경제에 빠져, 세계 자동차 생산 대수가 증가하지 않는 현상에 대해 알아본다. 그리고 시대적인 흐름과 맞물려 이를 헤쳐나가기 위해 전 세계 자동차 관련 기업들이 CASE와 MaaS의 수익성 개선을 도모하면서 블록체인의 사회적 적용을 서두르는 현상을 설명한다(1장).

또, 차세대 통신규격인 5G 보급을 배경으로 인터넷 사회의 기술 혁신이라 할 수 있는 '웹 3.0(컴퓨터가 필요한 정보를 만들고 찾아내는 인공지능형 웹)' 시대를 맞이하고 있는 현상을 설명한다. 그리고 블록체인은 웹 3.0에서 활약할 디지털 트윈을 만드는 기반기술이며, 이제 디지털 트윈은 CASE나 MaaS의 수익화와 스마트시티 구축에 필수적인 요소임을 해설한다(2장).

이어 블록체인의 등장 배경과 충격적인 효과, 그리고 SDGs 달성을 위한 블록체인의 역할 및 중요성을 설명한다. 그 외에 블록체인을 알기 위한 키워드 및 주요기술의 개요도 소개한다(3장).

4장 이후에서는 모빌리티에서 블록체인이 어떻게 활용되고 있는지 여러 가지 사례들을 소개한다.

특히 〈도표 프롤로그-1〉에서는 모빌리티 이외의 영역도 포함한 블록체인의 활용 사례 지도를 보여주고 있다. 블록체인은 암호화폐인 비트코인의 기반기술로서 탄생한 '블록체인 1.0' 시대로부터 금융 영역에서의 암호화폐 이외의 분야로 응용되기 시작한 '블록체인 2.0' 시대를 거쳐, 현재는 비금융 영역에서의 사회적 실제 적용을 목표로 하는 '블록체인 3.0' 시대를 맞이하고 있다.

이 책에서 소개하는, 모빌리티에서 블록체인이 활용되는 사례는 공급망 관리(4장), 전기차와 전력망의 융합(5장), UBI와 중고차 유통(6장)에 초점을 맞추고 있으며, 7장에서는 모빌리티의 데이터 거래

도표 프롤로그-1 | 블록체인의 활용 사례 | 출처·필자 작성

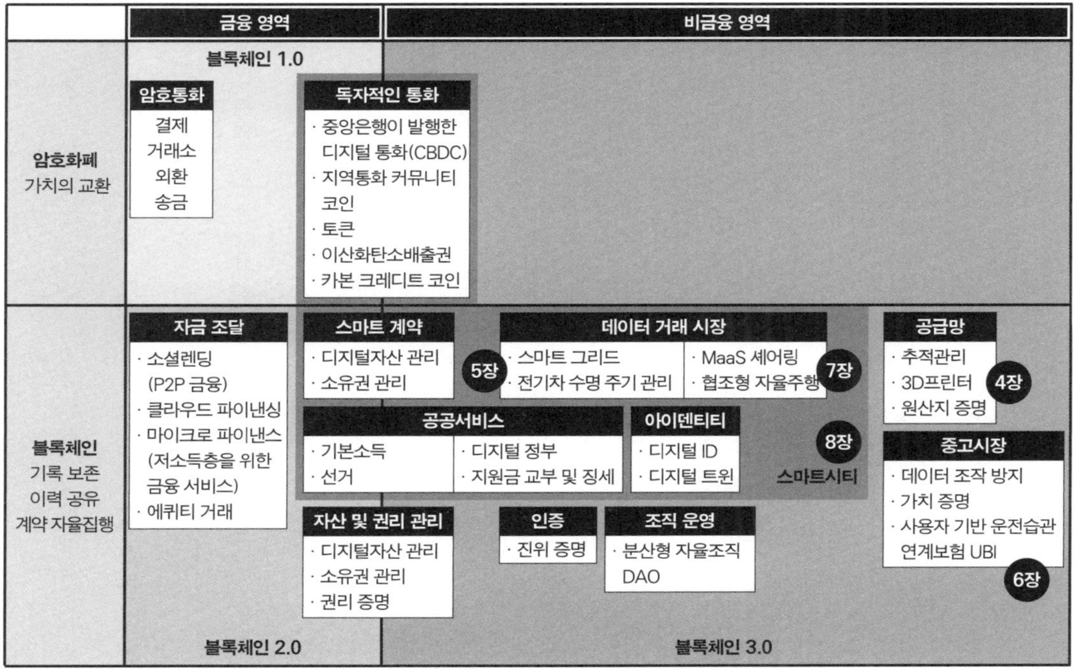

시장을 다루고 있다.

그리고 8장에서는 블록체인 사회로 발전하기 위한 세계 주요 지역 및 국가의 전략과 스마트시티를 구축하기 위한 대처 방법을 소개하고, 마지막으로 자동차 산업에 대한 제안으로 마무리한다.

몇 가지만 덧붙이자면, 블록체인과 관련된 용어 정의다. 블록체인은 신문과 각종 미디어 등에서 '블록체인(분산원장기술)'으로 표기되는 경우가 많다. 하지만 이것은 약간 부정확하다. 사실 2008년에 생겨난 새로운 기술인 블록체인에 대한 정의는 전문가에 따라 다양한데, 본문을 시작하기 전에 블록체인기술과 분산원장기술의 포함 관계만큼은 확실히 밝혀두고 싶다. 한마디로 말하자면 블록체인기술은 분산원장기술의 일종이다. 하지만 마케팅의 관점에서는 모두 '블록체인'이라 불리는 경우가 많기 때문에, 이 책에서도 편의상 '블록체인'으로 통일하고자 한다.

또, 비트코인을 대표로 하는 암호화폐를 이 책에서는 'Crypto Assets'을 해석한 '암호자산'이라 부르기로 한다. 이것은 일본에서 2020년 5월 1일부터 개정된 자금결제법 및 개정 금융상품거래법이 시행되면서 가상화폐를 암호자산이라 부르게 된 현실을 반영한 것이다(이 책에선 암호자산을 대한민국에서 일반적으로 쓰이는 용어인 암호화폐로 번역함-옮긴이). 마지막으로 이 책은 2020년 8월 31일 시점의 정보를 기본으로 하고 있다.

1장

규모의 불경제에 빠진 자동차 기업

1

세계의 자동차 생산량 정체

"세계의 자동차 생산은 정점을 넘었을지도 모릅니다."

2020년 1월 29일(독일 현지 시간) 세계 최대 자동차 부품업체인 로버트 보쉬Robert Bosch GmbH의 볼크마 덴너Volkmar Denner CEO가 인력 감축안을 발표하면서 취재진에게 한 말이다. 그리고 감소세에 있는 세계 자동차 생산 대수는 2020년에도 여전히 감소 중이며, 이후 2025년까지 정체해 증가하지 못할 것이라고 선언했다.[1] 그런데 당시는 코로나19 바이러스 팬데믹이 세계시장에 악영향을 미칠 것이라고는 아직 논의도 되고 있지 않을 때였다.

〈도표 1-1〉은 세계자동차공업연합회OICA가 집계한 세계 자동차 생산 대수의 변화다. 자동차 생산은 리먼 사태로 침체된 2009년 이후 2017년까지 꾸준히 늘었지만, 2018년부터 보합세를 보이다가

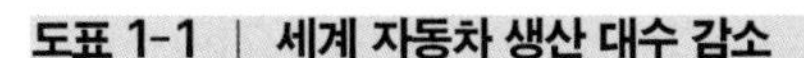

출처·세계자동차공업연합회(OICA)의 공표 자료를 바탕으로 필자 작성.

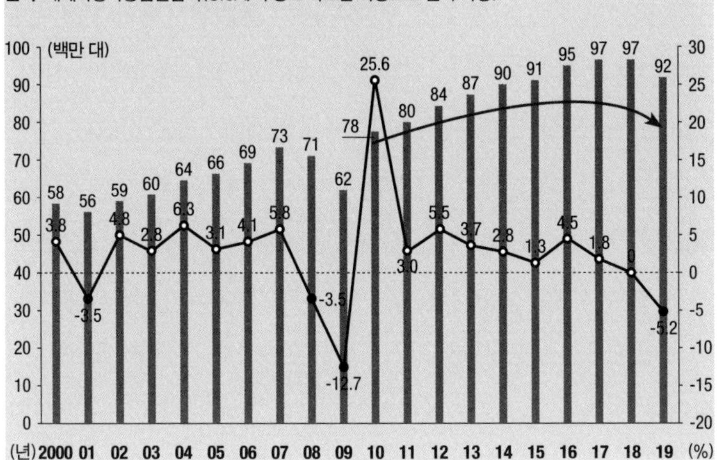

2019년에는 10년 만에 감소세로 돌아섰다.

2019년부터 자동차 생산이 줄어들기 시작한 배경에는 그동안 높은 성장률을 보인, 유망 시장인 중국과 인도의 경기 악화가 있다. 이 두 나라에서 신차 수요가 줄자, 그에 따라 자동차 업계는 생산을 줄일 수밖에 없게 되었다. 하지만 자동차 제조사의 감산이 머지않아 단기적으로 회복될 것으로 보이는 수요의 감소에 대한 대응이라고 보기는 어렵다. 그보다는 오히려 생산 능력 자체를 삭감하기 위해 공급 시스템 자체를 대폭 수정해야 할 필요가 있는 구조적인 요인이 배경에 있다.

2019년 2월 일본 기업 혼다도 2021년까지는 영국과 터키에서의 사륜차 생산을 종료할 것이라며 유럽 생산 철수 계획을 발표했다. 뿐만 아니라 2020년 중에는 아르헨티나에서의 사륜차 생산도 종료

할 것이다. 닛산 역시 2019년 7월 생산 축소 계획을 발표했다. 이 계획에 따르면, 닛산은 글로벌 생산 능력을 2022년도까지 2018년도 대비 10%를 삭감할 예정이었다. 그런데 코로나19 팬데믹이 닥치자 2020년 5월 28일 삭감 폭을 20%로 확대할 계획이라고 밝혔다.

미쓰비시도 2020년 7월 27일 자회사인 파제로의 생산 공장을 2021년 상반기에 폐쇄한다고 발표했다. 덧붙여 이 회사의 CEO는 같은 날 있었던 결산 발표 회견에서 코로나19 팬데믹의 영향과 관계없이 사업 확대 전략에 무리가 있는 것으로 판단해 공장을 폐쇄한다고 밝혔다. 어쨌든 앞으로는 팬데믹의 영향이 더해져 자동차 제조사의 글로벌한 감산이나 생산 능력 삭감 움직임은 한층 더 가속화될 것으로 보인다.

⊙ 배경에 깔린 규모의 불경제

자동차 회사들의 감산 배경이 되는 구조적 요인은 무엇일까. 왜 생산 능력 삭감을 서두르고 있는 것일까. 그것은 자동차 산업이 마침내 규모의 불경제에 직면했기 때문이다. 쉽게 말하자면 자동차 기업은 지금과 같이 계속 증산한다 해도 더 이상 돈을 벌지 못한다. 증산으로 수익성 악화가 개선되지 않고, 오히려 이익 감소로 이어지는 곤경에 빠진 것이다.

2

규모의 불경제를 부른 주요 원인은 거래비용 증대

⊙ 증산해도 이익 감소

규모의 불경제는 일정한 생산 수량을 넘으면, 생산 규모를 늘릴수록 오히려 수익성이 악화되어 이익 감소에 빠지는 상황을 말한다.

자동차를 1대 증산함으로써 발생하는 이익이 계속 감소해 머지않아 손실로 변하는 이런 상황에 대해, 관리회계 측면에선 이른바 한계이익Marginal Profit(매출액에서 변동비를 뺀 것 - 옮긴이)이 적자에 빠진다고 한다. 이런 시점에선 제조사가 증산해야 할 합리성을 찾을 수 없기 때문에 다른 조건이 일정하다면 증산을 멈추어야 한다. 이에 대해선 다음의 〈도표 1-2〉에서 자세히 설명한다.

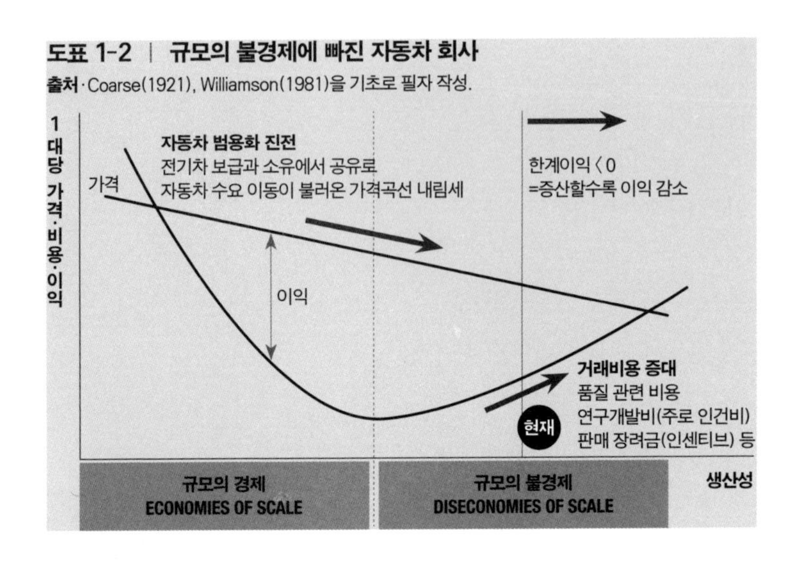

도표 1-2 | 규모의 불경제에 빠진 자동차 회사

출처·Coarse(1921), Williamson(1981)을 기초로 필자 작성.

자동차 제조사가 생산 규모를 확대해가는 초기에는 생산량 1대당 고정비가 감소한다. 그 결과 고정비 확산 효과가 가격 저하로 인한 수익 악화를 충분히 흡수해주기 때문에, 1대당 이익은 증가될 수 있다. 결국 수익성(이익률) 개선과 생산 수량 증가가 동반된 증산 체제는 계속 이어져 기업의 수익 확대로 직결된다. 그리고 이런 상황을 규모의 경제Economies of Scale라 한다.

그러나 특정 생산 규모를 넘어서면 상황이 달라진다. 대량생산에 따른 비용과 범용화가 진행되는 자동차의 부가가치를 높이기 위한 투자비용 증가가 증산에 의한 고정비의 확산 효과를 웃돌게 된다. 그리고 이것은 생산량 1대당 이익이 감소하는 결과를 낳는다. 이때 증대하는 비용의 대부분은 이른바 거래비용이라 불리는 것들이다.

⊙ 거래비용 증가

거래비용은 크게 '탐색비용Search and Information Cost', '협상비용Bargaining Cost', '감시비용Policing and Enforcement Cost' 세 가지로 나뉜다. 탐색비용은 거래처를 찾거나 재화·서비스의 질이나 가격을 조사하기 위해 필요한 비용이다. 협상비용은 쌍방이 거래 합의에 이르기까지의 흥정에서 발생하는 비용이다. 그리고 감시비용은 합의한 대로 거래가 실행되는지 감시하거나 실행되지 않을 경우 법적 수단 등을 동원하는 데 필요한 비용이다.

자동차 산업의 대표적인 거래비용의 예를 들자면, ①품질 관련 비용(감시비용) ②인건비를 중심으로 한 연구개발 비용(협상비용) ③판매 장려금·인센티브(협상비용·탐색비용)가 있다.

보다 구체적으로 살펴보자. ①은 제조사 및 판매자와 소비자 간에 이루어지는 매매 계약에서 서로 합의한 제품의 사양 및 품질 요건을 충족하지 못할 경우 발생하는 소송비용과 변호사비용 등 법적비용, 그리고 시장 회수(리콜)에 따른 관련 비용 등이 있다. 또, 품질 문제 발생을 미리 방지하기 위한 공급망 감시 강화로 발생하는 비용이나, 리콜 후 이미지 악화에 따른 판매 기회의 손실비용이 있다.

②는 전기차나 자율주행차 같은 차세대 모빌리티를 개발하기 위해 타 업계로부터 유능한 인재를 데려올 때 에이전트에게 지불하는 수수료 등 인재 확보에 들어가는 비용 등을 말한다.

③은 신차 판매 강화나 신규 고객 개척을 위해 제조사가 가격을 인하하는 데 드는 자금으로서 판매자에게 지불하는 비용이다.

디지털화의 물결이 밀려들면서 대변혁기를 맞이한 자동차 산업에서 기존의 자동차 제조사 및 관련 기업들이 죽느냐 사느냐의 경쟁에서 이기려면 지금까지의 경험칙에 얽매이지 않는 비연속적인 이노베이션을 일으켜야 한다. 불확실성이 강해지는 시대일수록 기존 제조사가 가진 경영 노하우나 인재라는 정보의 양과 질은, 차세대 비즈니스에서 필요로 하는 것들에 비해 뒤떨어지는 경우가 많다. 날로 다양해지는 밸류체인에서 이른바 '정보의 비대칭성(경제적 이해관계에 있는 당사자 간에 정보가 한쪽으로 치우친 현상-옮긴이)'이 생겨나고 있다.

이런 상황에서는 무서울 정도로 빠른 시장 수요 변화에 신속하게 대응하기 위해 기존 자동차 관련 업체가 지불해야 할 거래비용이 지금까지보다 많아질 수밖에 없다.

⊙ 전기차 가격 하락과 자동차 범용화

규모의 불경제를 불러온 또 다른 결정적인 요인으로 차량 가격 하락을 들 수 있다(〈도표 1-2〉에 보이는 오른쪽으로 내림세인 곡선). 최근에는 세계적으로 전기차가 보급되고 자동차 수요가 소유에서 공유(셰어링)로 바뀌면서 이런 변화 요인들이 가격곡선에 하방 압력으로 작용하고 있다. 가격곡선이 낮아지면 규모의 불경제에 빠져 생산량을 줄여야 하므로 자동차 제조사의 입장에서는 감산이나 생산 능력 삭감이 필요하게 된다.

전기차 비용의 상당 부분을 차지하는 차량 탑재용 리튬이온전지의 가격 하락이 빨라지고 있고, 이런 사실은 최근 달아오르는 전기차들 사이의 경쟁을 자극하고 있다. 그 결과, 전기차 가격도 빠르게 내려가고 있다. 또, 차량 공유 서비스의 보급으로 이제 자동차를 보유하지 않아도 저비용으로 더욱 쉽게 모빌리티를 이용할 기회가 많아지고 있다. 그리고 이는 새로운 차량 수요에 찬물을 끼얹는 역풍으로 작용한다. 앞으로 모빌리티 서비스가 보다 가까워지고, 차량의 범용화 속도가 가속화되면 차량의 가격 하락 압력은 더욱 거세질 것이다.

수익과 관련해 거래비용 증대와 차량 가격의 추가 하락이라는 더블 펀치를 맞은 자동차 제조사에는 이제 규모의 불경제를 맞이하는 시기가 앞당겨지고 있다. 앞에서 설명한 바와 같이 글로벌 생산 능력을 감축하는 자동차 회사들이 줄을 잇는 것도 바야흐로 이런 시기에 맞닥뜨린 기업이 늘고 있다는 뜻이다. 그리고 세계 자동차 산업의 대량생산 시대가 끝나가고 있다는 뜻이기도 하다.

코로나19 바이러스 팬데믹으로 세계 자동차 수요는 크게 감소하고 있으며, 자동차 회사들의 감산도 잇따르고 있다. 그런데 감산한다고 해서 규모의 불경제가 개선되는지를 살펴보면, 전혀 그렇지 않다. 자동차 생산 능력은 세계적으로 과잉 상태이기 때문에, 수요가 감퇴

하고 있는 중에도 가격을 인하해 공장 가동을 끌어올리려는 제조사도 많아지기 때문이다. 결국 이런 식으로 자동차 가격 하락이 계속되면 규모의 불경제를 벗어나기는 더욱 어렵게 된다.

⊙ 살아남기 위해 필요한 블록체인

이처럼 업계를 뒤흔드는 대변혁과 팬데믹 같은 난국 속에서 자동차 회사들은 어떻게 수익을 늘리며 살아남을 수 있을까. 과연 이를 위해서는 무엇이 필요할까. 한마디로 말하자면 블록체인을 활용해야 한다.

블록체인을 활용하면 ①거래비용을 회피하거나 대폭 삭감할 수 있고 ②차량 주행 시 쌓인 데이터로 수익화를 도모해 자동차에 새로운 부가가치를 덧입힐 수 있다. 결과적으로, 기존 비즈니스 비용을 줄이고 새로운 매상을 창조해 수익을 늘릴 수 있게 된다. 이에 대한 보다 구체적인 활용 사례는 4장 이후부터 다루어볼까 한다.

3

MaaS가 수익을 내는 데 필요한 블록체인

⊙ 자동차 업계에 일어난 파괴적 변화의 배경

대량생산 경쟁이 끝나가는 시점에 자동차 회사들은 완전히 새로운 경기장에 서게 되었다. 도시의 데이터를 자원으로 하는 새로운 모빌리티 생태계에서 어떻게 살아남을지 모색해야 하기 때문이다.

그런데 새로운 모빌리티 생태계란 어떤 것일까. 〈도표 1-3〉은 이 생태계를 한눈에 볼 수 있도록 정리한 개요도이자, 자동차 업계에 밀어닥친 파괴적인 변화의 배경을 그려낸 것이기도 하다.

이 생태계는 사회, 시대, 세대라는 세 가지 측면에서 메가트렌드의 변화가 만들어낸 것이다. 즉, ①자동차 산업의 뿌리에 흐르는 디지털 '사회'로의 변화 ②탈탄소 추구와 도시화(인구의 도시 집중)에 대한 대응으로 지구 환경문제를 해결하려는 '시대'의 도래 ③밀레니얼세대와 포스트 밀레니얼세대(Z세대) 같은 젊은 세대의 등장으로 인한 시대적 조류의 변화들이 동시에 일어나고 있다. 그리고 이런 거대한 변화의 흐름은 사람이나 물건뿐만 아니라 데이터까지 옮기는 '모빌리티 2.0'으로 자동차 업계를 유도하고 있다.

⊙ 새로운 모빌리티 생태계

세계적인 탈탄소 움직임은 자동차의 전동화(탈엔진화)를 가속화시키고, 디지털기술의 발전은 자율주행기술 향상과 라이드셰어링 중심의 공유경제 구축을 촉진하고 있다. 결과적으로 공유형 자율주행 전기차가 로봇 택시, 자율주행 버스, 셔틀 운행에 이용되면서 도시의 사람, 물건, 데이터의 이동을 활성화시킬 것이다. 그리고 그 결과 MaaS라는 새로운 비즈니스가 성장하고, 도시경제도 함께 발전해갈 것이다.

앞으로도 도시화는 세계적으로 계속 진행될 것이기 때문에, 이런 모빌리티 생태계도 자연스럽게 확대될 것이다(덧붙여 이 생태계의 개요도에 CASE의 네 가지 요소가 각각 포함되어 있는 것에도 유의하기 바란다).

차량의 생산 대수 측면에서 볼 때 '자동차 산업'의 성장 여지는 이미 사라졌다. 하지만 데이터를 자원으로 하는 '모빌리티 산업' 측면에서 보면, 자동차 산업은 초성장 분야가 될 수 있다.

도표 1-3 | 새로운 모빌리티 생태계 | 출처·필자 작성.

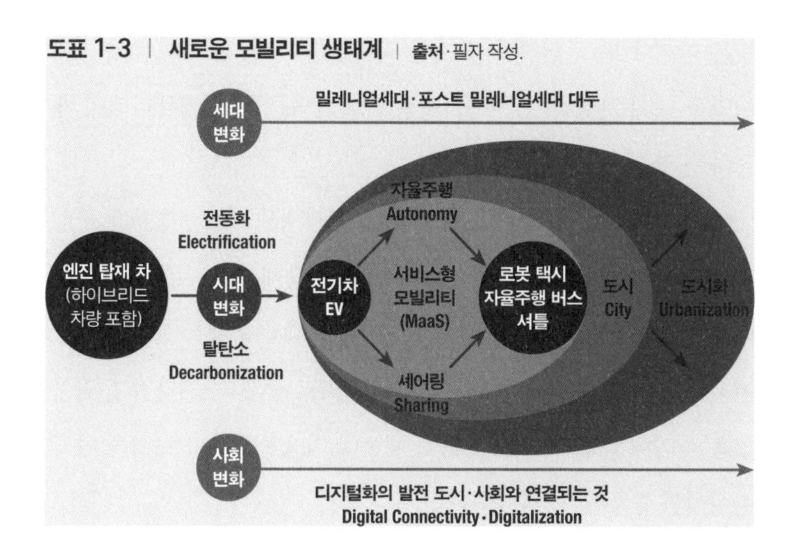

⊙ 오래 지속되지 않는 MaaS

최근 몇 년간 한국과 일본에서도 수많은 MaaS의 기술 검증이나 사회 적용 시도가 계속되고 있다. 그런데 대부분의 시도가 오래 지속되지 못하고 있다. 차량 공유 서비스나 자율주행차와 관련된 법률이 제대로 자리 잡지 못하고 있는 것도 한 원인이다. 하지만 정확한 수익이 보장되지 않는다는 점이 프로젝트나 비즈니스가 지속되지 못하는 가장 큰 이유다. 현 단계의 모빌리티 서비스는 대부분 주민의 발이 되어줄 공공 서비스를 추구한다. 따라서 리더 역할을 하는 지자체나 대중교통 사업자가 당당하게 이익을 추구하지 못하고 있는 것은 어찌 보면 당연하다. 하지만 적자를 본다면, 즉 수익을 추구해 이익을 내지 못한다면, 지속가능한 모빌리티를 지역 커뮤니티에 제공하는 것 역시 불가능하다.

이 문제를 해결하기 위한 가장 좋은 해결책은 자율주행차를 도입해 운전자에게 지불할 인건비를 줄여 수익을 개선하는 것이다. 그러나 안타깝게도 아직은 운전자 없는 자율주행차 운행은 불가능하다. 여러 가지 측면을 고려할 때 먼 훗날 얘기로 들린다. 게다가 운전자 고용 삭감에 대한 저항도 강하기 때문에 자율주행차의 도입은 아직 현실적인 솔루션이라고 볼 수 없다.

현재 자율주행차 기반이 아닌 여러 가지 모달(철도, 버스, 택시 등의 이동수단)을 연결한 멀티 모달 애플리케이션도 많이 생겨나고 있다. 하지만 원래 수익성이 낮거나 적자에 가까운 모달끼리 연결되어 있기 때문에, 각자의 낮은 수익을 주고받는 상황이어서, 이 또한 지속가능성이 높은 모빌리티라고는 할 수 없다.

⊙ 수익을 창조하는 블록체인

'돈을 버는 MaaS'를 만들려면 무엇이 필요할까. 비용 절감뿐만 아니라 새로운 매출을 창조하는 MaaS를 위해서는 블록체인이 필요하다. 구체적으로 다음과 같은 두 가지 방법을 생각해볼 수 있다.

첫 번째는, '차량이 돈을 버는' 구조를 만드는 것이다. 이미 앞에서 말했듯이 커넥티드 카가 모아들이는 데이터 중 교통 정체 해소나 사고 방지를 도와주어 커뮤니티에 유익하게 작용할 것들을 수익화할 수 있다. 주행 영역을 관할하는 도시나 자치단체의 클라우드 시스템에 이런 데이터를 자율적인 방법으로 실시간 제공하면, 그 대가로 토큰(특정 블록체인 플랫폼의 서비스에서만 사용하는 암호화폐)을 벌어들일 수 있다.

이런 시스템이 가능해지면, MaaS에 속한 차세대 모빌리티 운행 사업자는, 차량이 벌어들인 토큰만큼 운영비용 부담을 줄일 수 있다. 이것은 모빌리티의 데이터 거래 시장의 구축을 의미한다. 자세한 내용은 7장에서 다루어보고자 한다.

두 번째는 MaaS 이용자가 커뮤니티에 바람직한 영향을 끼치는 서비스를 소비하면 그 소비행동에 토큰을 주는 식으로 인센티브를 설계하는 것이다. 이처럼 인간의 행동양식을 바꾸는 시스템을 활용하면 이용자는 이동을 통해 추가적인 이점을 누릴 것을 기대하고, MaaS 이용을 점점 늘려가게 된다. 그 결과 관련 사업자의 운임 수입이나 서비스 수입도 늘어나게 된다. 이런 현상은 결국 커뮤니티 코인이나 지역화폐를 만드는 결과로 이어지게 된다. 이에 대해선 8장에서 다루어보고자 한다.

4

블록체인의 사회 적용을 서두르는 세계 자동차 산업

⊙ MOBI

모빌리티 비즈니스의 혁신을 서두르고 있는 세계 자동차 관련 기업들은 이제 블록체인을 이노베이션 창출의 열쇠로 바라보기 시작했다. MOBI는 이런 글로벌한 변화를 배경으로 2018년 5월에 설립되었다.

비영리단체인 MOBI는 2020년 8월 말 현재, 자동차 관련 기업, IT 기업, 국제기구, 정부기관, 학술기관, 블록체인 관련 기업 등, 총 100개 이상의 조직이 구성원으로 참여하고 있는 글로벌 컨소시엄이다. 설립 초기 회원 수는 35개였으나, 지금까지 2년여 사이에 그 수가 약 3배까지 증가했다. 자동차 제조사로는, 미국의 GM과 포드, 독일의 BMW, 일본의 혼다, 한국의 현대차 등이 가입하고 있다. 또, 자동차 부품 제조사 중에서는, 독일의 로버트보쉬, 콘티넨탈, ZF, 일본의 덴소 외에도 세계 제일의 공급업체들이 가입하고 있다. 이제 MOBI는 자동차 산업계의 최대 규모의 블록체인 컨소시엄이라 할 수 있다.

MOBI는 네트워크 효과를 누릴 수 있는 정도의 최소기능커뮤니티MVC를 구축해 그 안에서 블록체인 및 관련 기술의 표준화를 추진하고 있다. 이것은 커뮤니티의 많은 이해관계자에게 투명성과 신뢰성이 높은 차세대 모빌리티를 창조해주기 위한 것이다.

MOBI의 회원 조직들은 '블록체인과 관련된 기술을 사용해 더 친환경적이고, 더 효율적이며, 누구에게나 더 친숙한 운송 시스템을 만든다Make transportation greener, more efficient and more affordable'를 모토로 국가, 지역, 업계를 나누는 경계나 경쟁 관계 등에 개의치 않고 활동하고 있다. 그리고 이를 위해 산하에 여러 분과회를 두어 블록체인을 모빌리티에 활용한 여러 사례를 탐색하고 있으며, 표준규격을 작성해 자동차 제조사를 중심으로 공동 기술 검증도 실시하고 있다. 2019년 7월에는 세계 최초로 디지털 차량 IDVID의 표준규격을 정했다. 그리고 이 VID를 기반으로 유럽과 미국에서 2020년경(코로나19 팬데믹의 영향으로 시작이 늦어지고 있다) 여러 자동차 제조사들이 모여 스마트시티 구축을 위한 세계 최초의 공동 기술 검증을 실시할 계획이다. 그리고 이후로도 세계 각국 및 자치단체와 공동으로 기술 검증을 이어갈 예정이다.

⊙ 블록체인의 사회 적용을 서두르는 세계적인 자동차 회사들

이와 같이 세계 자동차 회사들이 블록체인 커뮤니티(공동체)의 형성 및 사회 적용을 위해 기술 검증을 서두르는 이유는 각 사의 경영진이 블록체인 사회가 눈앞에 다가왔다는 것을 강하게 의식하기 때문이다.

미국 IBM과 영국 싱크탱크의 옥스퍼드 이코노믹스가 2018년 실시한 조사에 따르면[2], 세계 자동차 관련 기업 경영자 1,314명 중 62%가 앞으로 3년 안에 블록체인이 자동차 산업에 파괴적인 영향Disruptive Force을 끼칠 것으로 전망하고 있다.

한편, 세계경제포럼World Economic Forum : WEF의 2016년 보고에 따르면[3], 세계 대기업 경영자와 전문가 800명을 대상으로 한 조사 결과 이들 중 58%가 블록체인 및 비트코인과 같은 암호화폐가 2025년까지는 본격적으로 보급될 것으로 내다보았다. 또, WEF는 2025년 세계 GDP의 약 10%가 블록체인에 저장될 것으로 예상하고 있다(덧붙여서 2016년 시점에서는 세계 GDP의 0.025%가 저장되어 있었다).

⊙ 자율주행 개발이 지연되다

세계의 자동차 산업은 CASE나 MaaS에 맞는 차세대 자동차를 개발해야 할 필요성에 직면하고 있다. 이에 따라 세계 주요 자동차 제조사, 미국 알파벳 산하의 웨이모Waymo, 중국의 신흥 IT 기업들은 고액의 연구개발비를 CASE의 핵심인 자율주행기술 개발에 쏟아붓고 있다. 하지만 센싱기술 개선에 어려움이 많아 자율주행의 안전성 확립이 높은 벽에 가로막히고 있는 실정이다. 이런 자율주행기술 개발의 지연은 최근 누구든 인정할 수밖에 없는 현실로 다가오고 있다. 몇 년 전까지만 해도 완전 자율주행차(레벨 5)의 보급이 2025년경부터 가능할 것으로 예측했지만, 현재는 2030년경부터 가능하다는 것이 업계의 정설이 되고 있다.

과거 알파벳의 자율주행기술 개발 부서 핵심 인물이었던 크리스 엄슨Chris Urmson은 늘 "내 아들은 평생 운전면허가 필요 없을 것입니다"라고 장담했다. 그러나 최근에는 "완전 자율주행은 앞으로 30~50년에 걸쳐 서서히 실현될 것이다"라며 크게 기대치를 낮춘 발언을 했을 정도다.[4)]

⊙ 자율주행보다 빨리 찾아올 블록체인 사회

한편, 블록체인 사회의 본격적인 출현은 앞에서 언급한 조사 결과 등을 볼 때 2021년부터 2025년경까지 이루어질 것으로 예상된다. 이런 데이터를 통해서, 그리고 MOBI 회원들과 나눈 대화를 통해 알게 된 것은 세계 기업 경영자들 대부분이 자율주행보다는 블록체인을 더 가깝게 느끼고 있다는 사실이다. 이들은 본격적인 자율주행 사회보다 본격적인 블록체인 사회가 더 빨리 찾아오리라 예상하고 있다.

자동차 모델이 완전히 바뀌는 주기는 승용차의 경우 보통 5~7년이다. 따라서 지금부터 설계할 승용차의 새로운 모델들은 그 차가 시장에 나올 무렵이면 어떤 형태로든 블록체인기술을 탑재하고 있거나 블록체인 사회와 연계되어 있어야 한다고 볼 수 있다.

현재 자동차 산업은 100년에 한 번꼴로 일어날 만한 대변혁기의 한가운데 있다. 따라서 많은 자동차 회사가 이런 변화 속에서 살아남기 위해 자율주행기술 개발에 뒤처지지 않으려고 애쓰고 있다. 하지만 3장에서 이야기한 것처럼, 자동차 산업이 자율주행기술 개발보다 더 우선시해야 할 것이 있다. '500년에 한 번'이라고도 할 수 있는 완전히 새로운 기술과 콘셉트인 블록체인의 연구개발 및 도입이 코앞으로 다가오고 있기 때문이다. 그래서 지금 이런 생각을 지닌 기업이나 조직들은 블록체인을 활용한 차세대 모빌리티 연구에 박차를 가하기 위해 MOBI와 같은 커뮤니티를 만들어 힘쓰고 있다.

2장

자동차 산업에도 웹 3.0시대가 오다

1

5G가 만들 블록체인 사회

⊙ 5G 보급과 블록체인

최근 갑자기 블록체인이 관심을 끄는 이유는 블록체인의 등장 배경이 된 기술 혁신에서 찾을 수 있다. 그리고 이 기술 혁신의 기반에는 차세대 통신규격인 5G(제5세대 통신) 보급이 있다.

현재 4G를 이은 5G의 보급이 전 세계로 확산되면서, '고속 대용량·저지연·다접속성'이라는 5G의 특징에 맞게 모든 것이 네트워크로 연결되는 IoT화가 급속히 진행되고 있다. 그리고 이런 IoT의 발전이 또 다른 새로운 기술 발달로 이어지고 있다.

현재 5G의 보급과 맞물려 인터넷에서 일어나는 기술 혁신을 웹 3.0Web 3.0 혹은 스페이셜 웹The Spatial Web(공간 웹)이라고 부르고 있다. 웹 3.0에는 데이터와 관련된 다양한 기술 변화가 포함되기 때문에 정확하게 정의하기가 쉽지는 않다. 그럼에도 불구하고 웹 3.0을 기술적인 측면에서 간단히 정리해보자면, 다음 세 가지 테마에서 일어난 기술 변혁이라고 할 수 있다. 즉, 사람이 데이터나 정보에 접근할 때 최초로 접하는 포인트가 되는 사용자 인터페이스User Interface : UI, 컴퓨터 연산 처리 및 해석 수단, 데이터 보존 및 통합 관리 형태에서 일어난 기술 혁신이다. 이 세 가지 테마의 기술 혁신을 웹 1.0, 웹 2.0, 웹 3.0 순서로 각각 정리해 그 변화를 한눈에 볼 수 있도록 만든 것이 〈도표 2-1〉이다.

도표 2-1 | 웹 3.0의 배경에 있는 기술 변혁 | 출처: 필자 작성.

	Web 1.0 →	Web 2.0 →	Web 3.0
인터페이스 디바이스 User Interface · Device	컴퓨터 PC	모바일·스마트폰 Mobile Platform · Smartphone	증강현실·가상현실 XR (AR, VR)
컴퓨터 연산 처리 및 해석 Computing Ecosystem	관리 서버 Managed Server	클라우드 Cloud	빅 데이터+인공지능 Big Data + AI
데이터 보존 및 통합 관리 Data & Governance	데이터베이스 Shared Database	클라우드 Cloud	블록체인 Blockchain

⊙ UI는 XR로

UI(컴퓨터나 IT 기기들을 사용하기 위해 접촉하는 매개체)는 이제 PC에서 스마트폰을 중심으로 하는 모바일 디바이스를 거쳐 증강현실Augmented

Reality : AR이나 가상현실Virtual Reality : VR로, 그리고 최근엔 이 두 가지를 아우른 'XR(확장현실)'로 변하고 있다. 웹 2.0에서 웹 3.0으로 변하는 과정에 초점을 맞추어보자면, 스마트폰으로부터 AR 글라스나 AR 헤드셋으로 디바이스가 바뀌었고, 그에 따라 UI와 사용자 경험User Experience : UX도 현저하게 바뀌고 있다. 그리고 이런 변화의 배경에는 음성 AI의 기술 발전이 크게 자리 잡고 있다. 그 결과 기존에 손가락을 사용하는 터치 UI에서 사람과 기계의 음성을 사용하는 터치리스 음성 UI로 큰 변화가 일어나고 있다. 예를 들어, 손가락으로 터치해 앱을 열어야만 시작되던 주문형 데이터 검색은 이제 실시간으로 적절한 데이터를 추천해주는 인공지능형 데이터 검색으로 바뀌고 있다.

아이폰으로 세계시장을 사로잡은 애플의 팀 쿡Tim Cook CEO가 "AR이 다음 플랫폼이 될 것이다"[1]라고 발언했던 이유도 UI의 극적인 변화에 대응하는 것이야말로 애플에게 던져진 중요한 과제라고 파악했기 때문일 것이다. 한편, VR은 블록체인을 활용해 디지털 ID를 부여하고 이에 결부된 디지털 트윈을 생성하는 것과 관련되어 그 적용 영역을 앞으로 더욱더 넓혀갈 것이다.

AR과 VR를 활용한 새로운 자동차 구입 체험 프로그램을 개발한 영국 제로라이트ZeroLight의 CEO인 대런 잡링Darren Jobling은 이렇게 말한다.

"인터넷 사회의 미디어(매체)는 텍스트와 정지 영상을 거쳐 동영상으로 진화했습니다. 앞으로는 현실 세계의 사람이나 사물과 상호작용하는 가상공간상의 아바타나 디지털 트윈이 그 역할을 하게 될 것입니다."2)

⊙ 사이버 피지컬 시스템

컴퓨터의 연산 처리 및 해석이 이루어지는 장소의 변화를 살펴보자. 기존에는 전문가가 서버의 보수와 관리를 담당하는 각각의 개별 서버에서 이런 작업이 이루어졌었다. 하지만 이제는 인터넷 기업이 대신 관리해주는 클라우드로 옮겨갔고, 나아가 여기에 빅 데이터와 AI가 연계되는 식으로 변해가고 있다.

웹 2.0 사회에서는 가상공간의 클라우드에 접속해 정보를 입수하고 그 정보를 분석해 가치를 만들어냈다. 하지만 웹 3.0에서는 피지컬 공간(현실 세계)에서 센서가 방대한 정보를 모아 그것을 가상공간에 쌓아두고(즉, 빅 데이터), 이 빅 데이터를 AI가 해석한 후 결과를 피지컬 공간의 인간에게 여러 형태로 피드백한다.

이처럼 피지컬 공간과 가상공간을 오가며 데이터를 주고받는 시스템을 사이버 피지컬 시스템Cyber Physical System : CPS, 가상 물리 시스템이라고 한다.

⊙ '중앙'이 없는 블록체인

마지막 테마인 데이터의 보존 및 통합 관리 형태에서 일어난 변화를 살펴보자. 웹 2.0의 공유형 데이터베이스는 웹 3.0에서는 블록체인으로 발전하기 시작했다.

지금까지의 데이터베이스는 기업 등이 관리하는 서버에 접속해야 하는 중앙집권형 네트워크였다. 하지만 3장에서 언급한 사회적 변혁과 이용자에게 가까운 에지(네트워크의 말단)에서 데이터를 처리하는 기술이 발달하게 되자, 중앙 관리자 없이 분산 관리하는 블록체인으로 바뀌게 되었다.

현실적으로는 데이터를 어디서 처리할지 역할을 분담하는 과정에서 에지 컴퓨팅과 클라우드 컴퓨팅이 각각의 장점을 살려 공존한다.

예를 들어, 대량의 데이터를 정확하게 실시간으로 처리할 경우에는 에지 컴퓨팅이 이루어진다. 한편, 대규모 연계나 집약이 필요하고 처리 속도의 영향을 작게 받는 데이터는 클라우드에서 관리하는 게 장점이 더 많다. 여기서 더 나아가 최근에는 클라우드의 단점인 보안이나 시스템 장애의 취약성 등을 블록체인기술로 극복한 '블록체인 클라우드'의 흐름이 시작되었다. 이런 흐름은 앞으로 가속화될 것으로 보인다.

⊙ M2M 세계에서 블록체인은 필수 불가결

지금의 사회는 사람과 기계가 커뮤니케이션하는 HMIHuman Machine Interaction의 세계다. 그리고 이제 블록체인 사회가 펼쳐지면서 기계끼리 데이터와 가치를 교환하는 M2M의 세계로 이행하고 있다.

자동차 업계에 음성 AI 소프트웨어를 제공하는 독일 기업 저먼 아우토랩스German Autolabs의 홀거 바이스Holger Weiss CEO는 이렇게 말한다.

> "HMI의 세계에서는 음성 AI가 필요합니다. 그리고 M2M의 세계에서는 블록체인이 없어선 안 됩니다."[3]

2

디지털 트윈의 기반기술은 블록체인

⊙ 디지털 트윈 등장

요즈음 비즈니스 세계에서 당연하고 필수적인 과정으로 받아들여지는 DX(디지털 전환)에서 주목을 끄는 것은 디지털 트윈이다. 디지털 트윈이란, 현실 세계의 사람이나 물건에 대한 정보를 IoT를 활용해 거의 실시간으로 가상공간에 그대로 재현한 것이다. 물론 이때의 가상공간 역시 현실 세계의 환경을 그대로 재현한 것이다. 그리고 가상공간에 재현된 사람이나 물건이 현실 세계의 사람이나 물건과 똑같다는 의미에서, 쌍둥이라는 뜻의 트윈이라고 부른다.

이때 디지털 트윈이 존재하는 세계를 '미러 월드(가상세계)'라고도 한다. 모두 미국 예일대학교의 컴퓨터 사이언스 교수인 데이비드 젤런터David Gelernter가 1996년에 제창한 것이다.

디지털 트윈을 활용하면 현실 세계의 오브젝트(대상물)를 가상공간에서 효율적으로 모니터링(감시)하거나 시뮬레이션(모의실험)하는 것이 가능해진다. 그리고 이처럼 가상공간에서 시뮬레이션한 결과로부터 현실 세계의 물건이나 설비가 어떻게 고장이 나고, 변화를 일으킬지를 예측할 수 있다.

이에 대한 활용 사례를 들자면, 미국 제너럴 일렉트릭GE이 만든 항공용 제트 엔진의 디지털 트윈이 있다. GE는 엔진에 다수의 센서를 부착한 후 그 센서가 수집한 데이터를 기본으로 디지털 트윈을 생성하고 시뮬레이션하는 방법을 통해 부품 교환이 필요한지를 파악하고 있다. 디지털 트윈으로 보수나 유지를 효율적으로 실현하고 있는 경우다.

도표 2-2 | 디지털 트윈의 이미지 | 출처·MOBI.

⊙ 가치의 인터넷

앞으로 블록체인은 디지털 트윈의 기반기술이 될 것이다. 그 이유는 다음과 같다. 가상공간에서 생성된 디지털 트윈을 블록체인에 기록하면 해당 디지털 트윈이 복제되거나 조작되는 일이 없어진다. 그 결과 디지털 트윈의 고유성(그것만이 지닌 특유한 속성)이 제대로 보호되어 디지털 트윈에 대한 단일 소유자의 소유권을 확립할 수 있게 된다. 또, 그런 소유권을 새로운 소유자에게 이전할 수도 있다.

가상공간에서 디지털 트윈의 고유성과 이전 가능한 소유권은 가치의 중요한 구성요소가 된다. 그리고 현실 세계에서 가치를 이전시키는 매개체는 각국 정부에서 발행한 화폐지만, 가상공간에서는 암호화폐가 그 역할을 한다. 결국 디지털 트윈끼리 거래를 실시하려면 암호화폐가 매개체 역할을 하는 가치의 인터넷Internet of Value을 구축해야 한다. 그에 따라 디지털 트윈의 기반기술로서 암호화폐의 기반기술인 블록체인이 필요하게 된다.

⊙ 디지털 ID

디지털 트윈을 만들기 위한 가장 중요한 요소는 디지털 ID다. 이는 사람과 사물을 가상공간에서 컴퓨터 연산으로 처리하기 위해 필요한 아이덴티티 정보로, 아이덴티티는 사람이나 사물의 속성에 대한 데이터 모음이다. 디지털 트윈을 만들 때 가장 먼저 해야 할 일은 디지털 ID를 블록체인에 기록하는 것이다. 당연하지만 블록체인에 기록할 디지털 ID가 없다면 디지털 트윈도 존재하지 않는다.

누구나 신뢰할 수 있는 디지털 ID를 만들기 위해 중요한 것은 이와 관련된 많은 이해관계자가 같은 척도를 따를 수 있는 표준규격이 필요하다는 점이다. 척도가 제각각이면 다른 규격 아래 생성된 디지털 트윈끼리는 서로 거래하기 어려워지기 때문이다.

참고로 MOBI는 설립 후 불과 1년여 만인 2019년 7월 차량의 디지털 ID라 할 수 있는 VID의 표준규격을 만들었다. 이처럼 VID의 규격 작성을 서두른 이유는 VID가 블록체인을 활용한 거의 모든 활용 사례의 기반이 되기 때문이다(〈도표 2-3〉).

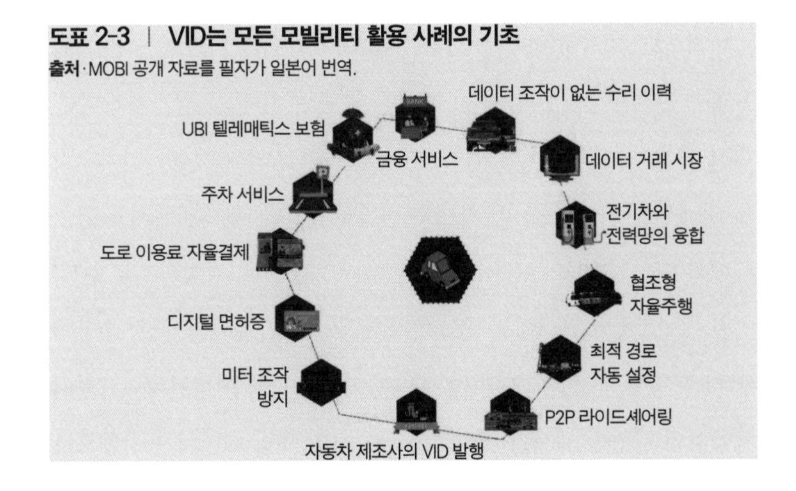

도표 2-3 | VID는 모든 모빌리티 활용 사례의 기초
출처 · MOBI 공개 자료를 필자가 일본어 번역.

3

디지털 트윈이 불러온 MaaS, CASE의 수익화

⊙ 미러 월드의 디지털 트윈

VID를 이용해 생성한 디지털 트윈으로 만들어가는 CPS(사이버 피지컬 시스템) 이미지를 〈도표 2-4〉에 나타내보았다.

미러 월드를 구성하는 요소로는 전자지갑, VID, IoT, 블록체인, 암호화폐, 빅 데이터, 인공지능AI을 들 수 있다. 덧붙여 전자지갑이란, 현실 세계와 가상공간을 이어주는 포털(입구) 역할을 한다. 전자지갑에 대해서는 뒤에서 좀 더 자세히 설명하겠지만, 현시점에서는 암호화폐와 디지털 ID를 보존하고 관리하는 '지갑'으로 정의하기로 한다.

전자지갑에서 관리하는 VID가 블록체인에 기록되면, 차량(현실 자산)의 디지털 복사본인 디지털 트윈이 가상공간에 생성된다. IoT화된 자동차의 다양한 센서가 데이터를 감지하면 해당 데이터는 자동으로

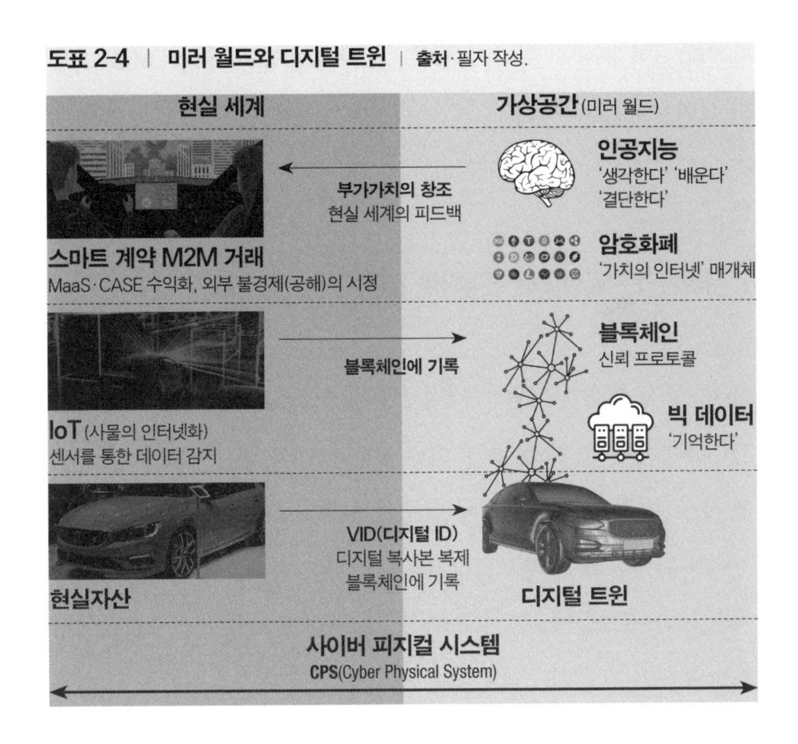

도표 2-4 | 미러 월드와 디지털 트윈 | 출처·필자 작성.

블록체인에 실시간 기록된다. 이런 데이터는 가상공간의 '기억장치'라 할 수 있는 빅 데이터에 축적되고, AI는 그 데이터를 바탕으로 현실세계의 객체와 프로세스를 이해하고 최적화된 해결책을 이끌어낸다. 그리고 이런 최적화된 해결책을 실제 세계의 차량에 피드백하는 것을 반복하는 과정을 통해 CPS이 성립된다.

또, 미러 월드에서는 차량이나 기반시설 등의 디지털 트윈끼리 전자지갑에서 관리하는 암호화폐를 가치 이전의 매개체로 삼아 거래한다. 이것이 이른바 V2X 거래Vehicle to Everything(자동차와 모든 사물 사이의 거래)이며, 뒤에서 이야기하려는, 스마트 계약을 활용한 M2M 거래의 실현으로 볼 수 있다.

⊙ 자동차가 자율적으로 데이터를 팔다

VID를 바탕으로 생성된 디지털 트윈은 MaaS나 CASE의 수익화를 가능하게 만든다. 예를 들어, 이런 활용 사례를 생각해보자. 차량 주행 시 그 차량에 탑재한 센서가 주행 지역의 도로나 주변 환경의 데이터를 감지한다. 그리고 그 데이터를 해당 지역을 관할하는 자치단체의 클라우드에 업로드(제공)하고, 그에 대한 보상으로 자치단체가 주는 토큰을 받을 수 있다. 이후 자동차는 그 토큰을 유료도로의 톨게이트에서 통행료 결제에 이용할 수 있다. 이는 자동차가 주행 중 수집한 데이터를 자율적으로 매각해 수익을 올리는 구조다.

다른 활용 사례를 한 가지 더 살펴보자. 같은 길을 달리는 차량끼리 주행 데이터 및 도로 환경과 관련된 데이터를 M2M으로 거래해 교통사고나 정체 발생 위험을 줄일 수 있다. 완전 자율주행차가 아니더라도 자동차가 주변의 다른 자동차 및 도로 기반시설과 자율적으로 데이터를 거래하는 것은 가능하다. 따라서 이런 사례는 빨리 도입될수록 안전한 주행이나 자율주행에 도움이 될 것이다.

이와 같이 V2X의 데이터 거래로 자율주행과 같은 안전운전 시스템을 실현하는 것을 협조형 자율주행Coordinated Autonomy이라고 한다. 가까운 미래에 상공에서 도로 환경을 내려다보는 드론이, 차량과 협조하면서 자율주행을 실현시키는 것도 꿈이 아니다. 게다가 협조형 자율주행은 자율주행기술 개발에 투입되는 고액의 연구개발비를 줄이는 방법이 될 수도 있다. 보다 구체적인 활용 사례에 대해서는 7장에서 설명하고자 한다.

⊙ 운전자와 사용자의 행동양식을 바꾸는 인간 중심 설계

도시와 대중교통기관은 블록체인과 암호화폐를 활용해 운전자 및 사용자의 행동양식을 바꿈으로써 교통 정체나 배기가스를 중심으로 한 공해를 줄일 수 있게 된다. 예를 들어, 이산화탄소를 배출하지 않는 전기차를 운전하거나 한 번에 여러 명을 태우는 합승형 라이드셰어링 서비스를 제공하는 것처럼 지역과 커뮤니티에 바람직한 모빌리티 서비스를 제공한 운전자(차량)는 물론이고, 이런 서비스를 이용한 사용자에게도 토큰을 지불한다. 그러면 결과적으로 지자체는 공해를 줄이기 위해 인프라를 정비하고 확충하느라 많은 돈을 투자하지 않고도 토큰으로 사람의 행동을 변화시킴으로써 탈탄소를 이루거나 교통 정체를 줄일 수 있다. 이와 관련된 구체적인 활용 사례에 대해서도 7장에서 소개하려 한다.

4

스마트시티를 촉진하는 블록체인

⊙ 국가 전체를 디지털 트윈으로 만드는 싱가포르

자동차 업계에서는 CASE와 MaaS를 중심으로 한 차세대 모빌리티를 제공함으로써 스마트시티라는 시대적인 흐름에 올라타려는 기운이 높아지고 있다. 스마트시티에서는 거리에 설치되어 있는 센서를 통해 자동차가 거리의 모든 사물과 인터넷에 연결된다. 그리고 자치단체는 이런 네트워크로부터 수집한 방대한 데이터를 활용해 보다 안전하고 편리한 미래형 도시를 만들 수 있다. 정보통신기술과 IoT의 발전 및 5G의 등장으로 이제 전 세계 거의 모든 도시들이 스마트시티로 도약하려는 구상을 하고 있다.

그중에서도 싱가포르는 국가 전체의 디지털 트윈을 구축하려는 가장 의욕적인 스마트시티 프로젝트를 실시하고 있다. 이와 관련해

2014년 11월 싱가포르의 리셴룽Lee Hsien Loong 총리는 '스마트 국가Smart Nation' 구상을 발표했다. 그는 이 구상에서 디지털기술을 활용해 살기 좋은 사회를 만들겠다는 이상을 내걸었다.

이런 구상의 실현을 위해 우선 한 일은 국토에 관한 정보를 디지털화하고 각종 센서를 정비해 IoT의 발전을 추진한 것이다. 보다 구체적인 프로젝트는 국가를 통째로 3D 데이터화하고 도시의 디지털 트윈을 가상공간에 재현하려는 '가상 싱가포르Virtual Singapore'다. 이 프로젝트는 싱가포르 국립연구재단NRF, 싱가포르 토지관리국SLA, 정보통신개발청IDA과 프랑스의 다쏘시스템Dassault Systems이 주도하고 있다. 그 내용을 살펴보면, 도시의 디지털 트윈을 만들어 각종 기반 시설 정비 계획 수립, 발전량 시뮬레이션 후 태양열 발전 패널 설치 장소 검토, 교통 시뮬레이션을 통한 정체 해소와 대중교통 개선 등에 활용할 것으로 보인다.

⊙ 스마트시티와 스마트 모빌리티의 기반은 블록체인

싱가포르는 또 다른 국가적 프로젝트로서 자율주행차 기술 검증을 중심으로 하는 모빌리티 개혁을 추진 중이다. 국토 면적이 작은 이 나라는 1990년부터 자동차 구입 시 발행 매수가 한정된 고가의 차량 소유권증서Certificate of Entitlement : COE를 공개 입찰 가격에 의무적으로 구입하도록 하고 있다. 국내 자동차 보급 대수를 억제하려는 것이 목적이다. 그러나 한정된 교통 인프라 속에서 인구 증가로 이동 수요가 증가하는 한편, 대중교통 운전기사 부족이나 인구 고령화가 진행되고 있기 때문에 모빌리티 서비스의 새로운 효율화가 매우 중요한 과제로 떠오르고 있다. 상황이 이렇게 되자 싱가포르 정부는 모빌리티에 관련된 수많은 과제를 해결하기 위해 자율주행차에 거는 기대가 크며, 빠른 사회 적용을 서두르고 있다. 현재 자율주행차 보급을 위한 법 규제 완화와 기술 검증 실시를 위한 환경 정비에 적극적으로 나서고 있다.

이와 관련해 무역산업성 아래의 산업·무역 진흥기관인 엔터프라이즈 싱가포르ESG는 2019년 1월 자율주행 개발 및 도입을 위한 안전성과 사이버 보안 등에 관한 기준인 'TR 68'을 공표했다. 또, 육상교통청LTA은 같은 해 10월 센토사섬이나 주롱섬 등 국내 4개 지역으로 한정했던 자율주행기술 검증 지역을 싱가포르 서부 전체(공공도로 전체 길이 약 1,000km 상당)로 확대할 방침이라고 발표했다.

정부의 이런 적극적인 대처 덕분에 싱가포르는 자동차 산업이 없는 나라임에도 자율주행 보급을 위한 환경 정비가 세계적으로 가장 잘 진행되고 있는 국가로 평가받고 있다.

스마트 모빌리티 중심의 스마트시티 실현이 목표인 싱가포르는 블록체인을 사회 인프라 중 하나로 자리 잡게 만들 계획이다. 적절하게 설계된 사람이나 물건(차량 및 인프라)의 디지털 ID를 블록체인으로 관리하면 도시의 디지털 트윈을 통해 다양한 경제적, 사회적 가치를 창출할 수 있기 때문이다. 그리고 국민은 한 사람 한 사람의 요구에 맞춘 행정 서비스를 받을 수 있어 효율적이고 지속가능성 높은 모빌리티 사회를 구축하는 데도 도움이 될 것이다. 특히 블록체인을 통해 국민 전체가 빠짐없이 공적 서비스, 금융 서비스, 모빌리티 서비스에 접근할 수 있게 되면 지속가능한 발전의 기반인 사회적 포섭 능력도 높아질 것이다.

블록체인을 기반으로 한 사회에서는 사용자(국민)가 데이터 생태계의 중심에 있고, 사용자 스스로 데이터 통제권을 가질 수 있는 ID를 받는다. 즉, 블록체인에서는 자기주권형 IDSelf-Sovereign ID : SSI 또는 분산형 IDDecentralized ID : DID를 가지게 된다. 최근에는 SSI/DID를 적극적으로 활용하는 국가나 자치체가 많아지고 있다. 국민에게 디지털 ID를 무료로 제공하는 덴마크나 에스토니아가 좋은 예다.

⊙ 블록체인의 세계적 허브를 지향하다

싱가포르는 블록체인의 세계적 허브가 되기 위해 자국의 블록체인 커뮤니티 활성화에도 적극적이다. 이를 위해 2018년 12월 싱가포르 최초 블록체인 스타트업 육성 프로그램인 트라이브 액셀러레이터Tribe Accelerator : TA를 만들었다.

TA는 ESG와 싱가포르 정부 소유의 테마섹 홀딩스Temasek Holdings, 미국의 아마존 웹 서비스, 씨티은행, 프랑스의 악사AXA, BMW 등과 같은 글로벌 기업들이 파트너다. 또, 기술 파트너에는 IBM, 블록체인 관련 기업인 컨센시스ConsenSys, R3, 오션 프로토콜Ocean Protocol, 테조스Tezos, 비체인VeChain 등의 MOBI 회원사들, 그리고 MOBI도 이름이 올라가 있다.

싱가포르 정부는 블록체인기술을 핀테크 분야뿐만 아니라 핀테크 이외 분야에도 보급하기 위해 노력하고 있다. 이를 위해 TA를 통해 국적이나 산업을 막론하고 다양한 기업 및 조직을 파트너로 삼고 스타트업 육성 지원에 여념이 없다. 싱가포르에서는 이미 블록체인이 스마트 국가나 스마트시티를 구축하기 위한 핵심 기술 중 하나로 자리 잡고 있다고 볼 수 있다.

TA에서 세계로 날아오른 블록체인 스타트업 중 하나로 싱가포르의 라임스톤 네트워크Limestone Network : LN가 있다. 2018년 12월 창업한 이 회사는 동남아시아의 부동산 개발업자에게 스마트시티에 관한 솔루션을 제공해 블록체인을 바탕으로 물류, 회계, 인사관리 등과 관련된 포괄적인 정보관리 시스템을 구축하도록 지원한다. 2019년 12월에는 캄보디아 수도 프놈펜에서 같은 해 8월 완성된 'MSQM 파크'라는 물류·공업 단지와도 제휴를 맺었다. 그리고 2021년 6월부터 블록체인 인프라 개발을 시작할 예정이다.

그 내용을 구체적으로 살펴보자면, 대략 1,200명에 이르는 단지

내 거주자나 종업원 등이 라임스톤 네트워크가 개발한 블록체인 기반 앱 '디지털 패스포트'를 깔고 회원으로 가입한다. 이때 디지털 패스포트 앱에 디지털 ID를 입력하면 국제 범죄 데이터베이스를 통해 과거 범죄 이력을 조회하게 된다. 그리고 범죄 이력이 없을 경우에만 디지털 ID를 블록체인에 기록하고 전자지갑을 부여받을 수 있다. 이렇게 인증을 거친 후 패스포트 안에 전자지갑을 소지한 사람은 라임스톤 네트워크가 자체 개발한 암호화폐를 이용해 시간, 장소, 단말기에 구애받지 않고 다양한 디지털 서비스를 받을 수 있다. 그리고 해당 단지 내에서 사업을 하는 기업은 암호화폐를 활용한 토큰경제 시스템을 통해 물류의 효율화, 회계 처리의 정밀도 향상, 계약·결제의 신속화를 실현할 수 있다.

라임스톤 네트워크는 앞으로 5년간 캄보디아의 다른 도시의 스마트시티 프로젝트에도 참여할 계획이다. 그리고 이외에도 말레이시아, 필리핀, 본국 싱가포르에서도 같은 블록체인 시스템을 지자체와 공동으로 개발해나갈 예정이다. 라임스톤 네트워크는 이와 관련해 스마트시티 프로젝트를 진행시켜나가면서 주민, 자동차, 데이터의 흐름을 기반으로 도시의 디지털 트윈을 개발할 것이다. 라임스톤 네트워크는 이를 이용해 보다 친환경적이고, 보다 스마트한 도시를 만들겠다고 선언하는 백서를 발표했다.

⊙ 도시의 사회적 포섭을 높이는 블록체인

라임스톤 네트워크의 공동창업자인 에디 리Eddie Lee는 언론과의 인터뷰에서 이렇게 말했다.

> "미래의 최첨단 기술만이 스마트시티의 특징은 아닙니다. 스마트시티는 포섭 능력이 높아 사회적 지위가 낮은 사람을 포함한 모든 사람이 접속할 수 있는 것이어야 합니다."[4]

특히 신흥국의 대도시에서는 도시화가 급속히 진행되고 있기 때문에 스마트시티를 구축하는 것이 그 어느 곳보다 급선무다. 이런 곳에서는 다양한 사회적 배경을 가진 사람들이 도시로 빠르게 유입됨에 따라 토지 가격 급등, 실업률 상승, 심각한 교통 정체, 대기오염과 같은 공해 등이 매우 중요한 과제로 떠오르고 있다. 이때 과제 해결을 위한 핵심기술로 환영받고 있는 블록체인은 기존의 사회 인프라를 최대한 활용해 사회적 포섭을 충족시키면서 도시의 지속가능한 발전을 실현할 도구가 될 것이다. 블록체인이야말로 '도시를 스마트하게 만드는' 스마트시티 구축에 아주 효과적인 기술이라 할 수 있다.

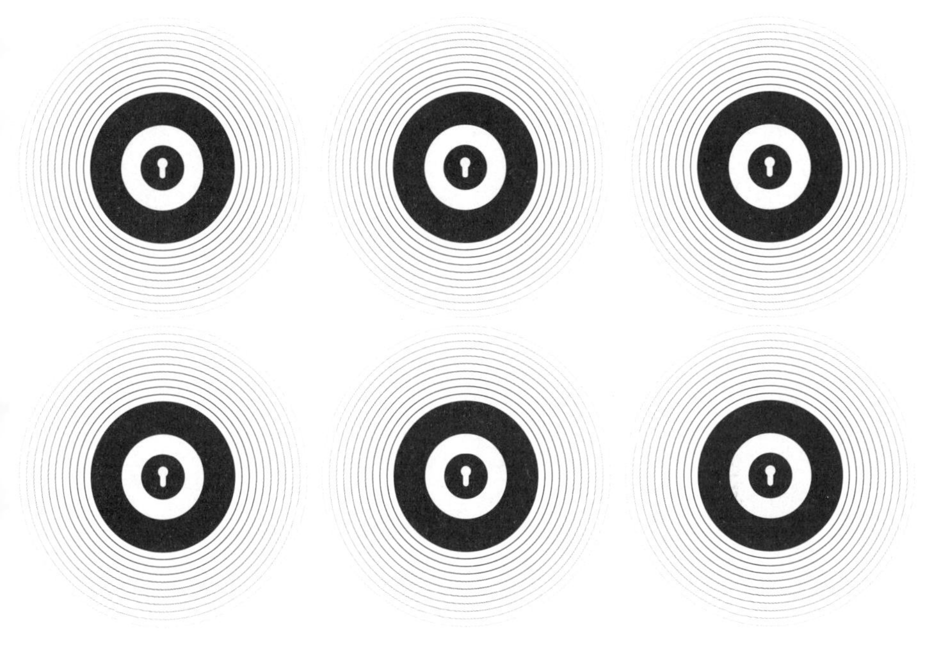

3장 블록체인, 500년에 한 번 올까 말까 한 혁명

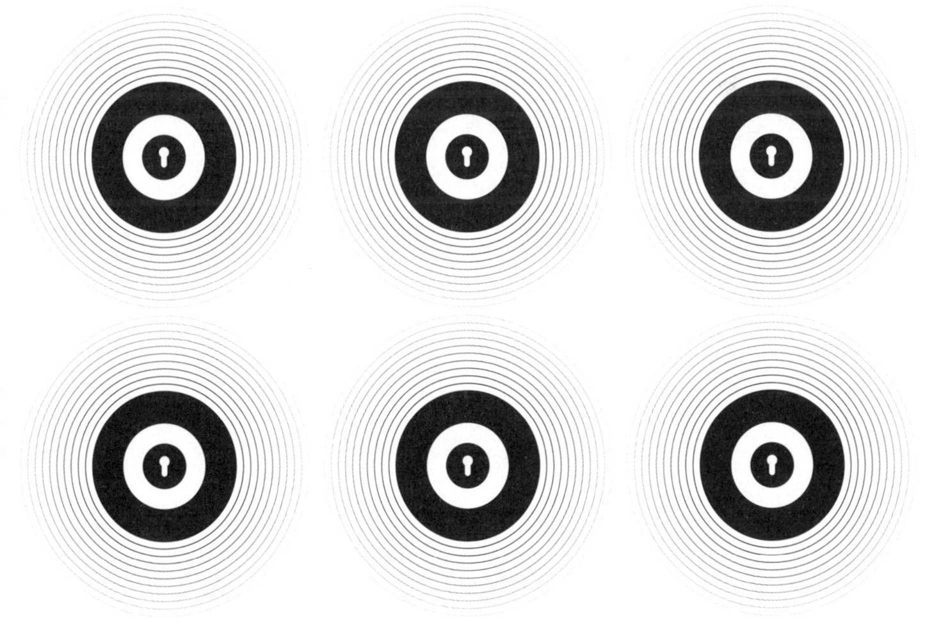

3장에서는 블록체인의 등장 배경과 사회적 파급 효과와 SDGs 달성을 위한 블록체인의 역할 및 중요성을 설명할 것이다. 또, 블록체인을 알기 위한 필수적인 키워드 및 주요기술에 대해서도 소개하려 한다. 이미 블록체인이 친숙하기 때문에 모빌리티 영역에서 블록체인이 지니는 의의나 활용 사례만을 알고 싶은 독자라면 3장을 건너뛰고 4장으로 가도 좋을 것이다.

1

부기 혁명과 정보 혁명

⊙ 2008년 갑자기 나타난 블록체인

블록체인의 등장은 충격적이었다. 이제까지 보아온 신기술이나 콘셉트들과 전혀 다른 모습으로 사람들 눈앞에 불쑥 나타났을 뿐 아니라 개념 자체가 사회·정치·경제·문화의 질서나 편성을 뿌리에서부터 뒤엎는 혁명성을 띠고 있기 때문이다. 그럼 지금부터는 블록체인이 왜 혁명적인지를 설명해보겠다.

블록체인은 2008년 갑자기 나타났다. 글로벌 금융위기가 터진 시점에 스스로를 사토시 나카모토라고 소개한 의문의 인물(또는 조직)이 백서 한 편을 인터넷에 올렸다. 이 백서에서는 비트코인이라는 암호화폐를 사용한 P2P 방식의 완전히 새로운 전자화폐 시스템을 설명하고 있었다. 오늘날 블록체인을 사용한 획기적인 서비스는 모두 이 비트코인 거래 구조를 기반으로 만들어진 것이다.

이런 블록체인의 등장으로 우리는 '500년에 한 번 올까 말까 한' 대혁명을 맞이하고 있다. 왜냐하면 블록체인이 500년 만에 부기 혁명과 정보 혁명을 일으키려고 하기 때문이다. 이는, 블록체인이 거래의 기록 방법과 신뢰 프로토콜(구조)의 기반이 되었던 기존 개념들을 근본적으로 바꾸려 한다는 의미다.

⊙ 500년 전에 일어난 두 가지 혁명

500년 전에 일어난 두 가지 혁명적 사건이란 무엇일까. 첫 번째는 부기 혁명이다. 이 일은 콜럼버스가 아메리카 대륙을 발견한 지 2년 후인 1494년, 이탈리아 수학자 루카 파치올리Luca Pacioli의 수학책《숨마Summa》에서 시작되었다. 그는 이 책에서 베네치아 상인이 장부를 기록하던 방법인 복식부기Double-Entry Bookkeeping를 학술적으로 설명했다. 이후 이 책이 1523년 이탈리아 토스코라노에서 다시 출판되었고, 그때부터 복식부기는 수백 년에 걸쳐 전 세계에 알려졌다.

두 번째, 정보 혁명은 부기 혁명과 앞서거니 뒤서거니 하면서 일어났다. 이 혁명은 1445년 독일 마인츠에서 요하네스 구텐베르크Johannes Gutenberg가 현재 산업사회의 주춧돌이라 할 수 있는 활판인쇄를 발명한 데서 시작되었다.

⊙ 복식부기의 탄생

부기는 물건을 돈으로 주고받는 활동, 즉 거래를 기록하는 방법이다. 긴 역사 속에서 태어났고, 6세기 인도 상인들이 알게 된 양수(재산)와 음수(부채) 개념에서 비롯되었다. 이 개념은 8세기 이슬람 사회에 전해졌다가 11세기 아랍 수학자들도 부채를 음수로 나타내기 시작한 후에야 유럽으로 전해졌다.

사실 숫자 개념은 훨씬 더 오래전부터 생겨났다. 기원전 6세기에 나타난 인도 숫자는 서기 773년 압바스 왕조 치하의 바그다드로 전해졌다. 인도 숫자는 세계 최대였던 이슬람 제국에서 아라비아숫자로 발전한 후 약 800년에 걸쳐 스페인까지 확산되었다.

그사이 1202년 이탈리아 피사의 수학자 레오나르도 피보나치 Leonardo Fibonacci가 《산반서Liber Abaci》를 출간하면서 아라비아숫자의 서구 전파가 더 빨라졌다. 인도에서 처음 생겨난 부기 개념과 숫자가 진화하면서 합쳐졌고, 대차평준의 원리에 따라 조직적으로 거래를 기록, 계산, 정리하는 기장법인 복식부기가 생겨났다.

복식부기가 태어나기 전까지는 처음 만난 사람과 사업을 할 때 그 사람이 믿을 수 있는지를 판단하기가 어려웠다. 본인의 직감에 따르거나 누군가 믿을 만한 사람이 보증을 서는 것이 전부였다. 하지만 복식부기에서는 당사자 두 사람이 거래를 각각의 장부에 기장하고, 차변과 대변의 균형을 맞춘다.

복식부기의 발명 덕분에 이제 장부를 보면 개인이나 조직의 자산이 어느 정도이고, 정말 믿을 수 있는지를 판별할 수 있게 되었다. 결과적으로 돈을 빌려주거나 빌리는 것이 활발해져 경제 규모가 급속도로 커졌다. 이것이 복식부기의 발명이 혁명적이라고 하는 이유다.

⊙ 활판인쇄의 탄생

구텐베르크가 발명한 활판인쇄는 화폐의 대량생산과 화폐경제 시스템의 구축을 가능하게 만들었다. 화폐는 물건과 교환할 수 있는 가치를 지니고 있지만, 그 가치를 지탱해주는 것은 화폐 사용자들의 상호 신뢰다. 즉, 화폐를 사용하는 사람들은 '다른 사람들이 가치 있다고 생각하는 것'으로 믿기 때문에 자신도 화폐의 가치를 믿는다.

활판인쇄의 등장으로 온갖 정보가 대량으로 복제되기 시작했고, 중앙집권적인 조직도 생겨났다. 물건을 만들기 위한 설계도와 과학의 진보에 기여하는 논문들이 대량으로 정확하게 복제되면서 대량생산과 대량소비가 사회를 주도하기 시작했고, 주식회사와 은행도 탄생했다. 한마디로 말해 화폐경제 시스템이 중앙집권적 사회조직이 발전하는 토대가 된 것이다.

또, 활판인쇄는 16세기 종교개혁에도 한몫했다. 그동안 사본으로만 구할 수 있던 고급 성경책들이 활판인쇄를 활용해 대량으로 쏟아져 나오면서 일반 서민들도 값싼 성경을 읽을 수 있게 되었다. 그 결과, 로마교회가 통제하던 성경 해석을 비판하는 지식인들이 나타나기 시작했다. 독일의 마르틴 루터Martin Luther, 스위스의 훌드리히(울리히) 츠빙글리Huldrych Zwingli, 장 칼뱅Jean Calvin, 스코틀랜드의 존 녹스John Knox와 같은 지식인들이 이끄는 혁신운동 속에서 새로운 기독교 신자인 프로테스탄트(개신교도)들도 나타났다.

이 시기에 개신교(주로 칼뱅파)가 주창한, '신이 예정해준 직업에 헌신해 재산을 쌓는 것'이나, '일하지 않는 자는 먹지 말 것'처럼 근로의 미덕에 대한 찬양은 유럽에서 근대 자본주의가 자리 잡도록 만들었고, 그것이 윤리 규범으로 확대되었다. 이런 시대적인 흐름 속에서 금융을 생업으로 하는 유대인의 사회적 지위가 점점 높아졌고, 그 결과 로스차일드 가문 등이 어마어마한 부를 쌓아 국제적인 은행업을 발전시켰다.

이처럼 구텐베르크의 활판인쇄술 발명은 화폐경제 시스템과 중앙집권적 조직과 같은 새로운 신뢰 프로토콜 구축에 큰 영향을 주었다.

⊙ 삼식부기의 등장

그렇다면 오늘날 세상 사람들의 주목을 받는 블록체인이 일으키려는 대혁명은 무엇일까. 이를 간단히 나타낸 것이 〈도표 3-1〉이다.

도표 3-1 | 블록체인은 500년에 한 번 올까 말까 한 부기 및 정보 혁명

출처·필자 작성. **이미지**·위키백과(부기 혁명), 게티이미지뱅크(정보 혁명).

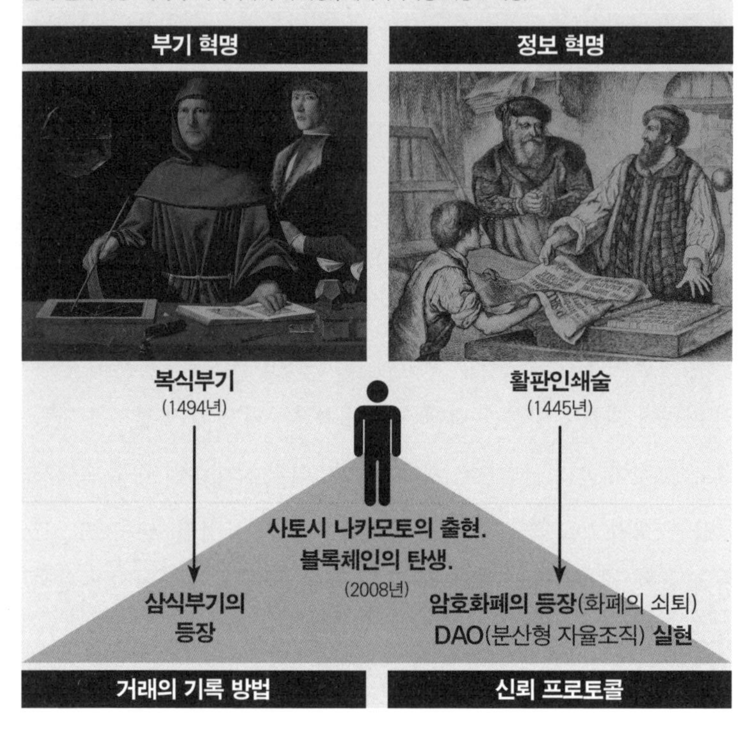

먼저 첫째, 블록체인과 더불어 등장한 삼식부기Triple-Entry Bookkeeping의 효과다. 삼식부기는 거래가 발생해 블록체인에 기록될 때 복식부기를 대신하게 된 완전히 새로운 개념이다.

삼식부기에서는 복식부기와 마찬가지로 거래 당사자들 양쪽의 장부에 기장하는 것 외에도 여러 사람이 공유한 분산 대장에도 기록함으로써 회계 정보의 정확성을 담보할 수 있다. 따라서 재무회계에 삼식부기를 적용하게 되면 지금까지의 회계 프로세스가 크게 바뀌어 수많은 새로운 회계 기법이 창출될 것으로 기대된다. 이해를 돕기 위해 삼식부기를 채용한 주식회사의 재무회계 이미지를 간단히 정리하자면 다음과 같다.

블록체인을 바탕으로 한 삼식부기는 무엇보다 감사법인의 감사나 사내 회계사의 작업에 들어가는 고액의 비용을 대폭 삭감해준다. 이런 비용은 주주, 채권자, 정부 당국자 등 사외 이해관계자들이 기업의 재무정보가 타당하고 신뢰성이 있는지를 검증할 수 있도록 하기 위한 신용비용이다. 이것은 거래비용의 일종이다.

삼식부기에서는 양자 간의 모든 거래가 블록체인에 기록되기 때문에 숫자나 데이터 조작이 불가능하다. 또, 거래 데이터를 언제든지 볼 수 있도록 공개해두면 주주나 회계사 등 제3자가 효율적으로 정보를 검색하거나 검증할 수 있다. 즉, 제3자도 실시간으로 재무정보를 확인할 수 있게 된다.

재무정보를 완전히 공개하기 불안하다면 감독 당국, 임원, 주요 주주 등 정보 공유가 필요한 이해관계자에게만 접근을 허락해도 된다. 또, 기업의 제품 및 서비스의 판매 기록이나 경비 처리 등은 타임스탬프Time Stamp(전자적 시간 증명)가 첨부되어 블록체인에 기록되기 때문에 재무제표도 자동적으로 작성된다.

클라우드 등을 통해 늘 접속 가능한 환경에서는 기업과 감사위원 사이에 증표나 데이터를 주고받는 데 따로 시간 걸릴 일이 없어진다. 그로므로 실시간으로 분개(分介) 데이터(거래가 발생할 때마다 차변과 대변으로 나누어 기록하는 데이터 - 옮긴이)를 감시할 수 있다. 따로 종이 장부에 기록해둘 필요도 없어지고 그에 따라 입력 실수도 없어진다. 또, 통상 과거 거래를 대상으로 하던 회계감사가 자동화의 진전으로 그때그때 실시간으로 이루어진다.

그리고 또 한 가지 특징은 블록체인상 재무정보 조작은 거의 불가능하기 때문에 기업의 회계 부정이 사라진다는 점이다. 어쩌면 대기업은 회계 기록이 투명해지는 삼식부기를 오히려 꺼릴 수도 있다. 특히 많은 경영자에게는 수익 계상(計上) 방법, 감가상각 방법, 영업권 취급 등에서 어느 정도는 감시를 받지 않고 자기 마음대로 하고 싶은 부분이 있을 것이다.

하지만 그렇다 하더라도 삼식부기를 채용하는 데 따르는 이점은 아주 크다. 기존 복식부기에서 과제로 떠오른 신용비용을 대폭 절감할 수 있을 뿐 아니라, 재무제표의 투명성을 높여 밸류에이션(기업가치 평가)이 올라갈 가능성이 크다.

요즘 기관투자가들 대다수는 엄격한 기업 지배 구조 요건을 부과하고, 이를 충족하지 못하는 기업에는 투자하지 않겠다는 방침을 내세운다. 따라서 재무정보가 투명한 회사 쪽이 이런 투자가들의 투자를 받기 쉽다. 따라서 앞으로는 기업 지배 구조 요건에 삼식부기가 포함될 가능성이 크다. 실제로 미국에서는 블록체인 개발 회사인 밸런스Balance가 이미 암호화폐 이더리움을 사용한 삼식부기 회계 시스템 개발에 착수했다.

이처럼 블록체인을 바탕으로 한 삼식부기 활용은 기업의 신용비용을 크게 절감해준다. 물론 개인도 블록체인을 활용해 이와 비슷한 거래비용을 줄일 수 있다. 즉, 자신이 다른 사람에게 제공하는 데이터가 올바르고 신용력이 있다는 사실을 증명하기 위해 지금까지 지불해야 했던 비용을 줄일 수 있게 된다.

⊙ 새로운 신뢰 프로토콜

블록체인이 가져오는 정보 혁명의 핵심은 새로운 신뢰 프로토콜 구축이다. 이것을 가능하게 해주는 것은 비중앙집권적 분산 네트워크 속에서 생겨나는 화폐와 조직에 대한 새로운 개념이다. 2009년 비트코인의 등장을 시작으로 수많은 암호화폐가 생겨나고 있다. 요즘은 실물로 이루어진 화폐는 쇠퇴하고, 암호로 된 디지털 통화가 보급되는 추세다. 이런 흐름에 맞추어 앞으로는 블록체인과 암호화폐를 기반으로 하는 분산형 자율조직DAO(뒤에서 자세히 설명할 것이다)이 차례로 탄생하게 될 것이다.

블록체인의 세계적 오피니언 리더인 알렉스 탑스콧Alex Tapscott의 말을 빌리자면,[1] 20XX년에는 이러한 DAO가 나타날 것으로 보인다. DAO에서는, 기존의 조직과 달리 그날그날의 의사결정 대부분을 프로그램이 실행한다. 따라서 CEO나 관리직을 둘 필요가 없어진다. 수많은 자율 에이전트AI는 인간 관리자의 지시 없이도 스마트 계약에 따라 스스로 적절하게 판단하고 행동한다. 따라서 CEO를 포함한 관리직에 고액의 보수를 지불할 필요가 없어진다. 직함만 유지하는 관리직이나 결제를 받기 위한 쓸데없는 절차도 사라지고, 더불어 사내 정치도 자취를 감추게 될 것이다. 대신 AI 자율 에이전트가 명확한 목적을 위해 합리적으로 일을 진행해줄 것이다.

이런 시스템에서는 인간 종업원이든 파트너 기업이든 스마트 계약 아래에서 일하게 된다. 급여도 월급이나 주급이 아니라 정해진 일을 완료한 순간 받을 수 있다. 직원이 사람이든 AI 자율 에이전트든 본질적인 차이가 없으므로, 어느 순간 알고 보니 자신에게 지시를 내리는 존재가 사람이 아닌 AI 자율 에이전트라고 해도 더 이상 놀랄 일은 아니다.

무엇보다 자율 에이전트인 '상사'는 무리한 행동을 하지 않고, 예의 바르며, 합리적인 지시를 내리기 때문에 직원들이 받는 육체적·정신적 부담도 줄어들게 된다. 스마트 계약 안으로 매니지먼트 과학을 끌어들여 일의 할당과 평가를 누구나 납득할 수 있게 실행한다면, 인간 종업원은 지금보다 훨씬 즐겁게 일할 수 있게 될 것이다. 그 결과 DAO에서는 일 이외의 여가 시간이 늘어날 것으로 기대된다.

결과적으로, 블록체인을 바탕으로 한 삼식부기가 자리 잡은 DAO에서 일하는 사람들은 창조적인 활동에 더 많은 시간을 할애할 수 있다. 그리고 DAO의 고객은 신속하고 공평한 서비스를 받을 수 있고, 주주는 실시간 회계 덕분에 지금보다 높은 빈도로 배당을 받을 수 있게 된다. 또, 명확한 규범 아래 공명정대하게 행해지는 경영을 통해 마치 오픈 소스 소프트웨어처럼 투명한 비즈니스를 실현할 수 있을 것이다.

사실 비트코인 시스템 자체가 DAO의 일종이다. 예를 들어, 비트코인을 주식, 비트코인의 소유자를 주주라고 한다면 비트코인 시스템은 주식 이동을 생업으로 하는 조직이 된다. 이 시스템에서 하부 계층(채굴자 : 블록체인의 블록을 생성하는 컴퓨터)은 종업원이다. '종업원'은 노동에 대한 대가 혹은 보수로서 '주식'의 일부를 받는다. '종업원'들로 구성된 개발 커뮤니티가 비트코인 시스템이라는 조직을 실현하기 위한 기술을 유지하고 있을 뿐 이 '조직'에는 경영자가 없다. 그런 면에서 분산형 자율조직인 DAO는 단순한 아이디어가 아니고, 벌써 세상에 모습을 드러내기 시작했다.

⊙ 500년 전 대변혁기를 닮은 코로나19 팬데믹

500년 전 유럽은 르네상스가 한창이었다. 1348년부터 1420년 사이에 유럽 전역에서 흑사병이 크게 유행하다가 종식된 직후, 기존의 개념을 무너뜨리는 다양한 혁신이 일어나면서 새로운 질서가 태어났다. 공교롭게도 지금 우리의 눈앞에서 펼쳐지고 있는 코로나19 바이러스 팬데믹과 블록체인 사회의 확산이 500년 전 대변혁기와 비슷하다. 코로나 일상 시대를 맞아 블록체인은 전 세계 통화와 신용 시스템의 기존 개념을 뿌리부터 뒤엎고 새로운 경제와 사회 질서를 창출하는 기술이자 개념이 되어가고 있는 것이다.

2

SDGs 달성을 촉진하는 블록체인

⊙ 블록체인기술 활용에 적극적인 UN

"디지털 시대를 맞아 UN이 임무를 보다 잘 완수해가기 위해선 지속가능한 개발목표SDGs 달성을 촉진하는 블록체인 같은 기술을 도입할 필요가 있다."[2)]

"For the United Nations to deliver better on our mandate in the digital age, we need to embrace technologies like blockchain that can help accelerate the achievement of Sustainable Development Goals."

2019년 12월 29일 UN 사무총장 안토니오 구테흐스Antonio Guterres가 미국 〈포브스Forbes〉에 기고한 글 중 일부다.

세계가 합의한 SDGs 달성을 위해 UN은 AI나 바이오 테크놀로지, 블록체인 등 첨단기술이 해결책이 될 것으로 기대하고 있다. 그중에서도 무엇보다 적극적으로 활용하려는 것은 블록체인이다. 왜냐하면 SDGs 달성을 위한 중요한 테마인 사회적 포섭을 실현하기 위해서는 블록체인 활용이 거의 필수적이기 때문이다.

⊙ SDGs의 핵심은 사회적 포섭

먼저 SDGs에 대해 간단히 설명해보겠다. 이제 세계의 공통 언어이자 비즈니스의 신조류가 된 SDGs는 2015년 9월 UN 정상회의의 '지속가능한 개발을 위한 2030 어젠다The 2030 Agenda for Sustainable Development'에서 2030년까지 지속가능하고 보다 나은 세계를 만들기 위한 국제 지표로 작성되었다. 구성을 살펴보면 17개의 주요 목표와 169개의 세부 목표로 되어 있다.

UN은 SDGs의 슬로건으로, '단 한 사람도 소외시키지 않는다No one will be left behind'를 내걸고 있다. 그리고 SDGs 달성을 위한 정책 시행 방침으로 '가장 멀리 있는 사람에게 가장 먼저 닿도록 노력한다To endeavour to reach the furthest behind first'를 제시했다. 모든 사람이 지속가능한 개발의 혜택을 누리는 것을 목표로 한다는 것이다.

수많은 세부 목표로 이루어진 SDGs의 핵심은 슬로건에서도 알 수 있듯이 사회적 포섭이라는 한 단어로 표현할 수 있다. 사회적 포섭이란 사회 참여 및 활약의 문턱을 낮춤으로써 국적, 연령, 성별이나 장애 유무를 떠나 누구나 잠재 능력을 충분히 발휘하고, 또 자신이 원하는 사회에 자유롭게 참여할 수 있도록 만드는 것이다.

⊙ 블록체인이 SDGs 달성에 기여하는 여섯 가지

사회적 포섭의 구체적인 예로는 어떤 것이 있을까. 그리고 그것을 실현하기 위해 블록체인은 어떻게 활용되고 있을까. 이와 관련해 유엔개발계획UNDP 공식 사이트 Beyond Blockchain에서는 SDGs 달성에 블록체인이 기여하는 여섯 가지를 그 활용 사례와 함께 다음과 같이 설명하고 있다.

① 금융포섭 촉진Support financial inclusion

세계은행에 따르면,[3] 전 세계적으로 은행계좌가 없거나 은행에 접근하기 어려운 성인이 17억 명이나 된다. 가난한 지역 사람들이 은행계좌를 만드는 데 필요한 최저잔액, 결제 최저지급액, 시스템 수수료 등과 같은 벽이 너무 높기 때문이다. 은행계좌를 갖지 못한 사람들은 경제활동에 참여하기 어렵고, 이로 인해 빈부격차는 더 커질 수밖에 없다.

타지키스탄에서는, 은행계좌의 보유율이 낮음에도, 40%에 이르는 세대가 러시아를 중심으로 해외에서 일하는 가족이 송금하는 돈

으로 생활하고 있다.[4)]

UNDP는 이런 처지에 놓인 사람들을 위해 핀테크업체와 협력해 블록체인을 활용한 국제 송금 네트워크 및 그와 관련된 모바일 앱을 개발했다. 사용자는 이 앱에 전화번호와 디지털 ID만 입력하면 계정을 만들 수 있다. 당연히 이 앱을 사용하면 송금받기 위해 은행에 지불하던 비용을 줄일 수 있고, 무엇보다 훨씬 더 신속하고 간단하게 송금할 수 있게 되었다.

② 에너지에 대한 접근성 개선Improve access to energy

국제에너지기구IEA에 의하면,[5)] 농촌 지방을 중심으로, 전 세계적으로 약 10억 명이 충분한 전력을 공급받지 못하고 있다. 그런데 지역 커뮤니티가 블록체인을 활용하게 되면 재생가능 에너지나 스마트 미터처럼 IoT를 활용해 스마트 그리드(전기 공급자 및 생산자에게 사용자 정보를 제공해 효과적으로 전기를 공급해주는 서비스 - 옮긴이)를 운영할 수 있다. 이때 스마트 그리드는 전력을 지역에서 생산하고 소비하면서, 잉여 전력을 효율적으로 판매할 수 있도록 도와주는 네트워크가 될 것이다.

예를 들어, 에너지의 74%를 수입에 의존해 최근 5년간 연료 가격이 50% 이상 오른 동유럽 국가 몰도바에서는 블록체인을 활용한 스마트 그리드를 구축했다. 이를 위해 자국 내 최대 대학 시설에 태양전지판을 대량으로 설치했고, 각 패널의 소유자는 생산 전력을 외부

기업, 학교, 주택에 제공할 때마다 그에 대한 보수로 토큰(암호화폐)을 받고 있다.[6]

③ 책임 있는 생산과 소비Produce and consume responsibly

지금은 거의 모든 국가가 글로벌 공급망 네트워크에 의존하고 있기 때문에 효율적이고 투명성 높은 공급망 관리는 중요한 경영 과제다. 공급망의 추적관리 능력 향상과 거래비용 감소로 이어지는 블록체인 활용은 생산 및 소비 활동 습관을 크게 바꿀 수 있을 것으로 보인다.

수천 년의 오랜 역사를 자랑하는 에콰도르의 카카오 재배 농가들은 구매자로부터 제대로 된 보수를 받지 못해 파산 위기에 처하는 경우가 많았다. 이에 UNDP와 네덜란드의 비정부조직인 페어체인 재단FairChain Foundation은 카카오 농가들을 대상으로 한 공정무역을 위해 블록체인을 활용하는 프로젝트를 시작했다.

에콰도르 농가의 카카오로 만든 초콜릿 바 '디아더 바The Other Bar' 패키지에는 QR코드가 들어 있다. 이 QR코드를 스마트폰으로 스캔하면 초콜릿 바의 원자재가 공평하고 지속가능한 형태로 조달되는지를 확인할 수 있다. 예를 들어, 카카오와 초콜릿 바의 유통 경로나 제조 공정, 가공업자, 생산자, 심지어 카카오가 수확된 나무까지도 알 수 있다. 그리고 구입 가격에 포함된 토큰을 이용해 소비자는 직접 카카오 농가에 기부할 수도 있다. 투명성 높은 추적관리 때문에 식품의 안전성도 보장되므로 소비자는 안심할뿐더러 얼굴이 보이는 생산자를 직접 응원할 수도 있다. 때문에 토큰을 포함한 상품이 비교적 비싸도 그것을 구입함으로써 사회에 공헌할 수 있게 되는 것이다.

이런 이른바 윤리적 소비Ethical Consumption는 최근 세계적인 트렌드가 되고 있다. 무엇보다 블록체인이 제품의 추적관리를 보증함으로써 농가는 보다 적절한 보수를 받게 되었다.

④ 환경보호Protect the environment

상업성 벌채와 산불로 숲이 사라지는 현상은 심각한 환경문제 중 하나다. 예를 들어, 매년 산불로 소실되는 레바논 삼나무는 960만 그루에 이른다. 그 결과 세계유산으로 지정된 레바논 삼나무 숲의 면적은 급속히 줄어들고 있다. 이를 막기 위해 시작된 것이 레바논에 삼나무를 심는 것에 대한 보상으로 토큰을 부여하는 프로젝트다.[7] 이것은 레바논 국외에 거주하는 디아스포라(조국을 떠난 사람들)나 CSR(기업책임투자)에 관심이 높은 기업이 투자가가 되어 클라우드 펀딩에 참가하는 방식으로 진행된다. 레바논 삼나무를 한 그루 심을 때마다 이 삼나무에 대한 투자가와 심긴 삼나무를 지키는 커뮤니티에는 암호화폐인 '세다코인CedarCoin(삼나무 코인)'이 부여된다. 이는 환경 의식이 높은 행위에 보수를 주고 자연보호에 대한 공헌을 가시화하는 구조이기도 하다. 한편, 세다코인은 태양광 발전기술 투자에도 채용될 예정이다. 그리고 이를 계기로 탈탄소 사회를 구현하는 행동에 부여하는 토큰이 될 것이다.

⑤ 법적 정체성 제공Provide legal identity for all

정체성 증명은 의료, 배급, 법적 보호, 금융 서비스 접속에 필수적이다. 그러나 전 세계 7,000만 명 이상으로 알려진 난민 중에는 여권 등 법적 정체성을 가지지 못한 사람들이 아직도 많다. 2017년에 유엔세계식량계획WFP은, 요르단의 시리아 난민을 위해 고유성 있는 생체 정보 중 하나인 눈의 홍채를 디지털 ID로 기록하는 블록체인 플랫폼을 구축했다. 덕분에 여권이 없는 난민들은 현금이나 바우처 대신 홍채를 스캐너로 확인하는 생체 인증 후 식량과 서비스를 받을 수 있게 되었다.

이 솔루션을 활용함으로써 WFP는 아날로그적인 기존 방법을 사용할 때보다 금융 서비스 관련 비용을 98% 절감하고, 난민들에게 의료·식품·교육 기회 등을 보다 원활하게 제공할 수 있게 되었다. 이처럼 난민의 디지털 ID를 블록체인으로 관리하면 난민은 적절하고 신속한 서비스를 제공받을 수 있다. 뿐만 아니라, 난민으로 위장한 범죄자나 테러리스트 색출도 가능하게 된다.

⑥ 기부 효과 향상Improve aid effectiveness

암호화폐를 사용한 기부의 장점은 투명성 담보와 송금의 중개자 배제에 있다. 글로벌 개발 촉진을 목표로 하는 UNDP는 고액의 기부금을 유통시키는 조직이다. 따라서 비효율적인 기부 방법을 개선해 기부 효과를 높이고, 뇌물 공여 및 부패와 싸우기 위해 블록체인을 활용하는 것이 합리적이다. 유엔아동기금(유니세프)은 2019년 10월에 '유니세프 암호화폐 펀드UNICEF Cryptocurrency Fund'를 설립해 비트코인, 이더리움과 같은 암호화폐로 기부를 받기 시작했다.

⊙ 뒤처진 사람들을 뒤처지게 만드는 것

지속가능한 개발에서 '뒤처진 사람들Who left behind'의 상당수는 어디에 살고 있을까. 그리고 SDGs 달성을 향해 나아갈 때 이들을 뒤처지게 만드는 것은 무엇일까. 독일 베텔스만 재단Bertelsmann Stiftung과 지속가능 개발 솔루션 네트워크SDSN가 다양한 데이터를 바탕으로 2016년부터 매년 발표하는 UN 회원 193개국의 SDGs 달성도(SDGs 지수)를 살펴보면 이에 대해 알 수 있다.

〈도표 3-2〉에서는 SDGs 지수를 주요 국가·지역 및 SDGs 목표별로 정리해보았다. SDGs 지수의 세계 평균은 66인데, 이 수치를 밑도는 국가 및 지역은 인도(61.1), 중동(64.5), 그리고 아프리카(55.1)다.

SDGs의 목표별로 알아보면, 인프라와 기술 혁신에 대한 지속적인 투자(SDGs 목표 9)가 특히 뒤처져 있다. 이 부분의 달성도는 35.1로 지극히 낮다. 이 목표에 대한 달성도를 지역별로 살펴보면, 미국·유럽

도표 3-2 | SDGs 달성도가 낮은 인도, 중동, 아프리카

출처·Sachs, J. et al.(2019)을 바탕으로 필자 작성.

	일본	유럽	미국	중국	아세안 (ASEAN)	인도	중동	아프리카	세계 평균
SDGs 지수 (총17개 주요 목표 평균)	**78.9**	**76.8**	**74.5**	**73.2**	**66.5**	**61.1**	**64.5**	**55.1**	**66.0**
SDG1 빈곤해소	99.0	98.9	98.9	97.4	85.0	71.4	94.4	38.1	**74.4**
SDG 2 기아 박멸	68.0	61.2	66.0	71.9	57.1	42.6	49.8	47.2	**53.6**
SDG 3 건강·복지	94.9	89.1	89.5	81.1	68.2	58.8	75.7	47.0	**70.0**
SDG 4 교육	98.1	93.8	89.3	99.7	85.8	80.2	76.7	52.2	**76.9**
SDG 5 성 평등	58.5	72.1	73.4	76.3	63.2	33.2	42.8	51.3	**60.2**
SDG 6 물·위생	84.5	85.5	85.0	71.8	71.1	56.6	55.6	51.8	**67.6**
SDG 7 지속가능한 에너지 생산 및 소비	93.4	90.8	93.2	76.9	70.1	65.4	86.3	39.6	**71.1**
SDG 8 경제성장·고용	88.5	78.3	85.2	87.4	73.2	83.2	65.2	63.5	**71.6**
SDG 9 인프라와 기술 혁신 투자	79.9	58.2	83.3	61.9	37.3	28.7	40.3	16.0	**35.1**
SDG 10 국내·국가 간 평등	76.8	77.6	47.7	59.5	60.7	49.0	68.1	47.9	**59.1**
SDG 11 지속가능한 도시와 주거지 조성	75.4	83.7	82.5	75.1	77.4	51.1	58.9	59.5	**71.8**
SDG 12 지속가능한 소비와 생산	55.6	59.8	36.5	82.0	83.5	94.5	69.8	91.5	**77.4**
SDG 13 기후변화 대책	90.4	86.4	66.1	92.0	88.9	94.5	76.9	91.3	**86.6**
SDG 14 해양생태계 보전	53.6	49.1	60.9	36.2	44.3	51.2	45.3	54.1	**50.5**
SDG 15 육상생태계 보전	70.0	75.1	76.9	62.7	48.2	51.1	53.9	67.8	**64.8**
SDG 16 평화	90.3	78.9	76.1	63.4	66.2	61.3	66.5	55.6	**66.0**
SDG 17. 지구촌 협력 강화	64.9	67.9	56.2	49.5	49.9	65.7	70.3	62.0	**64.5**
인터넷 보급률(%)	**90.9**	**80.9**	**75.2**	**54.3**	**54.4**	**34.5**	**68.0**	**25.2**	**52.2**
금융계좌·모바일 현금 보유율(%)	**98.2**	**85.1**	**93.1**	**80.2**	**50.6**	**79.9**	**58.1**	**38.5**	**58.8**

• 세계 평균을 밑도는 숫자 칸에 색칠.

• • 인터넷 보급률은 전체 인구수에 대한 인터넷 이용자 수의 비율.

• • • 15세 이상으로 은행 및 기타 금융기관의 계좌를 보유하거나 모바일 머니를 이용하는 인구수의 전체 인구수 대비 비율.

·일본·중국처럼 인프라와 기술 혁신에서 선진국인 지역과 아세안ASEAN이나 인도, 중동, 아프리카 등 기타 신흥지역 사이에 벌어진 격차가 매우 크다는 것을 알 수 있다.

⊙ Z세대는 웹 3.0세대

이들 신흥지역의 공통적인 특징은 인구가 젊다는 것이다. 다시 말해 1995년 이후 태어난, Z세대로 불리는 젊은 층의 비율이 매우 높다. Z세대는 밀레니얼세대(1980~1990년대 중반 출생) 이후 태어나 자란 세대로 포스트 밀레니얼세대라고도 한다. 사실 Z세대가 언제 태어난 코호트(일정한 특성을 지닌 인구 집단)인지는 명확하게 정의되고 있지는 않다. 하지만 일반적으로 1990년대 중반부터 2010년대 초 태어난 젊은이들을 가리키는 것으로 알려져 있다. 이 책에서는 SDGs 달성을 목표로 하는 2030년에는 Z세대가 핵심 세대가 될 것으로 보고, 1995년 이후 태어난 모든 젊은이를 여기에 포함시켰다.

〈도표 3-3〉은 UN이 공표한 2020년 중반 시점의 주요 국가·지역별 인구 추계치를 기본으로 세대별 인구 구성비를 나타낸 것이다. 현재 Z세대는 세계 인구의 41%를 차지해 가장 큰 인구 규모를 자랑하고 있다. 밀레니얼세대는 전체 인구의 22%를 차지한다. 그리고 이 둘을 합치면 현재 40세 이하 젊은이 수는 세계 인구의 63%를 차지

도표 3-3 | Z세대 비율이 높은 아세안, 인도, 중동, 아프리카 세대별 인구 구성비(2020년 추계) | **출처**·유엔 공표 데이터를 바탕으로 필자 작성.

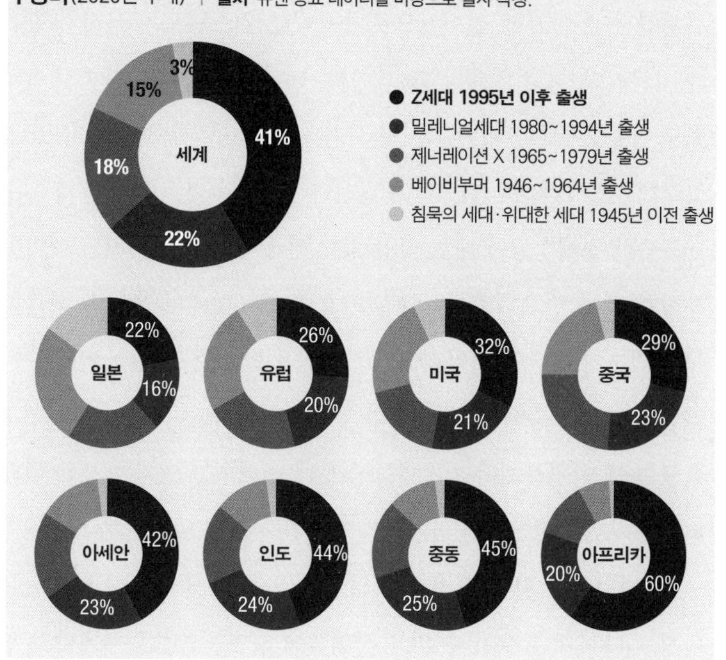

한다. 이는 전체 세대의 약 3분의 2 규모다.

그중에서도 아세안, 인도, 중동, 아프리카에서는 Z세대의 인구 구성비가 세계 평균을 웃돌고 있다. 특히 아프리카에서는 Z세대의 비율이 60%로 두드러진다. 이들 지역에서는 40세 이하 젊은층 비율이 70%에 가깝다. 아프리카에서는 80%다.

지금의 젊은 세대는 좀 특별하다. 디지털화의 물결이 세상으로 밀려드는 것을 바라보며, 정보기술의 발전과 함께 자라온 세대다. 특히 밀레니얼세대는 디지털 개척자로서 지난 20여 년간 야후, 구글 등의 검색엔진, 휴대전화, 실시간으로 소통하는 인스턴트 메시지의 발전을 이끌었다. 그런 밀레니얼세대 이후 태어나 토박이 디지털 네이티브로 자란 Z세대는 이제 디지털 사회의 주역으로 우뚝 서가고 있다. 그런데 이들 Z세대의 가치관은 밀레니얼세대와 비교해 크게 다르다.

꾸준한 경제성장에 대한 의심 없이 전통적 가치관을 지닌 베이비부머가 키운 밀레니얼세대와 달리 Z세대는 경제의 융성과 쇠퇴를 모두 겪고 있는 밀레니얼세대의 가르침을 받으며 자랐다. 이들은 자라면서 SNS를 통해 다양한 사회적·경제적 문제를 접하고, 학교 교육을 통해 환경문제와 지속가능성에 대해 배우고 있기 때문에 밀레니얼세대보다 현실적인 세계관과 인생관을 갖고 있다.

Z세대는 디지털 연결성을 최대한 활용해 최신 정보나 가치관을 항상 재빠르게 흡수할 수 있는 사람들이다. 또, 그들은 세계화의 부정적 측면인 불안정한 사회와 경제 환경 속에서 살아남기 위해 회복력(위기 내성)을 높이기 위한 자주독립 정신과 목적의식을 강하게 갖는 경향이 있다. 사회에 대해서는 글로벌하게 인간 평등을 존중하는 다양성 외에도 자신의 개성이나 의견을 비교적 자유롭게 표현하고 그것을 수용해주는 포섭성을 요구한다. 따라서 비중앙집권적 분산형 네트워크를 이루는 블록체인을 위화감 없이 받아들일 수 있다. 실제로 블록체인기술을 만드는 세대도 이용하는 세대도 Z세대에 많이 분포한다. 그런 의미에서 Z세대는 웹 3.0세대라고 할 수 있다.

사실 지속가능한 개발Sustainable Development 또는 지속가능성Sustainability이란 말의 의미를 잘 살펴보면, 미래를 짊어질 세대를 중시하며 경영한다는 의미가 담겨 있다. 지속가능한 개발이라는 개념은 1987년 노르웨이의 그로 할렘 브룬틀란Gro Harlem Brundtland 총리가 위원장을 맡았던 'UN 환경과 개발에 관한 세계위원회(통칭 브룬틀란위원회)'가 발표한 보고서에서 처음으로 언급되었다. '우리의 공통 미래Our Common Future'라는 제목 아래 쓰인 이 보고서에서는 지속가능한 개발이 다음과 같이 정의되고 있다.

> 미래 세대가 자신의 요구를 충족시킬 능력을 훼손하지 않도록 하면서 현재 세대의 요구를 충족시키는 개발.
>
> Development that meets the needs of the present without compromising the ability of future generations to meet their own needs.

이 말에서처럼 2030년의 미래 세계를 이끄는 핵심이 될 Z세대가 능력을 제대로 펼치게 하려면, 이제 조직이나 기업은 블록체인을 활용해 다양성과 포섭성을 향상시키는 경영에 주력해야 할 것이다. 그것이야말로 앞으로 SDGs를 달성하는 지름길이 될 수 있기 때문이다.

⊙ 정보 격차의 해결책으로 효과적인 블록체인

SDGs의 달성도가 가장 낮은 테마인 '목표 9 인프라와 기술 혁신에 대한 투자'에서는 구체적으로 무엇이 문제일까. 먼저, 인프라와 기술 혁신의 핵심 구성요소인 인터넷 보급률을 살펴봐야 한다. 〈도표 3-2〉에 나타난 바와 같이 전체 인구에 대한 인터넷 이용자의 비율은 전 세계 평균이 52.2%다. 하지만 인도는 34.5%, 아프리카는 25.2%의 낮은 수준을 보이고 있다.

요즘과 같은 인터넷 사회에서는 인터넷 보급률에 따른 이른바 정보 격차Digital Divide가 사회적 문제로 떠오르고 있다. 많은 사람이 인터넷의 혜택을 받지 못하는 상황은 그들이 접할 수 있는 정보에 격차를 만들고, 이것이 경제적, 사회적 격차로 이어지기 때문이다.

인터넷은 인류에게 수많은 성과를 가져다주었지만, 모든 사람들에게 풍요로움을 가져다주지는 못했다. 앞서 말한 것처럼 세계 인구의 절반가량이 인터넷에 접속하지 못하고 있기 때문이다. 데이터를 새로운 석유라 부르는 요즈음, 인터넷을 활용해 데이터가 낳는 가치를 누리며 부를 축적하는 자와 그렇지 않은 자 사이에서 빈부격차는 점점 심해지고 있다. 이는 112개 개발도상국뿐만 아니라 선진국에서도 일어나는 일이다. 선진국에서도 소득, 연령, 인종, 교육의 차이 등에 따른 데이터를 활용할 기회의 손실이 사회 참여를 방해해 정보 격차를 만들고 있다.

⊙ 아프리카에서 급속도로 보급되는 암호화폐

정보 격차의 해결책 중 하나로서 전 세계적으로 활발히 채택되고 있는 것이 암호화폐다. 지금 암호화폐가 가장 주목받고 있는 지역은 아프리카라고 할 수 있다. 인터넷 보급률이 낮은 데다 금융계좌와 모바일 머니 보유율이 낮은 아프리카에서는(〈도표 3-2〉), 이에 대한 대안으로 블록체인기술을 활용한 암호화폐 보급이 가속화되고 있다.

대표적인 예로서, 케냐를 중심으로 한 아프리카의 7개국에서는 국제적인 결제에도 이용할 수 있는 암호화폐인 비트페사BitPesa가 쓰이고 있다. 절차가 복잡하고 비용이 많이 드는 은행의 해외 송금 서비스와 비교하면, 블록체인을 활용한 비트페사는 은행계좌를 틀 필요 없이 효율적이고 저렴한 송금을 가능하게 해준다. 때문에 이 암호화폐는 2013년 세상에 나온 이후 개인과 법인 이용자들이 꾸준히 늘어나고 있다.

또, 비트페사는 제휴 90여 개국까지 송금할 수 있어 글로벌하게 인지되는 세계적인 디지털 통화로 자리매김하고 있다. 게다가 케냐에서 보급된 모바일 머니 엠페사M-Pesa와도 연계되어 있기 때문에 이를 이용해 국제 송금도 가능하다.

한편, 엠페사는 SMS(단문 메시지 서비스)로 수속이나 본인 인증을 한 후 휴대전화로 송금, 출금, 결제까지 가능한 모바일 머니다. 케냐뿐만 아니라 주변국, 그리고 유럽의 루마니아 등에서도 유통되고 있다.

케냐는 인터넷 보급률이 18%로 낮지만, 휴대전화 보급률은 85%로 아프리카 안에서는 두드러지게 높다. 그 결과 인터넷 접속은 안 되어도 SMS로 송금할 수 있는 모바일 머니가 유통되는데, 이는 암호화폐와 연계되어 있다.

아프리카에서 유통될 암호화폐의 또 다른 예 중에는 적십자가 직접 발행하려고 계획 중인 것도 있다. 이 화폐는 현금 부족으로 상품과 서비스를 팔지 못하고 생산 의욕이 낮은 케냐 등지의 사람들이 쓸 디지털 화폐다.[8)]

이 디지털 화폐는 휴대전화 SMS로 전송이 가능하며, 자동으로 블록체인에 기록된 신용을 사용한다. 현지 주민이 급여, 매출, 원조를 통해 얻은 이런 디지털 화폐는 소비에 직접 사용될 수 있어 지역경제 활성화로 이어질 것이다. 또, 거래가 블록체인에 기록되고, 이것을 기부자가 실시간으로 볼 수 있기 때문에 적십자에 기부한 돈이 적절하게 주민들에게 전달되는지도 파악할 수 있게 된다. 기부 운영의 투명성을 높이는 것이야말로 디지털 화폐를 발행하려는 중요한 동기가 되고 있다.

이처럼 인터넷 접속이 어렵고, 은행계좌가 없는 사람들의 경제활동을 용이하게 만드는 금융 포섭 역할을 암호화폐가 담당하고 있다. 디지털화된 세상에 대한 적응력이 높은 밀레니얼세대와 Z세대가 많은 아프리카에서는 암호화폐뿐만 아니라 재생에너지를 활용한 전력망과 공급망의 추적 등 핀테크 이외의 분야에서도 블록체인을 활발히 활용하게 될 것이다.

자동차 산업에 있어서 아프리카는 중고차 수출의 최대 시장이다. 최근에는 중고 부품의 유통도 활발해지고 있다. 때문에 가까운 장래에 암호화폐 결제를 기반으로 이곳에서 중고차 유통이 활성화될 것으로 기대된다. 그뿐만 아니라 아프리카는 젊은 인구가 많기 때문에 차세대 모빌리티 비즈니스나 스마트시티의 구축에서도 블록체인을 활용해 급속한 이노베이션을 진행할 수 있는 '지리적 이점'이 있다고 볼 수 있다.

⊙ SDGs 달성을 위한 모빌리티 블록체인 활용

블록체인은 핀테크에서 기타 비금융 분야로 적용이 확대되고 있다. 그중에서도 블록체인과 가장 밀접한 관계를 맺을 것으로 기대되는 분야는 전 세계로 공급망과 밸류체인을 펼쳐나가는 자동차 산업이다.

자동차 산업이 세계의 공통 언어가 된 SDGs를 달성하려면 어떻게 암호화폐와 블록체인을 활용한 새로운 비즈니스를 구축해가야 할까. 이와 관련된 구체적인 활용 사례는 다음 장부터 다루어보고자 한다.

3

블록체인 혁명을 알기 위한 키워드

지금부터는 블록체인에 대해 구체적으로 이야기할 때 중요한 용어나 기술 개념을 간단히 설명해보겠다. 만약 이에 대한 지식이 풍부한 독자라면 용어 설명을 건너뛰고 바로 다음 장을 읽어도 좋을 것이다.

⊙ 트랜잭션

블록체인의 세계에서 '트랜잭션Transaction(거래)'이란, 일반적으로는 송금을 가리킨다. 블록체인의 거래에는 반드시 누군가로부터 누군가에게 송금되었다는 내용이 기재된다. 돈을 손에 넣게 될 때마다 전자지갑 주소(뒤에서 설명)가 생성되며, 송금할 때는 전자지갑 주소 단위로 입력Input 부분에 써넣는다. 해당 트랜잭션이 송금하는 사람에 의해 올바르게 작성되었음을 증명하기 위해 작성 일시의 타임스탬프와 전자서명이 행해진다.

⊙ 전자지갑

암호화폐는 블록체인에 기록되어 있는 숫자에 불과하다. 그 숫자를 조작하기 위해 필요한 열쇠가 보관되어 있는 것이 전자지갑이다. 지갑이라고 하니 아무래도 동전이나 지폐가 들어 있는 주머니나 얇은 사각형 형태가 떠오르겠지만 전자지갑의 실태는 공개키 암호화 방식 열쇠 그 자체를 의미한다. 공개키 암호화 방식이란 어떤 코인을 특정인에게 송부해 그 사람만이 사용할 수 있도록 하는 것으로, 암호화폐 실현 과정에서 가장 근원적인 시스템이다. 따라서 암호화폐를 손에 넣기 위해서는 전자지갑을 가지는 것이 필수다.

사용자에게 전자지갑은 미러 월드로 들어가는 포털이라고도 할 수 있다. 왜냐하면 전자지갑에는 암호화폐 거래에 필요한 전자지갑 주소(뒤에서 설명) 외에, 영속적인 디지털 ID로 이어지는 디지털 페르소나(사용자를 가상공간 안에 표현한 것) 혹은 정체성을 나타내는 정보를 저장할 수 있기 때문이다.

⊙ 지갑 주소

전자지갑은 지갑 주소Wallet Address 관리가 중요하다. 지갑 주소는 예를 들면 은행의 계좌번호와 같은 것으로 암호화폐의 송금처를 특정하기 위한 문자열이다. 다시 말해 암호화폐의 '계좌'에 해당하는 지갑을 지정해준다.

암호화폐 관리에는 비밀키와 공개키라는 두 종류의 키가 이용된다. 비밀키란 암호화폐 거래에서 '비밀번호' 역할을 하는 문자열로, 알파벳과 숫자를 섞어 64개 문자로 이루어져 있다. 비밀키는 암호화폐 관리에서 가장 중요한 것이기 때문에 철저하게 보관해야 한다. 공개키는 암호화폐를 관리할 때 보안을 높이기 위해 비밀키와 함께 사용하는 것이다. 비밀키로부터 공개키가 생성된다. 그리고 최종적으로 공개키로부터 지갑 주소가 생성된다.

지갑 주소는 두 가지로 나뉜다. 인터넷에 연결된 단말기에서 운용되는 핫월렛과 인터넷 없이 오프라인 환경의 단말기에서 운용되는 콜드월렛이 있다.

하나의 지갑 주소에서 어딘가로 송금하려면, 전자지갑 앱을 반드시 한 번은 인터넷에 접속시켜 거래 데이터를 블록체인 네트워크에 올려야 한다. 이때 암호화폐를 이동시키는 거래의 서명 수속을 어디에서 하는지에 따라 사용하는 전자지갑이 달라진다. 인터넷에 연결된 스마트폰이나 웹 서비스를 사용하는 경우가 핫월렛에 해당한다.

암호화폐의 출입이 비교적 빈번한 경우는 핫월렛을 주로 사용하지만, 비밀키가 온라인상에 조금이라도 노출될 위험은 피할 수 없다.

한편, 트랜잭션에 전자서명을 할 때까지는 오프라인에서 처리하고, 서명이 끝난 트랜잭션을 온라인에 입력해 블록체인의 네트워크에 올리는 운용 방법도 있다. 이것을 콜드월렛 운용이라고 한다. 콜드월렛 운용을 하려면 하드웨어상에서 트랜잭션에 서명하기 위한 하드웨어 지갑이 필요한데, 대부분 USB나 카드 형태다.

⊙ 소액결제

몇 천 원에서 몇 만 원 등 소액결제를 하기 위해 신용카드 등과 같은 지불 시스템을 이용하면 구입 대금보다 결제 수수료가 더 비싸져 결제 수단으로서 현실적이지 않다. 이런 문제를 해결하기 위해 고안된 소액결제는 무료 또는 그에 가까운 저렴한 수수료로 소액의 금전을 지불하는 수단이다.

암호화폐는 수수료를 싼 가격으로 지불하고 송금할 수 있는 블록체인기술 중 하나로, 소액결제에 적합하다. 액수가 너무 작아 가격을 매기기 어려운 것에도 가격을 매길 수 있게 해주기 때문에 모든 상황에서 지불을 설정할 수 있다. 즉, 블록체인을 사용하면 자질구레한 수많은 소비 활동에 과금이 가능해진다.

무엇보다 비트코인의 최소 거래 단위인 1사토시Satoshi는 비트코인 환산으로 0.00000001BTC가 되고, 이것을 엔화로 환산(2020년 7월 29일 기준)하면 0.01엔이 된다(원화 0.731원. 2021년 11월 17일 기준 - 옮긴이).

⊙ 스마트 계약

이름과 같이 계약을 스마트하게 실행할 수 있는 시스템으로 블록체인기술을 이용한 자동 계약 프로그램이다. 스마트 계약을 활용하면 중앙기관이나 특정 관리자를 거치지 않고 기업 간·개인 간 모두 P2P로 거래를 실현할 수 있다.

스마트 계약이라는 말은 1994년 닉 자보Nick Szabo가 고안한 것으로, 그는 다음과 같이 정의했다.

> "스마트 계약은 거래 조건을 자동으로 실행하는 것과 같은 거래의 전자적 프로토콜이다. 이것의 전반적인 목적은 일반적인 계약 조건(지급기일, 저당권, 기밀 유지, 확실한 집행)을 충족하는 것, 고의 또는 사고에 의한 예외를 최소한으로 하는 것, 그리고 중개자의 수나 영향을 최소화하는 것이다. 이와 관련된 경제적인 목표로는 사기 행위로 인한 손실을 방지하고 중개비용이나 법적비용 같은 거래비용을 줄이는 것 등이 있다."[9]

⊙ M2M 트랜잭션

기계끼리 자율적으로 데이터를 교환해 거래를 자동화하는 구조다. IoT와 블록체인을 구사해 차량에 M2M 시스템을 탑재하면 사람의 개입 없이 차량 간 혹은 차량과 기반시설 간에 스마트 계약이 가능하다. 나아가 암호화폐와 전자지갑, 그리고 디지털 ID를 활용해 결제도 자율적으로 실행한다. 그 결과, 최종적으로 커넥티드 카를 중심으로 한 데이터 거래 시장Data Marketplace을 구축할 수 있다. 데이터 거래 시장이란 데이터의 유통이나 매매를 가능하게 하는 시장을 가리킨다.

⊙ 분산형 자율조직

블록체인을 이용한 스마트 계약이 보급되면 지금까지의 조직과는 전혀 다른 오픈 네트워크형 조직이 탄생한다. 이것을 분산형 자율조직Decentralized Autonomous Organization, 즉 DAO라 한다. DAO에선 스스로 주위 환경을 읽고 상황을 판단하며 일하는 AI가 탑재된 장치나 소프트웨어, 즉 자율적인 에이전트Autonomous Agent가 자원 배분이나 경영을 스스로 판단해 실행한다.

DAO는 블록체인과 암호화폐를 기반으로 하기 때문에 중앙 관리 주체가 존재하지 않는 분산형으로, 자동적·자율적으로 통합관리된다. 조직의 관리와 운영은 여러 자율적인 에이전트가 스마트 계약에 포함된 방침에 따라 실현한다.

⊙ 토큰경제와 토큰

토큰 이코노미Token Economy, 즉 토큰경제란 임상심리학의 행동요법 중 하나로 생겨난 개념이다. 정확하게는 토큰 강화 치료법Token Reinforcement이라고 하며, 이는 환자(어린아이)가 바람직한 행동을 했을 때 장난감이나 특수 지폐와 같은 것으로 보상해주는 치료법이다. 환자는 이런 보상을 일정 정도 모아 과자와 교환하거나 놀이공원에 갈 수 있기 때문에, 결국 보상을 받기 위해 새로운 행동을 학습하게 된다. 이때 주는 보상을 토큰이라고 한다.

한마디로 말해 토큰경제는 아이에게 인센티브(보상)인 토큰을 줌으로써 모티베이션(동기)을 부여하고, 관리자(부모)나 사회(가족)가 원하는 방향으로 행동하도록 만드는 것이다. 그런데 이것을 경제학적으로 응용해 만들어낸 토큰은 한국 원화, 일본 엔화나 미국 달러 등과 같은 법정통화를 대신하는 대체 통화를 의미한다. 최근 다양한 경제활동에서 특정 목적과 범위에 따라 발행되는 대체 통화로 토큰이 이용되는 일이 많아지고 있다. 전국의 지자체별로 발행하는 지역 상품권도 토큰 중 하나로 볼 수 있다.

지역경제에서 돈의 흐름을 자극하기 위해 발행된 토큰은 할인 가격으로 구매할 수 있다는 인센티브를 준다. 이런 인센티브는 지역 주민이나 다른 지역에서 온 방문자가 그 지역 안에서 토큰을 소비하도록 촉진할 수 있다. 이것은 특정 범위와 대상에 대해서만 사용할 수 있는 토큰으로 닫힌 경제권을 구축하는 사례다. 이런 토큰경제 시스템 속에선 토큰 배포자가 원하는 형태의 경제활동이 일어나도록 촉구할 수 있다.

이제 토큰은 공통 가치관을 가진 불특정 다수가 가치를 교환하는 커뮤니티에 필요한 도구가 되고 있다. 이런 도구는 커뮤니티 코인Community Coin이라 불리기도 하며, 보다 넓은 범위의 지역에서 유통되는 이런 토큰은 새롭게 창조된 지역화폐라 볼 수 있다. 요즈음 블록체인 업계는 지역화폐 창조를 다시금 새롭게 바라보기 시작하고 있다.

또, 지역보다 더 큰 규모로는 국가나 민족의 범위를 넘어 특정한 관심이나 라이프 스타일로 연결된 사람들이 만든 커뮤니티를 생각해볼 수 있다. 이런 거대한 커뮤니티도 블록체인과 토큰을 기반으로 거래하는 경제권을 창출할 수 있다. 앞으로는 전 세계적으로 토큰경제가 확대되고, 이들 경제권에서 사용될 가치의 유통 매개체로서 다양한 디지털 화폐가 생겨날 것이다.

토큰경제에서 사용되는 토큰은 유틸리티Utility 토큰, 보안Security 토큰, 스테이블Stable 토큰 세 가지로 구분한다.

⊙ 유틸리티 토큰

기업 등이 스스로 블록체인 서비스를 개발하기 위해 암호화폐를 이용해 자금 조달Initial Coin Offering : ICO(가상화폐 공개)을 할 때, 그 증명으로서 배포되는 토큰이다.

⊙ 보안 토큰

블록체인에 기록되는 특정 자산에 대한 소유권을 나타내는 암호화폐다. 에셋백 토큰Asset-Backed Tokens : ABT이라고도 한다. 특정 자산에는 일반적으로 주식, 채권, 부동산, 통화, 상품뿐만 아니라 회화나 명품 등 수집 가치가 있는 물품도 포함된다. 하지만 좁은 의미의 보안 토큰은 주식과 채권만을 대상으로 한다.

보안 토큰은 유가증권의 일종으로 인식되므로 각국의 법률에 따를 필요가 있다. 어쨌든 유가증권으로 유통될 때 많은 과정이 스마트 계약 시스템 덕분에 자동화된다. 그러므로 중개인이나 딜러의 역할이 줄어 수수료가 대폭 삭감되는 고효율적인 시장을 만들 수 있다.

⊙ 스테이블 토큰

안정된 가격을 실현하도록 설계된 토큰이다. 스테이블 코인Stable Coin이라고도 한다. 가격을 안정시키는 방법으로는 주로 다음 세 가지를 이용한다. ①미 달러나 엔화, 원화 등 법정통화를 담보로 하고 법정통화와의 교환 비율을 고정화시킨다. ②특정 암호화폐를 담보로 한다. ③법정통화나 암호화폐 등의 담보를 보유하지 않고, 통화 공급량을 조정해 법정통화와 같은 가격 변동이 일어나도록 한다. 덧붙여 2019년 6월 페이스북이 개발한 암호화폐 리브라Libra는 법정통화에 결부된 스테이블 코인이다.

⊙ 사회적자본 혹은 커뮤니티자본

사람들의 협조가 활발해지면 사회의 전반적인 효율성을 높일 수 있다는 사고방식 아래 사회의 신뢰 관계, 규범, 네트워크 같은 사회조직의 중요성을 강조하는 새로운 개념의 자본이다. 물적자본Physical Capital, 인적자본Human Capital 등과 맥락을 같이하며, 커뮤니티자본이라고도 한다. 한편, 도로 등의 사회 기반시설이나 자연환경은 사회 전체가 공유하는 자본이므로 사회적 공통자본Social Common Capital이라고 하기도 한다.

사회적자본은 사람들의 협조적 행동이 활발할 때 배양된다. 그러므로 이 자본이 풍부하게 축적될수록 사회나 조직의 효율성이 높아진다는 생각을 바탕으로 한다. 구체적인 예를 든다면, 사회 구성원들 사이에 축적되어온 다양한 관습이나 관행 그리고 규범과 신뢰 등이 있다. 이런 것들은 법정통화가치로는 측정하기 어렵지만, 불특정 다수로부터 가치를 인정받고 있는 자본이다. 블록체인의 토큰은 이런 사회적자본을 가시화하고, 증권화하는 솔루션이 될 수 있다.

하나의 예로 탄소 크레디트 토큰을 들 수 있다. 이 토큰은 탈탄소 추구나 SDGs가 세계적인 조류로 떠오르는 가운데 이산화탄소 감소 노력을 가시화하는 수단으로 개발한 것이다. 블록체인을 활용한 이산화탄소배출권 중 하나이기도 한 탄소 크레디트 토큰의 시장 창조 확대에 대한 관심이 점점 높아지고 있다.

⊙ CAP 정리, 혹은 브루어의 정리

블록체인은 만능이 아니다. 블록체인의 적용 범위에 맞는 것도 있고 맞지 않는 것도 있는 법이다. 보통 인터넷 서비스에 요구되는 주요 특성으로 '일관성Consistency', '가용성Availability', '분할내성Partition-tolerance'의 세 가지를 꼽는다. CAP 정리CAP Theorem는 이 세 가지 성질을 모두 동시에 충족시키는 분산 컴퓨터 시스템은 불가능하다는 점을 증명한 이론으로, 각각의 머리글자를 따서 붙인 이름이다. 2000년 UC버클리의 전산학자인 에릭 브루어 교수Prof. Eric Brewer가 제안한 이론이기 때문에, 브루어의 정리Brewer Theorem라고도 한다.

일관성이란 사용자가 서비스에 접속했을 때 반드시 최신 정보를 입수할 수 있음을 보증하는 것이다. 이것은 네트워크상의 모든 노드가 같은 순간 같은 데이터를 볼 수 있을 때 가능하다. 가용성이란 서비스가 정지하지 않음을 보증하는 것이다. 분할내성이란 네트워크 어딘가가 끊어졌을 때도 서비스가 멈추지 않음을 보증하는 것이다.

블록체인은 시스템 및 서비스가 끊어지지 않는 이른바 '제로 다운타임Zero Down Time : ZDT'을 제공하는 기술이다. 데이터 공유 시스템으로서는 가장 큰 장점이라 할 수 있다. 이는 백업이 쉬운 비중앙집권적인 분산 시스템이기 때문에 가능한 것으로 분할내성을 갖는다고도 볼 수 있다.

하지만 블록체인에서도 일관성은 어느 정도 희생될 수밖에 없다. 현실적으로 이 문제를 해결하기 위해 시간이 지남에 따라 일관성을 확고히 다지는 기술적 대처가 진행되고 있다.

CAP 정리를 근거로 살펴보아도 블록체인은 뛰어난 시스템이라는 견해가 나날이 우세해지고 있다. 이것이 최근 점점 더 많은 사람들이 블록체인에 주목하는 이유 중 하나다.

⊙ 퍼블릭, 프라이빗, 컨소시엄 블록체인

블록체인은 거래 승인을 담당하는 노드의 차이에 따라 퍼블릭형, 프라이빗형, 컨소시엄형의 세 가지 형태로 나뉜다.

퍼블릭 블록체인은 자유참여형·비허가형Permission-less 블록체인으로도 불리며, 비트코인 등의 암호화폐에서 주로 이용되는 형태다. 중앙 관리자 없이 암호화폐 수량이나 서버 사양 등 참여 조건을 갖춘 불특정 다수가 참가해 네트워크상의 거래를 검증·승인하는 형태로, '트러스트리스trustless(신뢰 관계가 불필요)'한 거래 시스템을 실현할 수 있다. 승인 작업에는 PoWProof of Work(작업 증명)나 PoSProof of Stake(지분 증명) 등 참가자가 불특정 다수여도 합의할 수 있는 방식을 이용한다.

프라이빗 블록체인은 허가형Permissioned이라고도 한다. 단독 중앙 관리자가 있기 때문에 신원이 분명하고 관리자에게 허가된 노드만 네트워크에 참가할 수 있다. 거래 승인도 복수의 한정된 노드가 실시하는 형태다. 참가자에 대한 일정한 신뢰가 전제되기 때문에 퍼블릭형에 비해 완전한 '트러스트리스'는 아니다. 하지만 보다 적은 전력과 컴퓨터 자원이 필요한 합의 방식을 이용할 수 있어 성능 측면 문제에 대응하기 쉬운 특징이 있다. 덧붙여 참가자가 한정되어 있기 때문에, 운용·관리 측면(특히 컴플라이언스나 보안)에서도 대응이 쉽다.

컨소시엄 블록체인은 관리 주체가 복수의 기업 및 조직으로 이루어진 기업연합형 블록체인이다. 퍼블릭 블록체인과 프라이빗 블록체인의 중간에 있다고 볼 수 있다.

도표 3-4 | 블록체인의 형태 | **출처**·필자 작성.

	퍼블릭형	컨소시엄형	프라이빗형
	자유참여형·비허가형	허가형	
관리 주체	존재하지 않음	복수의 조직·기업에 한정	단일 조직
참가자	불특정 다수 (악의 있는 사용자를 포함할 가능성 있음)	특정 복수·관리자 허가제 (참가자의 신원을 신뢰할 수 있음)	조직 소속자·관리자 허가제 (참가자의 신원을 신뢰할 수 있음)
합의 형성	엄격한 승인 필요 (PoW, PoS 등)	엄격한 승인은 임의적 (특정자 간 합의)	엄격한 승인은 임의적 (조직 내 승인)
거래 처리 속도	저속(10분 정도)	고속(수 초)	고속(수 초)
마이너 보수	필수	임의	임의
장점	자율분산형 높은 비조작성	비중앙집권적 운용 신속한 거래 승인	합의 형성 쉬움 도입이 쉬움 안전성 높음
단점	거래 승인 늦음 악의적인 참가자를 배제하기 위해 합의 방법이 중요	승인의 불투명성	영속성 불안

칼럼

블록체인 기술 개요

블록체인의 기술 개요는 자동차 부품업체 덴소의 기술논문[10]에 간결하게 정리되어 있으므로, 이를 발췌해 게재한다.

⊙ 분산원장기술Distributed Ledger Technology : DLT

블록체인에는 중앙이 없다. 블록체인은 〈도표 3-5〉에 나타낸 것처럼 중앙집권적인 네트워크 구조와는 달리 모든 참가자(노드)가 동등하게 대접받는다. 데이터는 모든 노드에 동일하게 보관되고 있으며(분산원장이라고 불리는 이유), 이 때문에 데이터에 수정이 가해지면 곧바로 검출이 가능하다.

쉽게 말하자면, 모든 데이터나 거래를 즉시 신문에 공개해버린다고 생각하면 된다. 데이터를 모든 노드에서 동일하게 보관하고 있기 때문에, 2009년에 시작된 비트코인은 치명적인 시스템 정지 한 번 없이 지금도 안정적인 서비스를 제공하고 있다. 이는 일부 노드에 고장 등의 장애가 있어도 다른 노드가 보완함으로써 전체 시스템이 작동하기 때문이다. 즉, 블록체인은 정보가 네트워크상 여러 곳에 분산되어 있어 단일 장애점Single Point of Failure : SPOF이 없는 시스템이다.

도표 3-5 | 블록체인에는 '중앙'이 없다 | 출처: 필자 작성.

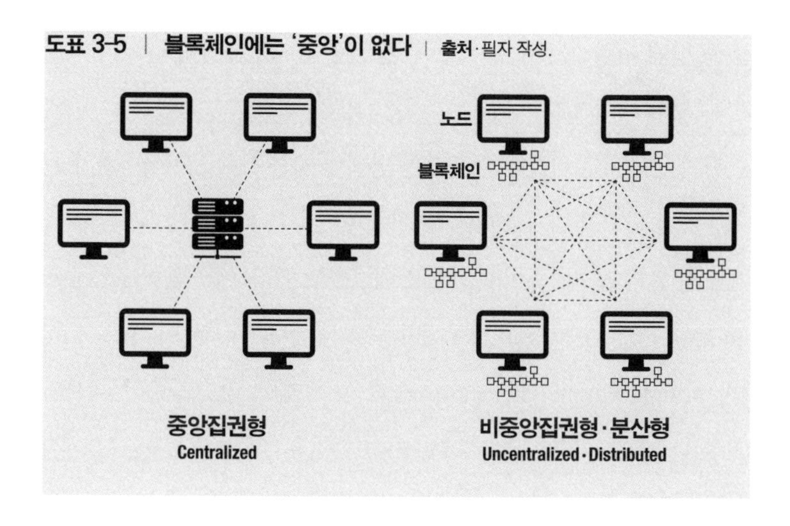

⊙ 합의 알고리즘Consensus Algorithm

블록체인에서는 네트워크의 참가자가 어떤 사람인지 모르는 상태에서 데이터를 주고받는 것을 전제로 한다. 따라서 모든 참가자가 올바른 데이터를 교환하고 있다고는 할 수 없으므로 데이터의 정당성을 전원이 검증하고 합의하면서 데이터를 분산원장에 추가해야 한다. 이런 '비잔틴 장군 문제'에 대해 블록체인이 채택한 해결책은 'Proof of WorkPoW', 즉 업무량에 의한 증명이라는 개념이다.

즉, 참가자(마이너Miner, 채굴자라고도 부른다)에게 어떤 일정한 일(마이닝Mining. 채굴이라 부른다. 뒤에서 설명)을 시키고, 그 일에 성공한 참가자에게 보수를 주는 체제다. 데이터를 조작하기 위한 업무량보다 보수를 받기 위한 업무량이 적도록 설계해 데이터 조작이 일어나지 않는 구조로 되어 있다.

단지 근래에는 채굴할 때 필요한 방대한 계산 리소스와 에너지가 환경문제가 되고 있다. 그래서 참가자를 한정하는 허가형 블록체인이나 새로운 합의 알고리즘이 대안으로 떠오르고 있다. 예를 들어, Proof of StakesPoS, Proof of ImportancePoI, Proof of AuthorityPoA, Practical Byzantine Fault TolerancePBFT와 같은 합의 알고리즘이 제시되고 있다(각 알고리즘에 대한 자세한 설명은 하지 않겠다. 많은 문헌들에 소개되어 있으니 참고하기 바란다).

⊙ 해시 체인Hash Chain

〈도표 3-6〉과 같이 데이터를 여러 개 정리한 것, 즉 거래 기록을 트

랜잭션이라 한다. 블록은 이런 기록에 타임스탬프 등의 헤더 정보를 더해 구성한다(논스Nonce에 대해서는 뒤에서 설명). 그리고 블록의 정보를 역변환할 수 없는 해시함수(뒤에서 설명)를 이용해 요약한다. 이 과정은 내용과 무관하게 문서를 요약한 후 일정한 고윳값(SHA256의 경우 앞 블록을 계속 요약해 256bits를 유지함 - 옮긴이)을 만드는 과정이다. 블록을 연결할 때마다 앞 블록을 요약한 해시값을 넣기 때문에 중간에 데이터가 조금이라도 변조되면 검출이 용이하다.

해시값이란 문자열이나 문장을 암호학적인 64문자 등으로 정리한 것을 말한다. 해시함수 구조로 데이터를 결합할 경우 일부 데이터가 바뀌면 해당 블록의 해시값이 바뀐다. 그리고 그 해시값을 포함한 다음 블록도 값이 변하기 때문에 해시값 변화 도미노 현상이 일어나도

도표 3-6 | 거래(트랜잭션) 데이터를 모은 블록이 체인(사슬)처럼 연결된 블록체인 | **출처** · Okabe et al.(2020)을 바탕으로 필자 작성.

록 데이터가 설계되어 있다.

블록체인은 거래 데이터 블록(덩어리)이 각각 체인(사슬)처럼 연결되어 있어 붙여진 이름이다. 또, 데이터를 한 군데라도 조작하면 그 이후에 연결되는 데이터가 모두 손상되도록 구성되어 있기 때문에 데이터 조작 검출이 용이하다.

블록체인의 해시함수로 이용되는 것은 SHA256 암호라는 알고리즘이다(엄밀히 말하자면 최신 함수는 2015년에 개발된 SHA3-256이다). SHA256 암호 알고리즘의 특징은 다음과 같다. ①해시값을 순서대로 계산하면 쉽게 할 수 있다. ②역함수가 존재하지 않는다(역계산이 불가능하다). ③입력 데이터의 양에 관계없이 64문자가 출력된다. ④ 같은 문자열·데이터를 입력하면 같은 해시값이 출력된다. ⑤입력 데이터의 작은 차이도 출력되는 해시값에 큰 영향을 미친다. 이에 대한 하나의 예로서 다음 두 문장의 해시값을 제시해보겠다.

The technology of blockchain was developed in 2008.

→ ad28748c5a6c726819fee93f8f15dc71176402f1667e22cdf6ed0863a77a7673

The technology of block chain was developed in 2008.

→ 6c5c0f332458b4ef17631bbd2d28dfc93aa3c95cb122d046db438e7506a1ae

이 두 문장은 단지 'blockchain'인지, 'block chain'인지처럼 띄어쓰기 하나만 차이가 있을 뿐이다. 그런데 이 작은 차이 때문에 두 문장의 해시값이 크게 다르다는 것을 알 수 있다.

⊙ 마이닝Mining

블록체인기술을 어렵게 느끼는 이유 중 하나가 마이닝 때문이다. 그래서 〈도표 3-7〉의 그림을 예로 들며 마이닝에 대해 설명해보고자 한다. 설명을 쉽게 하기 위해 앞 블록의 해시값은 생략하고, 동시에 시간의 예로서 1970/10/19, 트랜잭션의 예로서 Data1, Data2라는 단순한 데이터를 이용한다.

앞에서 잠깐 언급했듯이 블록에는 논스라는, 자유롭게 수치를 넣어도 되는 영역이 있다. 마이닝의 규칙(프로토콜)은 논스에 적당한 값을 넣어 계산된 해시값이 어떤 역치보다도 밑돌 경우에 데이터를 추가할 수 있는 권리를 선착순 1명이 얻도록 되어 있다.

예를 들어, 해시값의 머리 숫자에 0이 4개 계속될 경우에 데이터를 추가할 수 있는 권리를 얻을 수 있다고 하자. 〈도표 3-7〉에서처럼 논스를 1000에서 순서대로 1씩 변화시켜나가면, 1011로 했을 때 해시값의 머리에 0이 4개 이어진다. 그것을 가장 빨리 찾아낸 마이너가 데이터 추가 권리를 획득하고 보수를 받는 것이 마이닝이다. 실제 마이닝은 0이 4개 이어지는 것처럼 단순한 것이 아니라 20개 정도 이어지는 매우 어려운 문제로 되어 있다. 그런데 이런 문제를 풀

도표 3-7 | 마이닝 과정 | 출처 · Okabe et al(2020)을 바탕으로 필자 작성.

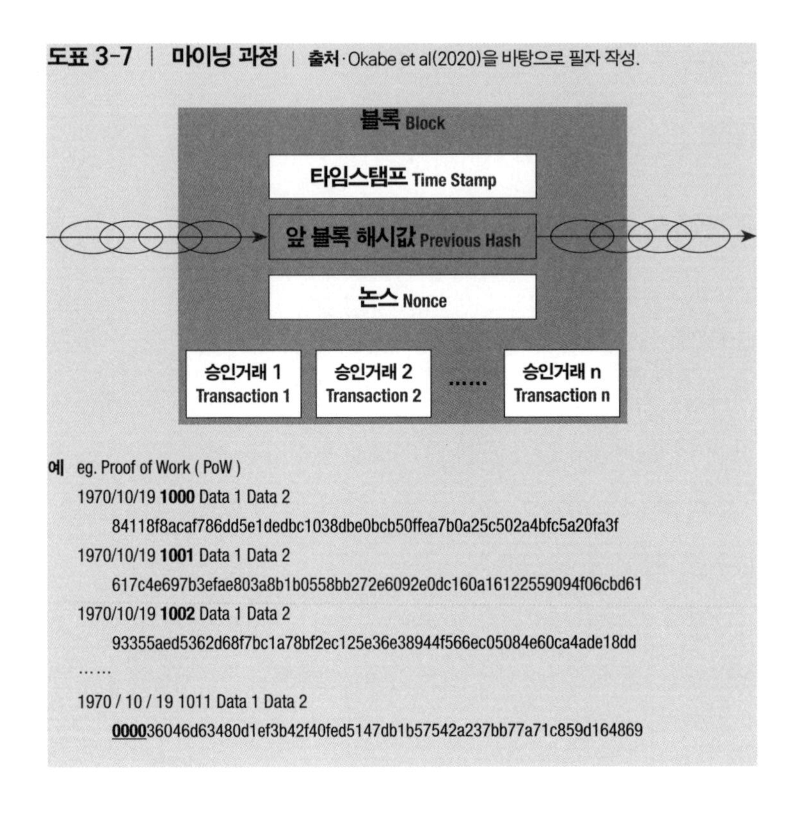

려면 막대한 계산 자원과 방대한 전력이 필요한 것이 현실이다.

이때 0을 몇 개로 하는가를 결정하는 것을 난이도Difficulty라 하며, 보통 난이도는 계산 시간이 10분 정도가 되도록 조정된다. 앞에서 언급한 PoS, PoI 등에서는 참가자의 암호화폐 보유량이나 보유 기간 등에 따라 난이도가 달라지는 구조로 계산량을 억제할 수 있게 고안되어 있다.

4장

공급망의 회복력 향상

1

코로나19 쇼크는 공급망 쇼크

⊙ 팬데믹으로 드러난 글로벌 공급망의 취약성

코로나19 바이러스 팬데믹으로 세계 공급망은 혼란을 겪었다. 팬데믹이 일어나기 전까지 기업들은 글로벌 규모로 공급망 관리를 강화해 비용 및 재고 절감, 자산 효율 개선에 힘써왔다. 그런데 이번 세계적 규모의 팬데믹을 통해 확대를 계속해온 글로벌 공급망의 회복력(위기 내성, 복원성)이 취약하다는 사실이 드러났다.

자동차 산업으로 말하자면, 자동차 제조사나 대기업 부품 공급업체의 공장은 서서히 정상화를 향해 회복세를 보이고 있다. 하지만 2차·3차 하청업체를 포함한 공급망 저변은 여전히 복구에 어려움을 겪고 있다. 결국 이런 현상은 시스템 전체의 족쇄가 되어 생각대로 증산이 이루어지지 못하고 있는 상황이다.

언제 다시 팬데믹이 일어날지 모르는 코로나 일상 시대를 살게 된 오늘날의 경영자들은 이제 글로벌 공급망 관리 시점을 크게 바꿀 필요가 있다. 즉, 유례가 없을 정도로 심각한 재해가 발생한다 하더라도 보다 유연하고 신속하게 공급망을 회복할 수 있게 평상시부터 회복력을 높여야 한다.

보다 구체적으로 이야기하자면, 재해 시의 영향을 빠르게 파악하기 위해 공급망 전체를 한눈에 볼 수 있게 해야 하고, 재해가 장기화되면 대체 조달처를 시급히 선정하고 조기 양산화를 실현해야 한다. 이처럼 회복력이 높고 지속가능한 공급망을 구축하기 위해서는 블록체인 활용이 반드시 필요하다. 이번 팬데믹은 그 중요성을 더욱 확실히 보여준 계기가 되었다.

블록체인은 공급업체의 정보를 분산형 네트워크로 관리해 투명성을 높이고, 그런 정보가 복제나 조작되지 않도록 보안을 유지하며 기록할 수 있다. 또, 시스템 특성상 트레이서빌리티Traceability(추적 가능성)를 실현할 수 있기 때문에, 위기 시에 공급망 전체의 재고 정보나 자재·부품의 조달 가능성을 정확히 파악할 수 있다. 그뿐만 아니라 대체 조달처의 선정·심사·양산 지시를 신속하게 내릴 수 있어 새로운 네트워크를 재빨리 수직적으로 가동시킬 수도 있다.

싱가포르와 인도 기반 블록체인 개발 기업인 코인어스KoineArth의 창업자 겸 수석 사이언티스트인 프라풀 찬드라 박사Dr. Praphul Chandra는 말했다.

"공급망 전략 책정에서 전통적인 측정 기준인 품질Quality, 코스트Cost, 납기 Delivery, 즉 QCD만으로는 이제 불충분하다. 앞으로 공급망 관리자는 위기 내성 및 복원성Resilience, 응답성Responsiveness, 재구성 가능성Reconfigurability이라는 3R도 염두에 둬야 할 것이다." 1)

코로나 팬데믹이 한창이던 2020년 4월 28일 세계경제포럼WEF은 블록체인에 관해 다음과 같이 중요한 발표를 했다.

"블록체인은 코로나19 바이러스의 감염 확대로 나타난 공급망 실패에 대한 대처법이 되고 경기 회복을 뒷받침하고 있다." 2)

실제로 자동차 산업계에서는 코로나19 팬데믹으로 생산에 어려움을 겪는 가운데 블록체인 활용을 가속화하려는 기업이 증가하고 있다.

⊙ 블록체인 네트워크를 확대하는 BMW

2020년 3월 31일 BMW는 블록체인을 활용해 글로벌 공급망 추적관리를 실현하는 프로젝트, 즉 파트체인PartChain을 시작하겠다고 발표했다(〈도표 4-1〉). 2019년 시작된 이 프로젝트에서는 전조등 부품의 추적관리를 위한 기술 검증이 진행되었고, 2020년에는 대상 부품을 약 열 가지로 확대할 예정이다. 또, 장기적으로는 부품뿐만 아니라 원자재까지 세세하게 추적하려고 하고 있다.

도표 4-1 | BMW의 파트체인 | **출처**·BMW Group 제공 자료를 필자가 일본어 번역.

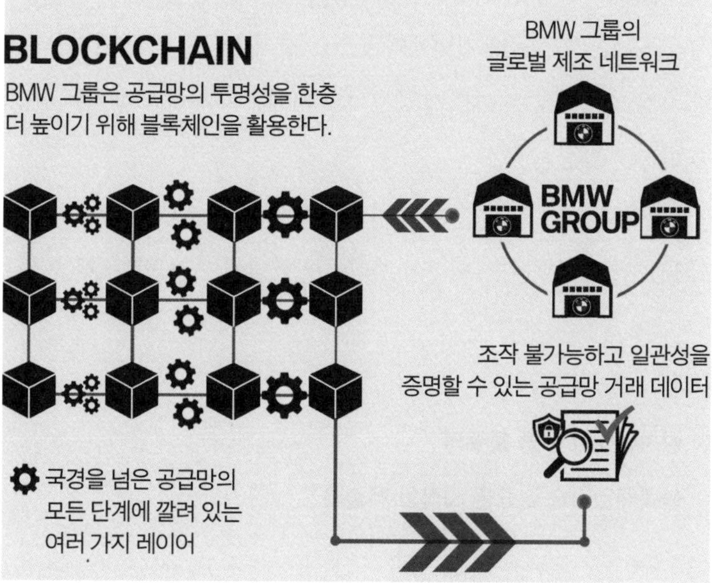

BMW는 연구개발 영역의 3개 축으로 IoT, AI, 블록체인을 두고 있다. 블록체인을 핵심 기술 중 하나로 선언한 것은 세계 자동차 회사 가운데 BMW가 처음이다. 현재 이 기업은 수많은 블록체인 전문가를 본사가 있는 독일 뮌헨이나 미국 실리콘밸리 등 전 세계에 파견해 공급망뿐만 아니라 자동차 밸류체인 전 영역에 걸쳐 블록체인 연구개발 및 기술 검증을 실시하고 있다.

2019년에는 국제 물류 대기업인 독일 DHL과 손잡고, 말레이시아 물류 거점에서 아시아 대양주 딜러 사이에 이루어지는 애프터 부품 수송과 재고관리 시스템에 블록체인을 활용하기 위한 기술 검증을 하고 있다. 6장에서도 설명하겠지만, 중국의 블록체인 개발 기업 비체인과도 손잡고, 주행거리계의 조작(미터 되감기)을 막기 위한 '디지털 차량 패스포트'를 개발해 중고차의 시세를 정확하게 매기는 환경을 만들려 하고 있다.

또, BMW는 MOBI의 창립 멤버 기업으로서 공급망 및 VID 분과회 회장도 맡고 있으며, 사외 컨소시엄과의 협업에도 적극적이다.

⊙ 상하이에서 부품 물류의 블록체인기술 검증을 시작한 테슬라

테슬라도 2020년 4월 7일 화물 효율성을 높이기 위해 블록체인을 적용한 물류 솔루션 앱을 개발해 기술 검증을 시작했다. 이 실험은 홍콩의 카고스마트CargoSmart, 상하이국제항만그룹SIPG, 화물선 운행 대기업인 중국 원양해운집단COSCO과 함께하는 것이다.[3)]

덧붙여 테슬라 이외의 3개 회사는 GSBNGlobal Shipping Business Network(블록체인 기반의 글로벌 해운 산업 동맹)이라는 컨소시엄의 멤버다. 이 컨소시엄은 블록체인을 활용한 해운업의 DX를 목표로 하고 있다.

2019년 12월 진행된 이번 기술 검증에서는 4개 회사 사이에서 발생한 자동차 부품 수송 관련 출하 데이터와 서류를 블록체인에 공유하는 앱이 활용되었다. 통상적인 해상운송의 화물 인도 과정에서 고객사는 도난을 막기 위해 선하증권 원본이나 화물 운송장(영수증)을 제출해야 한다. 그런데 이 서류들이 분실 또는 파손되면 운송자가 물건을 고객에게 넘겨주지 않아 인도 과정이 정지된다. 이로 인해 공급망 전체에 지연이 생겨 배가 부두에서 정박하는 기간이 길어지면 항만 당국으로부터 무거운 벌금이 부과될 수 있다.

하지만 블록체인이 도입되어 화물 인도 과정에 '페이퍼리스paperless'가 실현되면 서류 분실이나 파손 위험 없이 신속하고 신뢰성 있게 일을 진행할 수 있다. 이처럼 블록체인에서 데이터를 공유하고 접근하는 방식은 항만의 화물 인도 과정뿐만 아니라 공급망 전체의 효율성을 높이는 데 기여한다.

2

숨은 기술이 있는 중소기업의 활약 기회

⊙ 중소기업과 대기업을 이어주는 플랫폼

공급망에서 블록체인이 적용된 또 다른 사례로는 토큰(암호화폐)과 스마트 계약을 활용해 중소 영세기업의 제조업 진출을 돕는 플랫폼이 있다.

대기업인 제조사가 하청업체로서 고도의 기능을 갖춘 중소 영세기업을 새롭게 찾아내기는 어렵다. 또, 이들 소규모 제조업체도 제품을 사줄 대기업에 접근하기가 어렵기는 마찬가지다. 왜냐하면 구매하는 쪽 조달 담당자와 소규모 업체의 몇 안 되는 영업 담당자가 만나려면 브로커나 중개업자에게 의뢰하고 홍보하는 데 영업비용이 적지 않게 발생하기 때문이다. 또, 상담이 시작되었다 해도 발주 측 대기업은 새롭게 조사해야 할 것이 많다. 조달처가 될 후보 업체가 자사 제품의 일부 생산을 맡길 만큼 신용 있는 회사인지를 알아보아야 한다.

블록체인은 이런 다양한 거래비용을 대폭 절감해줄 뿐 아니라 그동안 서로 기회를 만들기 어려워 거래를 트지 못했던 기업들을 연결시켜 효율적으로 발주하고 생산하도록 돕는 매칭 플랫폼이 될 수 있다.

⊙ 토큰과 스마트 계약을 활용한 공급망

미국 캘리포니아주에 있는 블록체인 개발 기업 싱크팹SyncFab은 2018년 2월 하나의 플랫폼을 구축했다(〈도표 4-2〉). 이 플랫폼의 기능은 가치 있는 제품이나 기술을 보유한 제조업체와 그것을 필요로 하는 유저 기업이나 바이어 기업을 블록체인을 활용해 직접 연결시켜주는 것이다.

이 플랫폼에서는 MFG 토큰이라 불리는 암호화폐로 거래한다. 또, 플랫폼을 활용하는 제조업체, 구매자, 물류업체 등의 기업 아이디와 주문 이력, 생산·수송 능력, 보유한 지식재산, 견적의뢰서RFQ와 발주서PO 등이 블록체인에 기록되어 있다. 기업들은 이런 기록을 바탕으로 위탁처나 조달처의 요구에 가장 적합한 제조업자를 찾아내 관계자 없이 직접 거래할 수 있다. 덧붙여 거래에 수반되는 계약은 스마트 계약 시스템 속에서 자동으로 이루어진다.

스마트 계약은 복잡하게 얽힌 공급망 속에서 번잡하고 다양한 계약 작업이 신뢰성을 유지하면서도 간소하고 자율적으로 진행되는 시스템이다. 덕분에 계약이 성사되기까지의 일련의 과정이 신속하게 처리될 수 있다.

도표 4-2 | 싱크팹의 토큰과 스마트 계약을 활용한 플랫폼
출처 · SyncFab 자료를 필자가 일본어 번역.

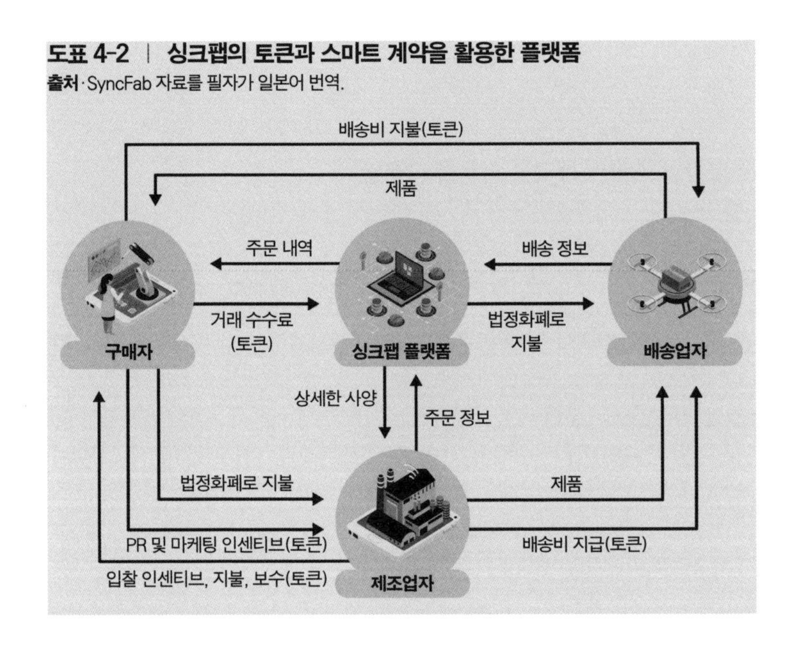

⊙ 구매자의 조달비용을 대폭 삭감

싱크팹이 만든 플랫폼에서 구매자가 누릴 수 있는 장점은 무엇인지

보다 구체적으로 설명해보겠다. 이 플랫폼은 구매자가 올린 RFQ에 맞게 제품을 만들 수 있는 전문 지식 및 실무 능력을 갖춘 제조업자를 찾아내 두 기업을 블록체인에서 연결시켜준다. 그리고 그 결과 구매자는 조달비용을 대폭 절감할 수 있게 된다.

이 플랫폼에서는 구매자가 원하는 기준에 맞추어 후보 기업의 주문 내역 및 과거 제품의 디자인을 비교해볼 수 있다. 또, 제품 사양이나 구성 재료의 필요조건을 실시간으로 변경할 수 있다. 이로써 조달 프로세스는 보다 효율적이고, 높은 투명성을 가지게 된다.

⊙ 유능한 제조업체는 제조에 전념

그렇다면 이 플랫폼에서 판매자인 제조업체가 누리는 장점은 무엇일까. 제조업체는 입찰에 빠르게 참가했을 경우 보상으로 MFG 토큰을 받을 수 있다. 이에 따라 제조업체는 낙찰 후 구매자로부터 투자 초기자금을 선불로 받게 된다. 또, 프로젝트 시작 전 고객의 사업 배경을 탐색하는 시간을 단축할 수 있어 본업인 제조에 에너지를 집중할 수 있다. 게다가 이 플랫폼에 기록되는 조달 항목 리스트에는 구매자의 예산 정보가 포함되어 있다. 이 정보는 제조업자에게 좋은 안내자 역할을 해줄 것이다. 어떤 때는 구매자가 예산보다 얼마나 더 지불할 용의가 있는지를 보여주는 허용액도 기록된다. 일반적으로 견적에 제시된 가격이 너무 높을 경우 입찰자는 자동적으로 경쟁에서 제외되지만, 이 플랫폼에서는 제조업체에 오퍼를 개정할 기회를 주기 때문에 구매자가 유능한 제조업자를 놓칠 리스크를 줄여준다.

끝으로, 싱크팹은 높은 수준의 보안 프로토콜을 이용해 블록체인 상의 모든 자산을 암호화하고 있으며, 지식재산 착취처럼 제조업자에게 최대의 위협이 되는 것들을 철저히 배제하고 있다. 때문에 제조업자는 기존 보안 전문 인력을 고용하는 데 필요한 비용을 회피할 수 있다.

⊙ 중소 영세기업의 활약이 쉬워지다

싱크팹은 경비를 절감하면서도 적극적으로 최신기술을 도입하려는 기업을 지원하기 위해 블록체인 플랫폼을 개발했다. 보통 대규모의 다국적 기업은 공급망을 업그레이드하는 데 투자하고 있다. 하지만 중소 영세기업은 그런 투자를 하기 어렵다. 그런 면에서 대기업에 뒤처지는 현상이 요즈음 더욱더 심해지고 있다. 하지만 블록체인을 활용한 플랫폼에서는 중소 영세기업도 대폭 절감한 거래비용으로 비즈니스 획득 기회를 확대해나갈 수 있다.

⊙ 모조품 혼입 및 리콜 방지와 원산지 증명

싱크팹의 고객 중에는 글로벌하게 사업을 전개하는 자동차 제조사나 자동차 부품 제조사, 그리고 항공기 부품 제조사도 있다. 이 기업들이 제조 과정과 관련된 데이터를 블록체인에 입력하는 동기를 부여하기 위해 데이터 입력자가 보상으로 공급망 토큰을 받는 구조가 갖추어져 있다. 그리고 이런 시스템을 기반으로 한 블록체인기술로 데이터를 관리하기 때문에 공급망의 철저한 추적관리도 가능하다. 이렇게 추적관리가 철저한 시스템에서는 구성 부품의 모조품 혼입 및 리콜을 미연에 방지할 수 있다. 그리고 엄격하게 규정을 준수해야 하는 항공기 부품의 원산지 증명 등 최근 급속히 높아지고 있는 복잡한 고객 요구에도 대응할 수 있다.

⊙ 친환경적이고 지속가능한 공급망 구축

블록체인기술을 활용하면 지역 완결형 공급망 구축도 가능하다. 예를 들어, 정밀 부품을 찾고 있는 구매자가 현지 기업의 비어 있는 설비를 실시간으로 찾아내, 후보 기업의 정보를 확인한 후 조달 프로세스를 진행할 수 있다(〈도표 4-3〉). 이와 같이 가능한 한 많은 부품을 현지에서 조달할 수 있으면, 구매자는 조달 부품을 미리 쌓아두는 재고 수량을 최소한으로 억제할 수 있고, 더불어 수송비도 줄일 수 있다. 그 결과 친환경적인 공급망을 구축하고, 지역경제 활성화에도 기여할 수 있게 된다.

도표 4-3 | **현지 기업의 비어 있는 설비를 확인하고**(상), **RFQ를 찾아 연결시켜준다**(하) | **출처**·SyncFab.

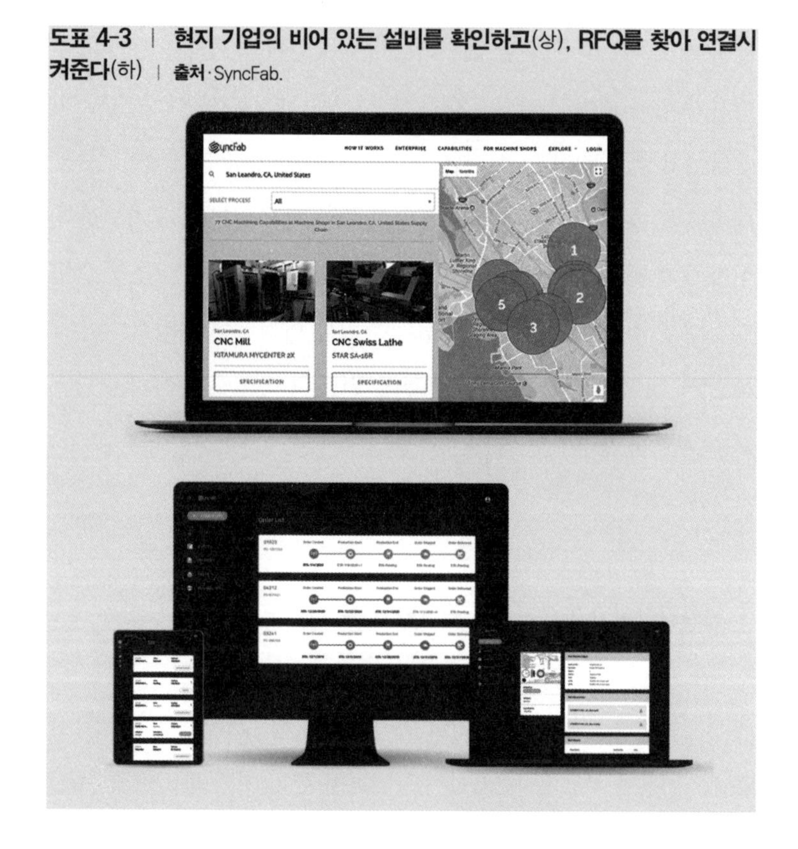

덧붙여 최신 솔루션에서는, 구매자가 제조업체를 검색하고 접근하는 과정의 자동화가 실현되고 있다. 덕분에 한층 더 효율성이 높

아져 기업들을 매칭하는 데 필요한 시간과 비용이 큰 폭으로 줄고 있다.[4)]

또, 앞에서 언급했듯이 코로나 일상 시대에는 회복력이 중요하다. 블록체인을 활용한 싱크팹의 플랫폼은 추적관리가 가능할 뿐 아니라, 위기 시에 대체 조달처를 신속하게 선정해 빠른 시기에 제품을 양산하도록 만들 수 있다. 이는 회복력뿐만 아니라 지속가능성을 높이는 데도 기여한다.

3

지속가능한 생산과 윤리적 소비 실현

⊙ 선진국이 개선해야 할 '만드는 책임, 사용할 책임'

공정무역은 신흥국에서 생산하는 자원 및 제품을 적정한 가격에 지속적으로 구입해 생산자나 노동자의 생활 향상에 기여하려는 무역 구조다.

3장 113쪽의 〈도표 3-2〉에서 확인했듯이 일본과 유럽 모두 SDGs 지수에서 평균값을 밑도는 부문이 있다. 바로 'SDGs 12 : 만드는 책임, 사용할 책임(지속가능한 소비와 생산)'이다. 그래서 이들 선진국의 제조사들 사이에서 공정무역 제품 사용량을 늘려 SDGs를 최대한 달성하고자 하는 움직임이 일어나고 있다.

식품 업계에서는 앞서 언급한 카카오 콩의 생산 이력 추적관리를 통해 공정무역 제품을 사용하려 하고 있다. 자동차 산업계에서도 타이어 원료인 천연고무와 차량용 전지 양극재에 포함된 코발트에 대해 추적관리 프로젝트를 실시하고 있다.

⊙ 천연고무의 지속가능한 거래를 위한 새로운 플랫폼

태국, 인도네시아 등 동남아를 중심으로 생산되는 천연고무의 약 70%는 자동차용으로 쓰이고 있다. 신차 조립용이나 보수용 타이어의 원료이기 때문이다. 자동차의 전동화 흐름이 빨라지고 있는 가운데서도 자동차 부품 중 하나인 타이어 수요는 줄어들지 않고, 오히려 차량의 주행거리에 연동해 한층 더 늘어날 전망이다. 그런데 타이어의 원료인 천연고무 생산은 산림 감소나 지역 주민의 권리 침해 같은 문제와 맞물려 있고, 이것을 해결하려면 환경이나 인권을 배려한 사업 활동이 요구된다.

이 문제의 핵심은 공급망이 불투명하다는 것이다. 천연고무가 생산자를 거쳐 타이어 제조업체에 납품되기까지 많은 사업자가 관여하다 보니 생긴 결과다. 또, 대부분 소규모인 천연고무 농가는 국제시장 상황에 쉽게 휘둘리는 천연고무의 가격 변동 위험에 노출되어 있다. 그래서 최소한의 필요 생활비를 안정적으로 확보하기 위해 농지를 확대하려고 신림을 훼손할 수밖에 없는 상황이다. 이런 고무 농가의 수입 안정은 환경문제 해결에 중요한 영향을 끼치고 있다.

2018년 10월 개최된 '지속가능한 개발을 위한 세계 경제인 회의WBCSD'에서는, 세계적인 타이어 제조사 11개 기업뿐만 아니라 포드 자동차 회사, 천연고무 공급자, NGO 등 18개 조직까지 가세해 지속가능한 천연고무를 위한 새로운 플랫폼 'Global Platform for Sustainable Natural RubberGPSNR'를 설립했다. GPSNR에 참가한, 천연고무 생산 및 공급에 종사하는 사람들과 조직, 그리고 천연자원에 관심 있는 기타 구성원들은 공급망을 통해 협업해 추적관리 시스템을 확립하고 보다 높은 지속가능성 실현을 목표로 한다.

⊙ 천연고무 추적관리 프로젝트

GPSNR의 참여 멤버 중 하나인 이토추 상사는 인도네시아 자회사인 천연고무 가공 회사 ABPPT. Aneka Bumi Pratama의 공급망을 활용해 천연고무 추적관리 시스템의 기술 검증을 실시하고 있다.

이 기술 검증에서는 스마트폰 앱을 이용해 물품을 주고받는 거래 내용에 대한 상호 인증을 실시하고, 일시 및 위치 정보도 함께 블록체인에 기록한다. 이로써 천연고무가 가공 공장에 이르기까지의 유통 과정이 투명하게 드러난다. 또, 각 사업자 간 협력을 촉진하기 위해 올바르게 기록된 거래에 대해 토큰(암호화폐)을 지불하는 시스템도 최종적으로 준비한다(〈도표 4-4〉).

도표 4-4 | **천연고무 추적관리 프로젝트 그림** | **출처**·이토추 상사.

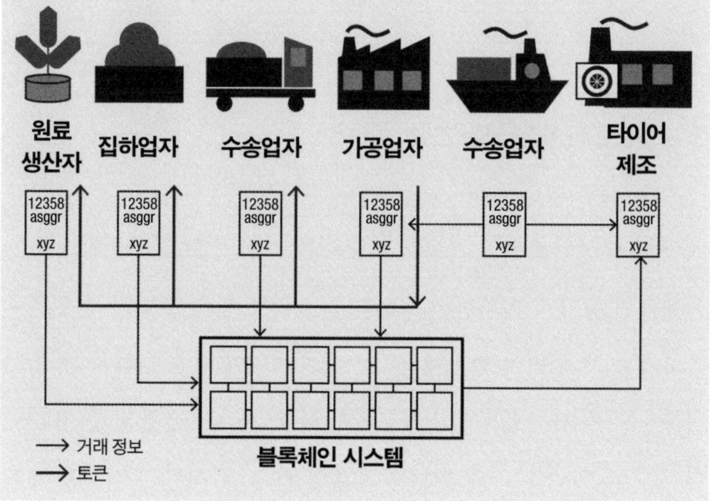

이 추적관리 시스템은 지속가능한 천연고무 거래를 위한 마케팅 플랫폼을 운영하는 싱가포르의 헤비아 커넥트Hevea Connect와 제휴하고 있다. 추적관리 시스템에 기록된 천연고무는 헤비아 커넥트의 플랫폼상에서 매매되며, 헤비아 프로Hevea Pro라는 독자적인 인증을 취득한 가공 공장에서만 제조된다.

한편, 천연고무 추적관리 시스템의 기술 검증은 토큰경제를 구축하는 최종 단계까지 3개 기간으로 나누어 하고 있다. 1단계에서는 가공업자와 수송업자까지의 공정을 블록체인에 기록하고, 2단계에서는 집하업자까지 기록한다. 최종 3단계에서는 천연고무 농가까지 추적관리하고 토큰 부여도 실시한다. 2022년 내로 3단계까지 기술 검증을 종료할 예정이다.

⊙ 분쟁광물의 책임 있는 조달

최근 여러 산업에 중요한 재료로 쓰이는 희귀 금속rare metal에 대한 전 세계적 수요가 늘어나면서 우려의 목소리도 커지고 있다. 콩고민주공화국과 그 주변국에서 채굴되는 광물자원이 인권 침해와 환경 파괴를 일으키는 무장세력의 자금원이 될 가능성이 크기 때문이다. 이런 가운데 희귀 금속을 원료로 제품을 제조·판매하는 기업에 대해 책임 있는 광물 조달을 바라는 사회적 요청도 한층 높아지고 있다. 원재료 조달의 공급망 전체에 대한 이해관계자들의 듀 딜리전스Due diligence(상당한 주의 의무·노력)가 요구되고 있다고 볼 수 있다.

시대적 흐름에 발맞추어 미국에서는 2010년 7월 분쟁광물Conflict Minerals에 관한 규제가 포함된 금융규제개혁법Dodd Frank Wall Street Reform and Consumer Protection Act(도드 프랭크법)이 성립되었다. 이 법에 따라 미국 상장기업에서는 자사 제품에 쓰이는 분쟁광물의 사용 및 대응 상황을 의무적으로 보고하고 공개해야 한다. EU에서도 2021년 1월 1일부터 분쟁광물 규정Conflict Minerals Regulation : REGULATION(EU) 2017/821이 시행되었다. 이 규정에 따르면 EU 내 기업은 분쟁광물 조달에 대해 듀 딜리전스를 게을리하지 않았음을 보고할 의무가 있다.

도드 프랭크법이나 유럽 분쟁광물 규정이 규제하는 대상은 주로 콩고민주공화국과 주변국에서 산출되는 주석, 탄탈, 텅스텐, 금(통칭 3TG)이다. EU 규정에서는 이런 금속들을 공업 재료로 EU에 반입하는 수입업자를 대상으로 규제한다. 그리고 미국에서는 3TG를 함유한 전기 제품이나 자동차 등 최종 제품의 제조사를 대상으로 규제하고 있다. 그러나 향후 유럽에서도 도드 프랭크법과 같이 분쟁광물을 함유한 최종 제품을 규제하거나 규제 대상 광물을 코발트까지 확대할 가능성이 있다. 이에 따라 블록체인을 활용한 추적 프로젝트가 더욱 활발해지고 있다.

⊙ 전기차용 이차전지의 핵심 소재, 코발트

자동차 산업의 분쟁광물 공급망 관리에서 가장 활발한 프로젝트는 코발트 추적관리다. 세계적인 전동화 흐름으로 전기차용 이차전지 수요가 급격하게 늘고 있기 때문이다. 코발트는 전기차용 이차전지의 주력 제품인 리튬이온전지에 들어가는 양극재의 핵심 소재다.

희귀 금속인 코발트 광석의 약 60%는 콩고민주공화국에서 채굴되고 있다. 그리고 그중 20%는 윤리적으로 올바르게 생산되고 있는지를 알 수 없는 소규모 광산에서 채굴된다. 유니세프에 의하면 4만 명 이상의 아동이 이런 소규모 광산에서 채굴에 종사하고 있으며,

인권침해라 할 만한 아동 노동이 횡행하고 있다.[5)]

더불어 정련소에 납품되는 코발트 광석은 규모가 크고 안전한 산업 광산에서 채굴된 것뿐만 아니라 소규모 공급업자를 경유하는 것도 포함하기 때문에 윤리적으로 올바르게 채굴된 코발트 광석을 사용하는지를 확실하게 증명할 방법이 없다.

현재 세계의 자동차 제조사 중 GM, 다임러, BMW가 적극적으로 코발트 추적관리 기술 검증을 실시하고 있다. 또, 2019년 1월에는 IBM이 포드 등과 공동으로 RSBN Responsible Sourcing Blockchain Network이라는, 블록체인기술을 기반으로 한 공급망 관리 공동 프로젝트를 시작했다. 이 프로젝트에는 차량용 리튬이온전지업체인 한국의 LG화학도 참여했다.

2019년 4월에는 독일의 폭스바겐, 같은 해 12월에는 유럽의 피아트크라이슬러FCA와 스위스의 거대 광산 회사 글렌코어Glencore도 RSBN에 참여했다.

한편, 2019년 11월에 지리Geely로 알려진 중국의 저장지리홀딩스 그룹Zhejiang Geely Holding Group 산하 스웨덴 볼보 자동차Volvo Cars도 RSBN에 참여한다고 발표했다. 동시에 볼보 자동차는 LG화학, 세계 최대의 차량용 전지 기업인 중국 CATL과 함께 코발트의 추적관리를 실현한 전지를 탑재하는 최초의 전기차 'XC40 Recharge P8'을 2020년 후반에 출시하기로 예정했다. 벨기에 헨트 공장에서 생산될 이 차는 탑재 전지의 재료인 코발트의 추적관리 시스템을 구현하는 세계 최초의 자동차다.

⊙ 윤리적 소비에 대한 요구 상승

최근 공급망 추적관리를 블록체인으로 보증하면서 윤리적 소비를 촉진하는 시스템이 세계적으로 확산되고 있다. 윤리적 소비란 환경과 인체에 해를 끼치지 않고 사회에 공헌하려는 노력 속에 생산된 상품과 서비스를 선택적으로 소비하는 것을 말한다.

식품 업계나 의류 업계에서는 SDGs 달성을 위한 주요 시책의 하나로서 글로벌한 윤리적 소비를 촉진하기 위한 노력을 급속히 기울이고 있다. 예를 들어, 식품 중에는 앞서 언급한 카카오가 들어간 초콜릿 바, 중국의 식용 닭, 불가리아의 요구르트, 칠레의 와인, 인도양 남태평양산 참치 통조림 등이 있다. 의류로는 스웨덴의 H&M, 스페인의 인디텍스(ZARA 브랜드) 등이 있다.

이들 상품의 패키지나 태그에는 QR코드가 인쇄되어 있다. 소비자가 그것을 스마트폰으로 스캔하면, 순식간에 상품의 원료가 어디의 누구에게서 채취되었는지, 또 어떤 유통 경로를 거쳐 왔는지를 알려주는 공급망의 이력을 볼 수 있다.

SDGs 달성을 위한 기업의 노력이 가시화된 상품들은 주로 Z세대에게 큰 영향력을 끼친다. 이들 젊은 세대는 다소 가격이 비싸더라도 구입한 제품의 원산지, 생산자, 생산 과정에 대한 정보를 알 수 있는 제품, 즉 공급망의 투명성이 높아 추적관리가 잘되는 제품을 선호한다.[6)]

자동차 산업에서도 윤리적 소비에 대한 요구 상승이라는 사회적 요구에 부응하기 위한 노력을 점점 더 기울이고 있다. 관련 기업들은 SDGs 달성을 향한 주요 시책의 하나로 블록체인을 활용한 추적관리 실현에 적극적으로 나서고 있다. 특히 신차 조립용으로 거래하는 B2B 비즈니스 외에도, 최종 소비자와 거래하는 B2C 비즈니스와도 관련 있는, 타이어를 포함한 자동차 부품에 이런 시스템을 적용하려는 움직임은 한층 더 활발해질 것이다.

토큰 시스템을 활용하면, 블록체인으로 추적관리가 보장된 부품을 윤리적 소비자가 다소 비싸게 구입해줄 경우 원료 생산자 등 정보 제공자에게 직간접적으로 암호화폐가 보상으로 주어진다. 그 결과 소비자로부터 수많은 생산자를 향해 부를 분산할 수 있으므로, 공급망 전체의 지속가능성이 개선되는 효과를 볼 수 있다.

4

3D프린터를 활용한 웹 3.0 기업 탄생 임박

⊙ 코로나19 팬데믹 중 이탈리아에서 각광받은 3D프린터

지금부터는 코로나19 팬데믹이 한창이던 이탈리아에서 3D프린터가 활약했던 이야기를 해볼까 한다.[7]

당시 롬바르디아주 브레시아시의 병원에서 집중치료에 사용되던 인공호흡기 밸브가 망가지는 사고가 발생했다. 병원은 인공호흡기 납품업체에 교체 부품을 의뢰했지만 납품업체에는 재고가 없었다. 부품 제조사가 팬데믹 때문에 가동을 정지했기 때문이다.

우연히 이 병원을 취재하던 현지 신문기자는 3D프린터 보급을 위해 밀라노에 팹랩(제작 실험실을 뜻하는 Fabrication Laboratory의 약자다. 시민이 3D프린터와 절삭기 등 공작기계를 자유롭게 이용해 기술적 아이디어를 실험하고 실제로 구현해볼 수 있는 공간)을 차린 마시모 템포렐리

Massimo Temporelli 교수에게 전화했다. 사정을 알게 된 템포렐리 교수는 곧바로 브레시아시 인근에서 3D프린터 관련 사업을 하는 이시노바 Isinnova의 창립자이자 CEO인 크리스티안 프라카시Cristian Fracassi에게 연락했다.

프라카시는 이 연락을 받은 지 불과 몇 시간 만에 인공호흡기 밸브를 3D프린터로 만들어냈다. 이 밸브는 충분히 사용 가능했고, 프라카시는 이후에도 밸브를 계속 복제해 결과적으로 10명의 환자가 이 3D프린터로 만든 밸브 덕분에 목숨을 건졌다.

이 뉴스는 전 세계 제조업자들에게 큰 깨달음을 주었다. 팬데믹처럼 갑자기 수급 격차가 벌어지는 위기 상황에서는 3D프린터가 최적의 솔루션 중 하나가 될 수 있음이 증명되었기 때문이다. 이 일을 계기로 3D프린터 활용이 지닌 사회적 의의도 그 어느 때보다 커졌다.

사실 3D프린터는 새로운 기술이 아니다. 특히 미국에서는 오바마 행정부 시절 국가 프로젝트로 3D프린터의 능력을 전국적으로 확충하려는 투자가 실시되었다. 그러나 이 투자는 하이엔드 조형 장치에 주로 이루어졌기 때문에 3D프린터를 널리 보급하는 데는 한계가 있었다.

예상치 못한 수급 격차가 발생했을 때 3D프린터를 사용하면 좋은 점은 크게 다음 세 가지로 정리할 수 있다. 첫째, 적절한 원재료와 설계도만 있으면 금형 없이 수많은 종류의 제품을 동일한 기계로 유연성 있게 재빨리 제조할 수 있다. 둘째, 이용되는 장소 근처에서 제품을 만들 수 있어 물류비용을 줄이고, 현장 요구에도 직접적이고 빠른 대응이 가능하다. 셋째, 주문이 들어오면 언제든지 제품을 만들고 바로 사용할 수 있다.

⊙ 블록체인이 보호하는 지식재산권

3D프린터를 이용한 제작의 큰 과제는 제품을 디자인한 사람이나 기업의 설계도 등에 대한 지식재산권IP을 어떻게 보호하는가에 있다. 3D프린터로 만든 제품과 같은 디지털 프로덕트는 IP 보호가 어렵다. 한 예로 음악의 디지털화와 인터넷의 보급으로 수많은 악곡의 저작권이 침해되었던 것을 들 수 있다. 비슷한 문제는 디지털화된 영화나 서적에서도 드러난다.

가장 바람직한 경우는 IP가 적절히 보호되어 그 IP가 이용될 때마다, 창작자가 사용량에 맞는 IP 이용료를 받는 것이다. 이런 시스템은 창작자의 노하우 제공에 대한 인센티브를 주는 것이기 때문에 디지털 프로덕트의 보급을 촉진할 것이다.

중개자 없이 IP를 관리하는 기술로서 블록체인은 큰 기대를 받고 있다. 블록체인 기반 시스템에서는 성실한 사용자들이 여러 가지 플랫폼이나 포맷을 넘어 같은 콘텐츠에 접속하기가 보다 쉬워진다. 또, 각 콘텐츠 이용이나 이전 과정이 블록체인에 기록되면, IP 침해를 색출해 책임 소재를 명확히 밝힐 수도 있다. 무엇보다 이 시스템에서는 콘텐츠 이용자가 창작자에게 간단히 암호화폐(돈)를 지불할 수 있다. 만약 이 과정이 3D프린터에 적용되면, 3D프린터를 이용한 제조자는 제품 설계를 제공한 사람이나 기업에 설계 이용료를 직접 지불하게 될 것이다.

앞으로 블록체인을 활용해 적절한 인센티브를 설계하면, 3D프린터 제조 능력은 더욱더 높아질 것으로 보인다. 크고 작은 비즈니스 규모에 상관없이 창작자는 IP 이용량에 맞는 보수를 획득할 수 있기 때문에 중소 영세기업이나 무명이지만 유능한 창작자를 산업으로 끌어들이는 사회적 포섭성도 높일 수 있을 것이다.

⊙ 중소기업과 기술자가 떠받치는 이탈리아

이탈리아 토리노 공과대학교Politecnico di Torino에서 2008년 분리된 스타트업인 폴리트로니카Politronica는 2018년 블록체인을 활용한 3D프린터 플랫폼을 만들었다. 이 플랫폼의 이름은 네트워크 로보츠 워크포스Network Robots Workforce이고, 3D프린터를 활용한 다양한 프로젝트가 이곳에 모여 있다. 이 플랫폼의 목적은 부품 및 제품의 데이터를 블록체인에 기록한 후 그 데이터를 공유, 전송, 추적하기 쉽게 해주는 것이다. 또, 이 플랫폼에서는 독자적인 암호화폐 '3D 토큰3DT'을 사용하는 토큰경제도 이루고 있다.

북이탈리아를 중심으로 한 이 플랫폼의 네트워크가 확대되고 있는 가운데, 덴마크의 잡화 체인 기업인 플라잉타이거 코펜하겐Flying Tiger Copenhagen과 공동으로 데스크 램프 형태의 3D프린터를 개발해 몇 년 안에 플라잉타이거 밀라노점과 토리노점에서 판매할 예정이다.

덧붙여 이탈리아에서는 아티스트의 저작권을 블록체인으로 지키려는 '크립토 아트Crypto Art' 운동이 활발하다. 제조업계에서의 3D프린터 활용도 그렇지만, 이탈리아에서는 높은 스킬을 가진 중소기업이나 기술자의 생산 활동을 블록체인으로 지지해주고자 한다. 이런 이탈리아의 사례는 마찬가지로 많은 중소기업과 기술자의 힘이 크게 작용하는 한국이나 일본 산업계에 큰 교훈이 될 것이다.

참고로 3D프린터 기술을 최초로 고안한 사람은 일본의 코다마 히데오다. 그는 1980년 나고야에서 광경화 수지를 쌓아올리는 광조형법을 발명했고, 이 기술로 3D프린터를 만들었다. 이처럼 3D프린터 기술의 기반이 있으면, 블록체인과 3D프린터를 활용해 중소기업과 기술자를 지원하는 시스템을 모색할 수 있을 것이다.

⊙ 자동차 업계에서 웹 3.0 기업이 나타날 가능성

그럼 자동차 업계에서 블록체인과 결합한 3D프린터의 활용은 어디까지 와 있을까? 한 줄로 정리하자면, 분산형 공급망 구축 후 자동차 및 자동차 부품을 VR과 AR을 활용해 디자인하고, 3D프린터로 자동차를 제조하는 수준에 와 있다. 따라서 자동차 업계에서도 웹 3.0 기업이 조만간 탄생할 가능성이 높아지고 있다.

미국 캘리포니아주의 스타트업 등에서 XR(확장현실)이나 3D프린터를 활용한 여러 가지 시도를 하고 있으며, 곧 획기적인 자동차 제조가 가능할 것으로 보인다.

현재 시도되는 방법을 몇 가지 살펴보자면, 우선 스타일 등 여러 가지 조건이 마음에 드는 부품을 선택해 PC에서 VR로 세부 조정을 하며 가상공간에서 차량 모델을 디자인한다.

이런 시스템에서는 클레이 모델(점토로 만든 차량 모델)을 사용하지 않고도, 원격에 있는 엔지니어나 디자이너가 실시간으로 VR 설계를 할 수 있다. 참고로, 이렇게 설계한 모델을 디지털 클레이(디지털 점토)라고도 한다.

3D프린터에서 사용되는 설계는 디자이너나 엔지니어 등 사람이 AI나 머신러닝을 구사하는 컴퓨터와 공동으로 제작하는 이른바 '제너러티브 디자인Generative Design(인공지능이 제안하는 설계 기술-옮긴이)'을 따른다. 이 시스템에서는 재료, 무게, 비용, 퍼포먼스의 이상적인 균형을 맞추고, 그것을 기반으로 3D프린터가 움직여 알루미늄으로 된 자동차 몸체의 골격을 성형한다. 이렇게 하면 프레스 기기, 용접 설비, 금형을 사용하지 않고서도 소비자의 요구에 맞는 자동차를 저

비용으로 신속하게 제조할 수 있다.

덧붙여 독일 아우디도 2018년 2월부터 VR을 활용한 자동차 몸체 설계 프로젝트를 실시하고 있다. 그 외 테슬라, BMW, 볼보 자동차도 VR 설계에 적극적으로 나서고 있다. 이처럼 지금 자동차 업계에서는 VR 비즈니스를 구현하기 위한 움직임이 가속화되고 있다.

자동차 업계에서 3D프린터가 강력한 '제조력'을 발휘하는 경우도 증가하고 있다. 2007년에 창업한 미국의 로컬 모터스Local Motors는 탄소 섬유 강화 플라스틱CFRP을 재료로 삼아 자율주행 셔틀의 차체 골격을 3D프린터로 인쇄하는 데 성공했다. 이후 알루미늄으로 된 대형 차체 골격도 3D프린터로 한 방에 찍어내는 기술이 나오기 시작했다.

사실 3D프린터의 연구개발은 어제오늘의 일이 아니다. 그동안 눈에 잘 띄지 않았던 이유는 자동차업체를 중심으로 3D프린터의 등장을 위협적으로 느끼는 대기업이 많았기 때문이다. 하지만 코로나19 바이러스 팬데믹은 자동차업체를 정점으로 해서 복잡하고 고정적인 공급망의 취약성이 드러나도록 만들었다. 이로 인해 자동차 회사들은 회복력 높은 공급망을 구축하는 것이 급선무가 되었고, 그 솔루션 중 하나로 3D프린터가 다시 떠오르고 있다.

오바마 정권이 시작한 선진 제조 파트너십Advanced Manufacturing Partnership : AMP에서 제조기술 정책 고문을 지낸 더글러스 램지Douglas Ramsey에 의하면, 코로나19 팬데믹을 겪으면서 미국 제조업계에서 가장 활발히 토의된 테마는 '스마트 제조Smart Manufacturing'라고 한다. 팬데믹으로 파괴적인 피해를 입은 중소기업을 중심으로 한 제조업자에 대해 미국 정부가 우대세제 등을 통해 재투자할 때 그에 대한 인센티브로서 스마트 제조에 주력하도록 요구할 가능성이 높기 때문이다. 이에 대해 램지는 "지금까지는 '관망세'에 놓여 있던 스마트 제조에 대한 투자가 팬데믹으로 인해 '자동화, 지역화, 디지털화를 진행시킬 기회'로 파악되고 있습니다"라고 덧붙였다.[8]

도표 4-5 | VR을 통한 차체 설계와 3D프린터로 만든 자율주행차
출처·Audi AG , Local Motors.

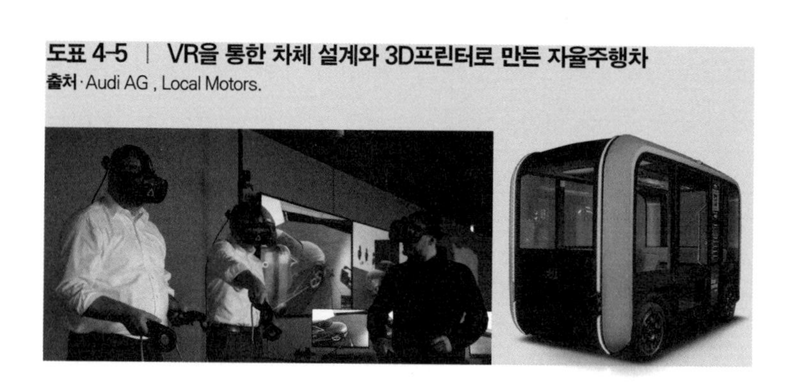

⊙ 상류에서 하류까지 온라인으로 완결하는 자동차 제조사 등장

오토바이를 포함한 자동차에 필요한 보수 부품 등 애프터 부품을 가상공간에서 구입해 3D프린터로 제조하는 애플리케이션도 곧 등장할 것으로 보인다. 이와 관련해 테슬라와 아마존은 각각 AR(증강현실)을 활용한 차체 설계와 가상공간에서 부품의 호환성을 확인하는 기술에 대해 특허를 획득했다. 그리고 다른 선진 기업들도 이런 기술을 사용한 비즈니스를 구현하기 위해 움직이고 있다.

이 기술들은 소비자 체험에도 적용될 것이다. 예를 들어, AR 헤드셋을 장착한 소비자는 가상공간 쇼핑몰에서 자동차 부품을 선별해 그 부품이 자신의 자동차에 맞는지를 실시간으로 확인한 후 구입할 것이다. 그리고 분산형 네트워크에 모여 있는 공급업자들은 자사의 부품이 선택되면, 그 부품을 만들기 위한 설계도를 3D프린터로 송신해 제조하도록 할 것이다. 마지막으로 3D프린터로 제조된 부품이 고객 앞에 도착할 것이다.

이처럼 AR이나 VR, 그리고 AI와 3D프린터를 활용하는 기업들이 블록체인에 광범위한 공급망 네트워크를 구축할 수 있으면, 자동차 산업의 상류(설계·조달·생산)로부터 하류(판매·유통)까지 온라인으로 완결하는 진정한 '웹 3.0 기업'이 나타나게 될 것이다. 이제 웹 3.0 시대를 맞은 자동차 제조사의 대대적인 변신은 그리 먼 훗날의 이야기가 아니다.

5장 전기차는 커넥티드 카에서 커넥티드 배터리로

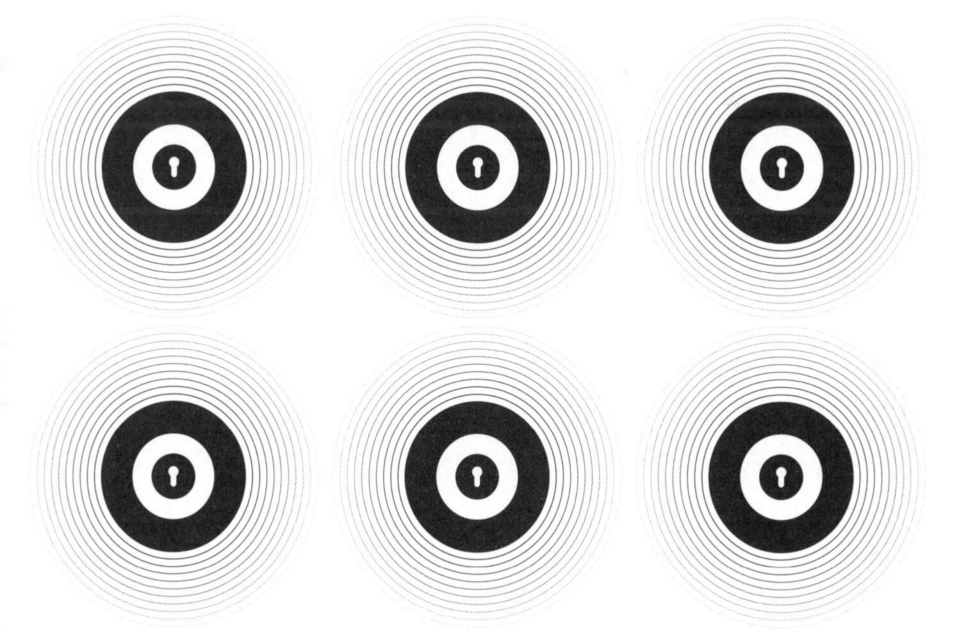

1

사회 기반시설로서 가치가 높아지는 전기차

⊙ '달리는 축전지'

모빌리티도 에너지도 사회 근간을 이루지만, 그 교점에는 전기차가 있다. 그리고 차의 전동화 속도가 빨라지면서, 모빌리티와 에너지의 협조 영역은 더욱더 확대되어간다.

전기차가 전기 공급 시스템을 탑재한 '달리는 축전지'로 인식된 계기는, 2011년 3월 발생한 동일본 대지진 때문이다. 동일본 대지진의 해일과 화재로 센다이와 지바의 제유소, 그리고 수많은 유조차나 출하 설비가 막대한 피해를 입었고, 많은 주유소가 무너졌다. 도로망과 연료 공급망에 대한 큰 타격으로 휘발유 부족 사태가 일어나 피해 지역뿐만 아니라 수도권 주유소에도 장사진을 이뤘던 기억이 새롭다.

그러나 재해지역의 전력 복구는 지진 발생 3일 후가 되자 75% 수준까지 올라갔다. 이때 닛산 자동차의 '리프'와 미츠비시 자동차의 '아이미브i-MiEV' 같은 전기차가 구조대나 의사의 이동수단이 되어 큰 활약을 했다. 당시 두 회사는 약 200대의 전기차를 일본 내에서 긁어모아 지원 차량으로서 재해 지역에 보냈다.

전력망이 끊어진 지역의 이재민의 요청이나, 의료기관 등에서 시행했던 경험을 근거로 닛산 자동차는 리프의 배터리로부터 일반 주택에 송전하는 시스템인 'V2HVehicle to Home'를 실시했다. 한편, 미츠비시 자동차는 아이미브의 급속 충전구로부터 전기를 꺼내 가전제품으로 송전하는 'MiEV Power Box'를 개발했다. 그리고 다음 해인 2012년 이것을 상품화했다.

그 후, 지진이나 태풍 등으로 대규모 정전이 발생할 때마다 전기차의 축전지가 비상용 전원이 되어 가정에 전력을 공급하는 실적을 쌓아올리기 시작했다. 닛산 자동차와 미츠비시 자동차는 재해에 강한 거리 만들기를 목표로 내걸고, 지방자치단체와 제휴를 맺는 데도 박차를 가하는 중이다. 현재 재해 발생 시 송전에 활용할 목적으로 공공사업의 BCP(사업지속계획)에 전기차가 포함되어 있으며, 이로 인해 사회 기반시설로서의 전기차의 가치는 높아졌다.

⊙ 혼다가 추구하는 '서비스로서의 에너지'

지금 전기차는 새로운 가치를 낳으며 거듭나고 있다. 에너지 관련 데이터를 거래하는 매개체로서 스마트시티 안에서 새로운 존재 의미를 지니게 되었기 때문이다. 이 배경에는 스마트 그리드(차세대 지능형 전력망)나 마이크로그리드(소규모 전력망)의 세계적인 확대와 에너지 데이터의 가치를 네트워크화시키는 블록체인과 암호화폐의 등장이 있다.

이러한 글로벌 트렌드 속에서 혼다는 2019년 7월 새로운 기술과 서비스 콘셉트를 적용한 Honda eMaaS(혼다 이마스)를 발표했다. 그리고 같은 해 9월 프랑크푸르트 모터쇼에서 자사의 첫 전기차인 'Honda e'의 양산 모델을 공개했다.

혼다 이마스는 MaaS(서비스형 모빌리티, 즉 통합 교통 서비스)와 EaaS Energy as a Service(서비스형 에너지)를 합쳐서 만든 단어다. 이 서비스의 목적은 전동 모빌리티, 에너지, IoT 등을 통합한 서비스 제공으로 이동과 생활이 심리스(지역이나 기기 간 이동에도 서비스의 끊김이 발생하지 않는 현상 - 옮긴이)로 연결되는 세계를 만들려는 것이다.

전동 오토바이를 포함한 전기차의 가격이 비싼 이유는 탑재한 배터리가 비싸기 때문이다. EaaS는 이런 부담을 줄이기 위해 탑재한 배터리를 다른 차량이나 기기와 공유하거나 연결해 하나의 군(群)을 이루어 관리함으로써 새로운 가치를 낳는 것을 목표로 한다. 또, 재생가능 에너지를 활용하는 깨끗하고 친환경적인 서비스를 추구한다.

독일 오펜바흐에 있는 혼다 R&D에서 전동화와 에너지 솔루션을 연구하는 크리스찬 쾨벨Christian Köbel 박사는 "혼다는 전기차를 '커넥티드 카(연결되는 차)'로서만이 아니라 '커넥티드 배터리(연결되는 전지)'로도 봅니다"라고 말한다.[1)]

이런 생각을 바탕으로 혼다 이마스는 2020년 2월 전기차를 위한 에너지 관리 서비스 'e:PROGRESS'를 영국에서 개시하겠다고 발표했다. 'e:PROGRESS'는 전력 수요가 적은 시간대에 저비용으로 전기차를 충전하는 등 전력 수요의 평준화와 재생가능 에너지 확대를 목표로 하는 서비스다.

혼다는 이 서비스를 스마트 충전 플랫폼 기업인 영국의 모익사Moixa, 전력 및 에너지 대기업인 스웨덴의 바텐팔Vattenfall과 공동으로 제공함으로써 전력망 업계의 다른 회사들과 협업 범위를 키워가고 있다.

⊙ 전기차의 비용 대비 효과를 높이는 블록체인

MOBI는 2019년 5월 전기차와 전력망의 융합을 추구하는 'EV to Grid Integration'라는 이름의 분과회를 만들었다. 약칭 EVGI다. 혼다가 회장, GM이 부회장을 맡은 이 분과회는 2020년 8월 세계 최초로 블록체인을 활용한 EVGI의 표준규격을 작성해 발표했다. 혼다는 사내에서도 따로 팀을 만들어 블록체인의 비즈니스 활용을 적극 모색하고 있다.

〈도표 5-1〉은 혼다가 블록체인을 전기차에 활용한 사례다. 블록체인을 활용하면 스마트시티와 망을 이루어 에너지 데이터를 네트워크화할 수 있으므로, 전기차는 가치를 운반하는 노드로서 중요한 역할을 하게 된다. 즉, 블록체인은 전기차 자체의 가치를 높일 뿐 아니라, 전기차 구입자 및 소유자가 비용 대비 높은 효과를 볼 수 있게 해준다.

이러한 움직임을 토대로 볼 때 혼다는 블록체인을 이마스 콘셉트의 핵심 기술 중 하나로 파악하고 있는 것 같다.

블록체인을 활용하는 전기차는 이제 스마트시티와 스마트 그리드 구축에 빠뜨릴 수 없는 존재가 되고 있다.

도표 5-1 | EVGI에서 블록체인을 활용한 사례 | 출처: 혼다[2]

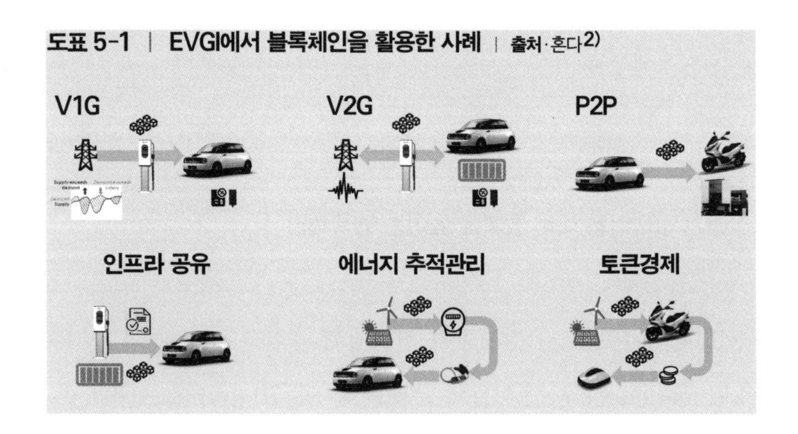

2

스마트시티와 스마트 그리드에 필수적인 전기차

⊙ 자동차 회사 최초로 모빌리티 서비스를 위한 전자지갑을 개발한 ZF

스마트시티 구축에 참여하는 전기차의 수익화 사례로 모빌리티 서비스를 위한 전자지갑 개발을 들 수 있다. 이런 전자지갑 사업은 이미 하나의 비즈니스로 자리 잡기 시작했다.

"진정한 자율주행을 실현하려면 자율결제 능력이 필요합니다."

자동차 부품 대기업인 ZF에서 2018년 분리된 블록체인 개발 기업 카 이월렛ZF Car eWallet GmbH의 창립자 겸 CEO인 토스텐 베버Thorsten Weber가 했던 말이다.[3]

미래에 완전 자율주행차와 비접촉 충전기가 보급되면, 충전소나 비접촉 충전기가 설치된 도로나 주차 공간에서 자동차는 자율적으로 충전하고 결제도 실행할 것이다. 그리고 충전 이외의 서비스에서도 자동차는 사람의 개입 없이 정해진 규칙 안에서 자율적으로 소비를 완결하게 될 것이다. 이처럼 운전뿐만 아니라 충전 등 모빌리티 서비스도 인간이 손대지 않고 자율적으로 소비할 수 있는 수준이 되어야 진정한 자율주행차라 할 수 있다.

M2M으로 스마트 계약과 소액결제를 실행하기 위해서는 블록체인과 전자지갑이 반드시 필요하다. ZF는 이런 현실을 깨닫고, 2017년 1월 스위스의 UBS, 독일의 에너지 선진기술 개발 기업 이노지 이노베이션 허브innogy Innovation Hub와 공동으로 모빌리티용 전자지갑 개발에 들어갔다.

2018년 ZF에서 분리된 회사인 카 이월렛은 심리스하고 단순하면서도 안전한 모빌리티 서비스를 위한 오픈 마켓플레이스를 제공하려고 노력 중이다. 그리고 2019년에는 에너지 대기업인 독일 바이와BayWa와 함께 다양한 솔루션을 개발했고, 그 첫 성과로서 '스마트 급유Smart Fueling'라는 서비스를 바이와 주유소에서 제공하기 시작했다. 앞으로 이 서비스를 약 1,500개에 이르는 전체 바이와 주유소로 확장해 제공할 예정이다.

이 서비스의 내용을 좀 더 자세히 살펴보면 다음과 같다. 사용자는 사전에 PC나 스마트폰에서 전자지갑으로 송금해 지갑이 일정한 상한 금액까지 자율적으로 납부할 수 있도록 정해둔다. 그리고 주유소에서 기름을 넣을 때 전자지갑이 자율적으로 신속하게 결제를 진행하기 때문에 기존 카드 결제처럼 시스템에 접속하느라 기다릴 필요가 없다.

카 이월렛은 다른 지역에서도 이런 서비스를 판매하고 있다. 예를 들어, 주차용 앱에 들어가는 전자지갑을 독일, 오스트리아, 스위스에서 출시하고 있다.

이외에 전기차 충전을 위한 전자지갑도 개발 중이며, 가까운 시일 내에 시장에 출시할 예정이다. 이는 전기차 충전대에서 충전할 때 등록이나 로그인 작업이 필요 없다. 플러그인해서 충전을 끝내는 동시에 결제가 완료되는 시스템이기 때문이다.

도표 5-2 | 카 이월렛이 개발한 전자지갑 | 출처·ZF Car eWallet GmbH.

⊙ 충전대와 협상하는 전기차와 스마트시티

자동차 부품 대기업인 로버트보쉬도 전기차용의 전자지갑 개발에 뛰어들었다. 2019년 이 회사는 전기차 충전 컨소시엄인 독일의 셰어 앤드 차지Share&Charge, 통신 대기업인 도이치 텔레콤의 연구개발 부문인 T랩Telekom Innovation Laboratories, 블록체인과 인공지능 및 딥 러닝 프로젝트인 영국의 페치에이아이FetchAI와 공동으로 '마이 이지 차지My Easy Charge'라는 프로젝트를 기술 검증하는 단계에 있다.

이 솔루션에서는 자동차와 충전대에 탑재된 AI 자율 에이전트(스스로 상황을 판단해 적절한 행동을 하는 소프트웨어)가 활약한다. 자동차의 자율 에이전트는 충전대의 자율 에이전트와 가격을 협상해서 운전자의 예산에 맞는 충전대를 찾아낸 후 최적의 주행 루트를 제안한다.

예를 들어, 운전자의 라이프 스타일이나 취미에 맞춰 아이들을 위한 공원이나 좋아하는 카페와 가까운 충전소들을 찾아내고, 이들 중에서도 가장 충전 대기 시간이 짧은 곳을 골라내기도 한다. 그 결과 운전자는 효율적이고 스트레스 없이 운전할 수 있게 된다.

충전소 운영업자 및 모빌리티 서비스 제공자는 이 애플리케이션을 도입함으로써 결제 등 여러 가지 프로세스를 간소화해 거래비용을 줄일 수 있다. 그뿐만 아니라 스마트 계약을 통한 충전 시 심리스 디지털 체험, 라이프 스타일에 맞는 효율적인 루트 검색 및 설정과 같은 독특한 사용자 경험을 운전자에게 제공할 수 있다. 타사와의 서비스

차별화를 꾀하는 데 이보다 더 좋은 애플리케이션도 없을 것이다.

또, 페치에이아이에서 비즈니스 개발 부문 수장을 맡고 있는 마리아 미나리코바Maria Minaricova는 "지역 내 수많은 전기차와 충전소의 자율 에이전트들이 서로 소통합니다. 이는 충전소에서의 대기 시간 절감과 정체 완화로 이어져 지역 네트워크의 최적화를 효율적으로 실현할 수도 있습니다"라고 밝혔다.[4)]

전기차와 충전소가 블록체인과 AI를 조합해 M2M으로 데이터를 거래하는 네트워크가 구축되면 지역 안 모빌리티의 흐름이 원활해질 수 있다. 그리고 그 결과 스마트시티의 일익을 담당하게 될 것이다.

⊙ 에너지 프로슈머로서 스마트 그리드의 가치를 높이는 전기차

블록체인을 활용한 전기차의 활용 사례는 스마트 그리드(차세대 지능형 전력망)의 V2GVehicle to Grid 영역에서도 모색되고 있다.

V2G란 전기차에 축전된 전력을 전력 계통에 방전함으로써 전기차를 전력 수급 조정에 이용하는 것이다. 한편, 세계적으로 탈탄소 사회 실현을 향한 움직임이 강해지는 가운데, 풍력발전이나 태양광 발전 등의 재생가능 에너지 도입이 급속히 확대되는 것도 전기차에 새로운 가치를 더하고 있다. 에너지에 대한 새로운 조정력으로서

V2G의 도입이 촉구되고 있기 때문이다.

스마트 그리드 중에서도 특히 가상발전소Virtual Power Plant : VPP에서 블록체인 활용과 전기차의 융합이 진행될 것으로 보인다. 가상발전소란 소규모 재생가능 에너지의 발전, 축전지, 전기차, 주택 설비 등을 모아서 관리하는 시스템이다. 일정한 지역의 발전 및 축전 수요를 마치 하나의 발전소가 통제하듯이 운영하는, 말하자면 에너지의 지생지소(地生地消)를 실현하는 구조다.

가상발전소를 모색하는 움직임의 배경에는 유럽 전력 업계의 변화가 있다. 중앙집권형 시스템에서 분산형 시스템으로 전환하려는 바람이 불고 있는 것이다. 그리고 스마트 그리드의 발전 속에서 분산형 에너지원Distributed Energy Resources : DER을 구축하는 솔루션으로서 마이크로그리드microgrid라는 개념이 생겨났다. 마이크로그리드는 소규모 에너지 네트워크를 가리키는 말로, 이것을 구체화하고 발전시킨 것이 가상발전소다.

SDGs의 관점에서도 지속가능성이 높은 지역의 전력 네트워크를 구성하기 위해 가상발전소의 필요성은 높아지고 있다. 예를 들어, 태풍 등의 재해가 발생해 송전탑이 쓰러져도 가상발전소의 스마트 그리드가 이상을 감지해 자동으로 전송 경로를 조정함으로써 대규모 정전을 막을 수 있다. 또, 소규모 지역 내의 전력 공급이 가능해지면 송전 시의 전력 손실이 작아져 전력을 효율적으로 이용할 수 있다. 고액의 자금을 필요로 하는 대규모 전력 네트워크가 미정비 상태이고, 재해에 약한 개발도상국일수록 가상발전소에 대한 니즈가 높아질 것으로 예상된다.

지금까지와 같이 독점적인 대형 전력회사가 대규모 발전소에서 장거리로 송전하는 톱다운형 전력 공급이 아니라 지역 단위로 스마트 그리드가 자율적으로 전력을 공급하는 설계는 앞으로 많은 지역에서 요구될 것이다.

그리고 이런 가상발전소를 구축하는 데 블록체인의 활용은 필수적이다. 블록체인을 활용하면 가상발전소의 모든 노드가 P2P로 서로 연결되어, 모든 데이터 갱신을 서로 공유하면서 전력을 생산하고 분배하는 모델이 가능하기 때문이다. 실제로 국내외에서 블록체인을 활용한 수많은 가상발전소 프로젝트가 이루어지고 있다.

앞으로는 블록체인 기반의 가상발전소 노드에 전기차를 추가할 수도 있다. 그러면 전기차는 이 시스템 안에서 충전을 통해 전력을 소비할 뿐 아니라 남는 전기를 P2P로 다른 노드에 자율적으로 팔 수도 있다. 따라서 이 시스템 안의 전기차는 에너지 프로슈머(생산소비자)로서 새로운 가치를 지니게 된다. 그리고 전기차가 갖게 되는 데이터를 통해 사람, 물건 그리고 에너지의 움직임을 파악할 수 있게 되면, 개인, 전기차 그리고 전력망 설비(노드)의 디지털 ID를 블록체인에서 관리할 수 있다. 이것은 스마트 그리드의 디지털 트윈을 생성해 관리할 수 있다는 의미이기도 하다. 이처럼 전기차를 통해 얻을 수 있는 에너지 데이터는 스마트 그리드와 그것을 포괄하는 스마트시티의 자산이 될 수 있다.

즉, 스마트시티의 스마트 그리드 시스템 안에서 달리는 전기차는 앞으로 모든 가치를 전달하게 될 인터넷에서 중요한 매개체가 될 수 있다.

3

차량용 이차전지의 수명 주기 관리 강화

⊙ 차량용 이차전지의 재활용과 재사용은 절호의 비즈니스 기회

"전지의, 특히 차량 탑재용 리튬이온전지의 원재료에 대해선 재활용이 대전제 조건이 될 것이라고 생각합니다."

2019년 노벨 화학상의 수상자이자 아사히카세이(旭化成 : 일본의 화학 주식회사 - 옮긴이)의 명예 연구원인 요시노 아키라가 리튬이온전지를 개발한 공로로 노벨상을 수상한 직후 기자회견에서 한 말이다. 이어서 요시노는 한마디 더 흥미로운 말을 했다.

"환경문제를 우선시하면 경제성 혹은 편리성이 손상됩니다. (중략) 이제 지구 환경문제, 경제성, 편리성, 이 세 가지를 잘 조화시켜 충족하는 기술이 개발될 것입니다. (중략) 환경문제는 절호의 비즈니스 기회입니다."[5]

요시노의 발언을 한 달여 앞둔 2019년 11월 6일 학술지 〈네이처Nature〉가 한 편의 리뷰 논문을 공개했다. 그것은 이런 경고를 담고 있다. '세계적인 전동화 진전을 배경으로 향후 대량으로 발생할 폐차에 탑재된 리튬이온전지는 심각한 환경오염을 일으킬 수 있다.' 논문은 경고에 이어 이런 말을 덧붙였다. '자동차 제조사와 이차전지 제조사가 전략적으로 재사용과 재활용 기술을 높이는 것이 비즈니스 기회로 연결될 것이다. 이와 관련된 새로운 연구의 필요성이 높아지고 있다.'[6]

또, 미국 매사추세츠 공과대학교MIT도 2020년 5월 22일 학술 논문을 발표했다. 차량용 이차전지의 재사용은 이 전지를 재사용해 제공하는 전기차 제조사와 전지를 정치형 축전지로서 2차 이용하는 스마트 그리드의 태양광 발전 사업자 모두에게 수익을 안길 것으로 보인다. 이것은 미국 캘리포니아주에서 기술 검증으로 확인된 사실이다.[7]

⊙ 집단 퇴역기에 돌입하는 전기차용 이차전지

전기차용 이차전지의 주류인 리튬이온전지의 재활용에 대한 관심이 높아지는 이유는 앞으로 폐전지가 전 세계적으로 대량 발생할 위험이 높아지고 있기 때문이다. 한편, 이런 폐전지 발생을 억제하는 재사용이나 재활용 사업을 비즈니스 기회로 파악하려는 움직임도 활발해지고 있다.

전기차용 이차전지는 이용 기간에 비례해서 성능이 떨어진다. 충전해도 가득 차지 않고 전체 용량의 약 70%를 밑도는 정도에 이르면, 이용자 대부분은 성능 저하를 강하게 인식하게 되고, 전지를 교환하거나 폐기하려 한다. 일반적으로 전기차용 전지 용량이 70%를 밑돌 때까지 걸리는 시간은 6~10년이다.

지금부터 이 기간을 거슬러 올라가면, 정확히 전기차 보급이 일시에 확산된 시기와 겹친다. 세계 최대의 전기차 시장인 중국에서는 지금부터 9년 전인 2012년 6월 28일 중국 국무원이 '에너지 절약·신에너지 자동차 산업 발전 계획'이라는 중기 계획을 발표해, 신능원차[중국에서는 순수 전기차EV와 플러그인하이브리드PHEV를 친환경차로 인식해 '신능원차(新能源車)'로 부르며, 여러 가지 혜택을 줌-옮긴이]라 불리는 전기차에 대한 지원 정책을 처음으로 실시했다. 이후 2015년에는 국무원이 나서서 '중국 제조 2025'와 '전기자동차 충전 인프라 발전에 관한 지침'을 내놓았다. 그 결과 중국의 전기차 판매대수는 2012년 약 1만 대에서 2019년 97만 대로 급증했다.

중국의 급속한 전동화가 자극점이 되어 비슷한 시기에 전 세계적으로 전동화 움직임이 일어나기 시작했다. 그 결과 세계 전기차 판매대수는 가파르게 증가했다. 그런데 전기차 붐 초기인 이 시기에 팔린 전기차의 이차전지는, 앞으로 몇 년 안에 '은퇴'를 맞이하게 된다. 이미 발밑에서 대량의 폐전지가 생겨나고 있고, 앞으로 그 수는 더욱 급격히 증가할 것이다.

⊙ 전기차용 이차전지 재사용 및 재활용과 관련된 문제

지금까지 자동차 제조사나 이차전지 제조사는 전지의 재사용 및 재활용을 촉진하기 위해 전지의 규격 통일이나 회수 시스템 구축을 진행시켜왔다. 판매자나 해체업체를 통해서 회수된 폐전지는 업체 시설을 거쳐 재활용 시설로 운반된 후 검사를 받는다. 그 결과 아직 이용 가능한 전지는, 주택이나 발전소의 정치형 축전지로 재활용된다. 이른바 ESS Energy Storage Service(에너지 저장 서비스) 시스템 안에서 '제2의 인생'을 보내게 되는 것이다.

한편, 테스트 결과 재이용이 불가능하다고 판단될 경우 전지는 해체되고, 부품에서 꺼낸 희귀 금속 등은 재활용된다.

그러나 현실적으로는 재사용 및 재활용 처리 능력이 갖추어진 시설에서도 실제로 회수 처리되는 이차전지의 용량은 적은 편이다. 특히 이 문제는 중국에서 심각하다. 이처럼 사용이 끝난 이차전지의 재사용 및 재활용이 진행되지 않는 가장 큰 원인은 낮은 수익성에 있다.

이런 저수익의 배경에는 두 가지 문제가 있다. 첫째, 기술적인 문제다. 현재 회수된 많은 이차전지는 전기차 붐 초기에 생산된 것으로 규격이 제각각이다. 각 업체가 저마다의 기준으로 제조한 전지를 해체해 재활용하려면 특수 기자재나 높은 전문 지식을 지닌 인력이 필요하기 때문에 비용이 많이 든다.

둘째, 재활용품으로 팔기 위한 처리비용에 비해 재활용 전지의 판매 가격이 낮은 점이다. 이 문제를 해결하려면, 기술 혁신으로 처리비용을 낮추는 것도 중요하지만 그 이상으로 재판매 가격 개선도 중요 과제다.

⊙ 이차전지 공유경제 및 순환경제 구축

사용이 끝난 이차전지의 재판매 가격이 낮은 이유는 중고 전지의 가치 평가 '척도'가 없고, 수명 등 전지의 품질과 관련된 정보의 신뢰성이 부족하기 때문이다. 전기차용 이차전지가 '제2의 인생'을 보낼 수 있는 재활용품으로서 세상에 나오려면 신뢰할 수 있는 전지의 성능 평가법 개발과 이를 둘러싼 환경 정비가 필요하다.

전지의 잔존가치 측정에 대한 신뢰감이 높아지면, 회수업자는 수익성 개선이 기대되므로, 사용이 끝난 전지를 재사용한 상품을 ESS 시장에 더 많이 내보낼 수 있다.

그 결과 전지의 사용 기간은 지금까지보다 훨씬 더 길어질 것이다. 또, 재사용 후 수명이 다한 전지 역시 적절히 재활용할 재료가 될 것이다. 그리고 이런 재활용 재료는 새로운 전지의 재료로 재자원화되어 자원의 효율적 활용을 촉진하게 될 것이다. 또, 폐기된 전지에서 유출되는 폐액이 줄어 환경오염 문제도 개선될 것이다. 이차전지의 재사용 및 재활용 증가에 따른 전지의 공유경제 및 순환경제 구축이 진행되면 폐기 배터리의 발생량을 억제할 수 있다.

⊙ 이차전지 수명 주기 관리를 강화하는 잔존가치 측정 시스템

블록체인을 활용해 전지의 수명 주기 관리LifeCycle Management : LCM를 강화할 수 있다.

전지의 품질(가치)을 좌우하는 충·방전 시의 이용 정보와 물리 특성의 변화, 회수업자나 재판매 사업자에게 판매될 당시의 거래 정보 등을 블록체인으로 관리하면 중고 전지의 보다 정확한 가치평가가 가능해진다. 이로 인해 사용자의 품질에 대한 신뢰도가 높아지면 사용이 끝난 전지를 품질에 맞는 재판매 가격으로 팔 수 있게 된다. 다시 말해 사용 후 전지의 재판매 가격을 본래의 가치까지 끌어올릴 수 있게 된다.

도표 5-3 | 전지 잔존가치 예측 시스템(BRVPS)의 비즈니스 콘셉트 그림
출처·카우라 제공 자료를 필자가 일본어 번역.

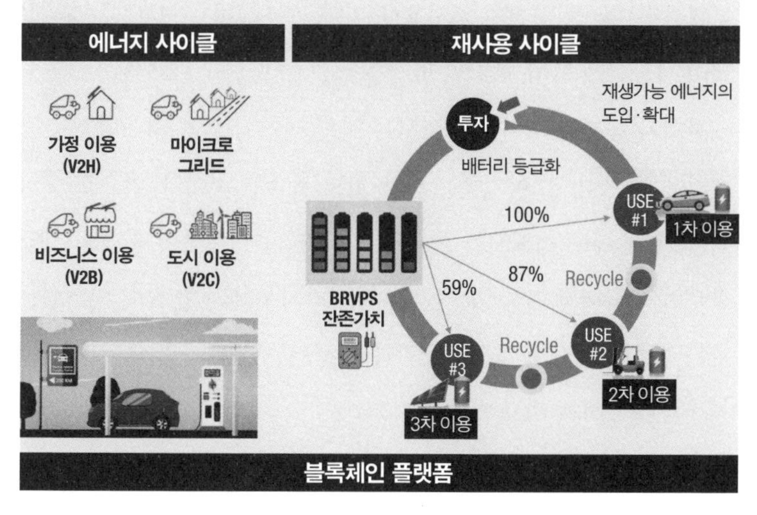

일본의 블록체인 개발 기업인 카우라Kaula Inc.는 전기차용 이차전지의 추적관리를 실현하는 '배터리 잔존가치 예측 시스템Battery Residual Value Prediction System : BRVPS'을 개발하고 있다. BRVPS에서는 리튬이온전지에 설치된 '배터리 매니지먼트 시스템BMS'이라는 기기에 모인 정보를 관계자들이 블록체인에 기록한다. 이때 관계자들이란, 전기차 제조사, 전기차 소유자, 회수업자나 재판매업자 등의 중간 유통업자 및 2차·3차 이용업자가 된다.

블록체인 시스템은 BMS에 기록된 정보를 바탕으로 전지의 잔존가치를 예측하고 등급화한다. 그러면 1차, 2차, 3차 이용자에게 전지의 잔존가치가 투명성이 높은 정보를 바탕으로 가시화되기 때문에 전지의 순환 거래가 촉진될 것이다.

결과적으로 이차전지 재사용을 위한 캐스케이드(연결 및 연쇄) 형성이 가능하게 되어, 폐전지 발생을 줄일 수 있다(〈도표 5-3〉).

전기차 제조사나 전지 제조사는 이런 시스템을 곧 비즈니스로 구현하게 될 것이고, 여기에는 예측 AI도 포함될 것이다. 앞으로는 전력 수요의 예측 정밀도가 높아짐에 따라 이 시스템이 전력망 사업으로까지 확대할 가능성이 높다. 더불어 카우라는 향후 이 시스템을 토큰경제로 전개해 탄소배출권과 재생가능 에너지의 데이터 거래 시장을 창조하려 하고 있다.

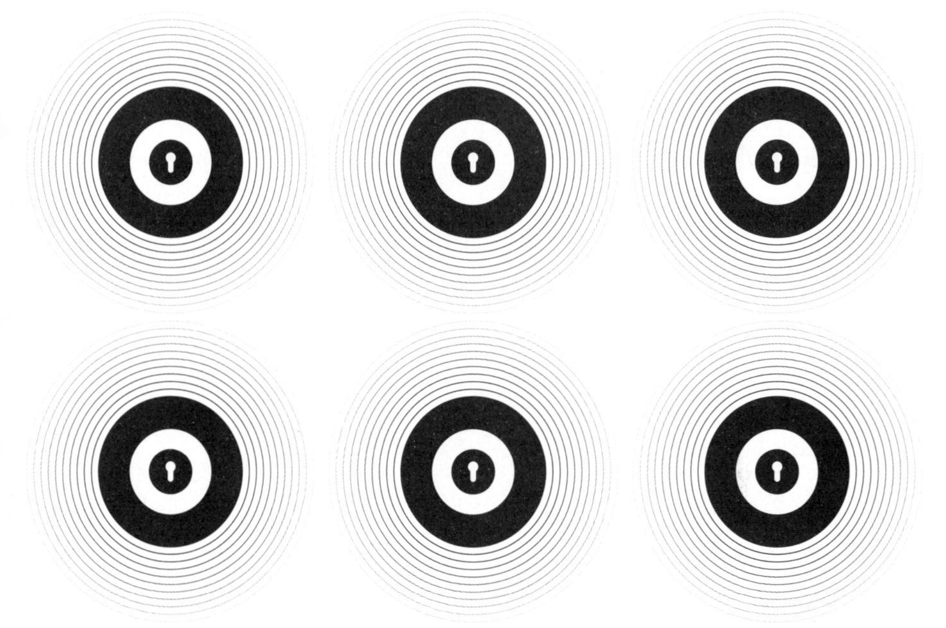

6장 레몬을 피치로, 가속화되는 자동차 유통의 진화

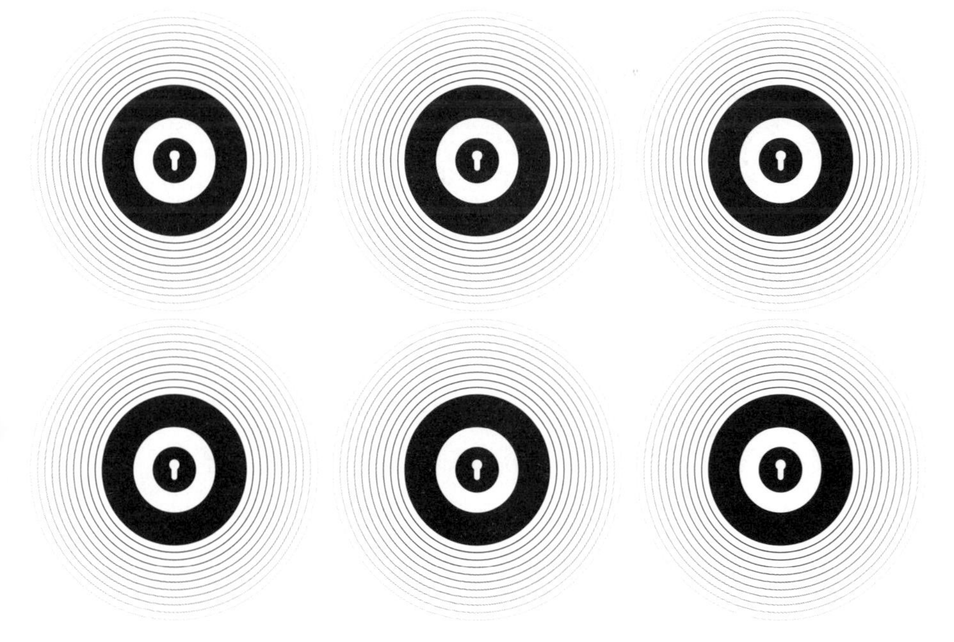

1

정보의 비대칭성 해소, 보험이 바뀐다

⊙ 레몬 시장과 정보의 비대칭성

'레몬 시장The Market for Lemons'은 UC버클리와 LSE에서 교편을 잡고 2001년 노벨 경제학상을 수상한 조지 애커로프 교수Prof. George A. Akerlof가 1970년에 발표한 논문의 주제다.

미국에서는 품질이 낮은 중고차를 레몬이라고 부른다. 레몬은 껍질이 두꺼워 겉에서 내용물을 구분할 수 없기 때문이다. 반대로 겉보기로 내용물이 좋은지 나쁜지를 비교적 쉽게 알 수 있는 것은 '피치(복숭아)'라고 한다. 레몬 시장에서 판매자는 거래하는 중고차의 가치를 충분히 알고 있지만, 구매자는 판매자와 동등한 정보를 가지고 있지 않다. 판매자와 구매자 간에 정보의 양과 질에 격차가 생기는 이런 상황을 '정보의 비대칭성Information Asymmetry'이라 부른다.

정보의 비대칭성이 있는 시장에서는 판매자가 구매자의 무지를 이용해 악질 중고차를 양질 중고차라고 사칭해 판매할 위험이 크다. 이런 위험을 의식한 구매자는 양질의 중고차, 즉 고가의 중고차를 구입하고 싶어 하지 않게 된다. 그리고 이를 예상한 판매자 역시 구매자 예산 이상의 비싼 중고차를 내놓지 않으려 한다.

결과적으로 시장에는 레몬 같은 중고차만 나돌게 되어버리고, 판매자가 양질의 중고차를 내놓지 않아 전체적으로 출품 대수가 줄어든다. 이런 상황에선 중고차의 시장 가격은 떨어지게 되고 시장 규모도 작아질 수밖에 없다.

이런 의미에서 정보의 비대칭성은 주로 두 가지 사회후생의 악화를 불러일으킨다. 첫째, 역선택Adverse Selection이 일어난다. 이것은 시장에서 양질의 재화나 서비스가 배제되는 경우를 말한다(거래에서 정보가 부족한 쪽이 불리한 선택을 하는 상황을 말함-옮긴이). 둘째, 정보의 비대칭성을 이용해 자기 자신의 이익을 최대화하려는 기회주의적 행동으로 인한 도덕적 해이가 발생한다.

그런데 이런 정보의 비대칭성을 해소하는 솔루션 중 하나로 블록체인의 활용이 주목받고 있다. 조작할 수 없는 거래 데이터를 블록체인에서 관리하고 공유하면, 신뢰 구조가 구축되고 재화나 서비스 품질의 불확실성이 사라지기 때문이다.

정보의 비대칭성이 큰 과제로 작용하는 시장은 주로 보험 시장, 중고차 시장, 노동 시장을 들 수 있다. 이 책에서는 자동차보험과 중고차 시장에 대해 설명해보고자 한다.

⊙ 자동차보험 시장의 역선택과 도덕적 해이

자동차보험에서의 역선택과 도덕적 해이에 대해 살펴보자.

안전운전을 할 수 있는 높은 기능을 갖춘 운전자와 기능이 미숙해 사고를 일으키기 쉬운 운전자를 구별하기는 어렵다. 보험회사가 일률적인 요율로 보험료를 부과한다면, 안전운전을 하는 운전자에게는 비교적 비싼 자동차보험이 되고, 사고를 반복하는 위험한 운전자에게는 저렴한 자동차보험이 되어버린다. 자연스럽게 우량 운전자는 보험 가입을 꺼리고, 운전에 문제가 있는 위험한 운전자만 보험에 가입할 위험이 생긴다. 레몬(위험한 운전자)이 피치(우량 운전자)를 시장에서 내치는 역선택이 일어나는 것이다.

보험회사는 가입자의 운전 능력이나 습관과 일정한 관계가 있는 지표로서 운전자의 연령, 사고 이력, 이용 빈도, 골드 면허(일본에서 5년간 무사고, 무벌점인 운전자가 받는 것으로, 자동차보험료 할인 등의 혜택이 있음-옮긴이) 유무와 같은 정보를 토대로 보험료율을 설정한다. 그러나 이런 정보들만으로는 가입자의 원래 리스크를 정확하게 파악하기 어렵다.

도덕적 해이 리스크란 보험 계약 후 가입자가 규율을 지키는 데

느슨해지는 현상을 말한다. 이는 자동차보험에 가입했으니 다소 거칠게 운전해 차가 고장 나더라도 보험사가 수리비를 대줄 것이다. 그러니 자신의 지갑에서는 돈이 나가지 않을 것이라는 안일한 마음을 먹는 경향을 의미한다. 이에 따라 가입자는 안전운전을 소홀히 하게 되고, 극단적인 경우엔 보험금을 노리고 고의로 자동차를 훼손하는 행동도 하게 된다. 이런 행동 규범의 해이야말로 전형적인 도덕적 해이다.

이때 도덕적 해이가 발생하는 주된 원인은 보험회사가 보험 가입 후 운전자의 행동을 완전히 모니터링(감시)할 수 없는 데 있다. 가입자가 예전처럼 신중하게 운전했는데도 불의의 사고로 차를 망가뜨린 것인지, 혹은 도덕적 해이로 인해 사고가 난 것인지를 보험회사가 식별할 수 없는 것이다. 그러면 보험회사는 두 가지 경우를 모두 똑같이 취급하지 않을 수 없다. 보통 보험사가 계약 후 운전자의 행동을 감시하는 비용(즉, 거래비용)이 늘어나 운전자를 제대로 감시하지 못하게 되면, 도덕적 해이가 일어날 위험도 높아진다.

⊙ 텔레매틱스 자동차보험 보급의 가속화

자동차 IT 기술이 진화하면서, 텔레매틱스 자동차보험(이하, 텔레매틱스 보험)의 보급이 확산되고 있다(텔레매틱스란 자동차와 무선통신을 결합해 차량 안에서 인터넷 서비스를 누리는 것을 말함-옮긴이). 텔레매틱스 보험은 정보의 비대칭성이 불러일으키는 문제를 줄이는 솔루션이다. 텔레매틱스 보험에서는 차에 장착된 기기가 주행거리나 운전자가 밟는 액셀이나 브레이크 작동 방법과 빈도 같은 운전 특성을 측정한다. 그리고 관련 데이터를 수집·분석하고, 이에 따라 운전자 개인마다 다른 보험료를 설정한다.

텔레매틱스 보험은 보험과 IT를 조합한 인슈어 테크Insure Tech의 한 종류다(인슈어 테크는 보험Insurance과 기술Tech을 결합한 신조어로 인공지능AI과 같은 IT를 보험에 접목한 것을 말함-옮긴이). 손해보험 분야에서 공장 설비, 차량 운전, 항공기 등의 운행을 모니터링하고, 그 정보를 바탕으로 보험료를 결정하는 이른바 '사용자 기반 운전습관연계보험Usage-Based Insurance : UBI'의 일종이기도 하다. 이 책에선 표현하기 쉽도록 지금부터 텔레매틱스 보험을 UBI로 바꾸어 설명하고자 한다.

기존의 자동차보험에서 보험료는 계약 전에 산출된다. 하지만 UBI의 경우는 좀 다르다. 보험회사는 통신 시스템을 통해 운전 정보를 수집하고 이를 분석해 얻은 정보를 기반으로 개별적인 보험 요금을 계산한 후 운전자에게 보험료를 청구한다. 운전 정보에 좋은 평가점수가 기록되면 보험료는 내려가고, 반대로 점수가 나쁘면 보험료는 올라간다. 안전운전을 하는 것으로 평가되면 보험료 감액이라는 형태로 보상받는 인센티브 설계 보험이다.

UBI는 크게 두 가지 종류로 나뉜다. 운전자의 주행거리에 비례해

보험료가 설정되는 주행거리 연동형Pay As You Drive : PAYD과 운전자의 운전 특성을 미세하게 측정해 보다 안전한 운전을 한다고 판정되었을 때 요금을 낮추는 운전행동 연동형Pay How You Drive : PHYD 보험이 있다.

UBI는 1998년 미국 보험회사 프로그레시브Progressive가 오토그래프Autograph라는 주행거리 연동형 보험을 세계 최초로 개발한 것이 시초다. 2004년 프로그레시브는 트립 센스Trip Sense라는 이름의 보험 상품을 출시했는데, 당시에도 여전히 주류는 주행거리 연동형 보험이었다. 그러다 2011년에 이르러 프로그레시브는 스냅 샷Snap Shot이라는 주행거리 연동형 보험을 발매했다. 그리고 이를 계기로 UBI는 주행거리 연동형 보험으로부터 운전행동 연동형 보험으로 이동하기 시작했다. 그 결과 자동차보험에서 UBI의 판매 비율은 계속 상승하고 있다.

2008년 리먼 사태 이후 미국인들이 자동차보험료 지불에 신중해진 것이 UBI 수요가 높아진 주요 원인 중 하나다. 하지만 커넥티드카의 보급과 더불어 이러한 트렌드는 글로벌하게 진행되고 있다. 미국과 유럽은 물론이고 일본에서도 현재 자동차보험의 약 2~3%가 UBI다.

⊙ 블록체인을 활용한 UBI

운전행동 연동형 UBI에 블록체인을 활용하려는 움직임이 나타나기 시작했다. UBI에서 보험금 청구의 투명성, 효율성 그리고 신뢰성을 높이는 데 블록체인 활용이 효과적이기 때문이다.

UBI가 안고 있는 과제는 주로 두 가지다. 하나는 보험료를 산출하는 보험사의 프로세스가 불투명한 데서 오는 역선택 리스크다. 두 번째는 피보험자가 보험회사에 제공하는 데이터를 조작하는 도덕적 해이 리스크다. 블록체인 활용은 이 두 가지 과제에 대한 솔루션이 될 수 있다.

독일 IOTA 재단과 함께 타이베이시 스마트시티 프로젝트에 참여하는, 대만의 블록체인 개발 기업 비랩스BiiLabs는 2019년 4월 블록체인을 이용한 UBI를 개발하겠다고 발표했다. 마찬가지로 대만 기업이자 텔레매틱스 개발업체인 트랜스 IOTTrans IOT와 공동으로 개발한다는 계획이었다.[1]

이들이 개발한 UBI 애플리케이션에서는 트랜스 IOT가 제공하는 차재식 고장 진단 장치인 OBD-II로부터 얻은 운동 특성 데이터를 해시값과 함께 탱글Tangle이라는 분산형 원장에 보존한다. 탱글은 엄밀히 말해 블록체인은 아니며, 블록 개념이 없는 '차세대형 블록체인'으로 불리는 분산원장기술이다.

이런 P2P·M2M의 분산형 데이터베이스에서는 데이터가 조작 불가능한 형태로 안전하게 보존되므로, 신뢰성이 높아진다. 또, 보험료 산출 과정의 투명성 문제도 해결된다. 덧붙여, 보험금 청구 시에는 보험회사가 인정한 지정 수리업체에서 수리했을 경우에만 자동화된 지급 시스템이 보험금을 지급한다. 이처럼 스마트 계약 안에서 이루어지는 지불 프로세스의 투명성은 보험회사뿐만 아니라 보험 가입자에게도 유익하다. 앞으로 이 애플리케이션은 두 가지 서비스 형태로 제공될 예정이라고 한다. 하나는 자동차 제조사가 신차 생산 시 차에 설치하는 편성형 시스템이고, 둘째는 차량의 OBD-II 보드에 소형 디바이스를 삽입하는 시스템이다. 즉, 신차뿐만이 아니라 OBD-II를 탑재한 중고차에도 도입 가능한 애플리케이션이다.

⊙ 중고차 평가의 정확도 향상과 토큰경제 연계

UBI의 블록체인 활용은 단순히 자동차보험의 역선택과 도덕적 해이에 대한 해결책에만 머물지 않는다. 뒤에서 자세히 설명하겠지만, UBI로 얻은 조작 불가능한 주행 데이터나 사고·수리 이력은 중고차 평가의 정확도를 향상시킨다. 또, 안전운전에 대한 인센티브 설계가 된 UBI는 교통사고 감소라는 결과로 이어지기 때문에 지역 사회에는 큰 장점이 된다. 이런 점에서 볼 때 UBI는 안전운전에 대해 토큰을 부여하는 형태로 토큰경제와 궁합을 잘 맞출 수 있는 애플리케이션이다. 앞으로는 UBI와 디지털 지역화폐를 연계시키는 활용 사례가 모색될 가능성이 크다.

2

건전한 중고차 시장과 새로운 징세 제도 구축

⊙ 중고차의 디지털 트윈

자동차 유통에 블록체인을 활용하면 중고차 평가의 정확도가 높아지고, 대부분의 레몬이 피치로 바뀐다. 결과적으로 중고차 시장이 건전해지고, 활성화된다. 〈도표 6-1〉은 자동차 유통에 블록체인을 활용한 콘셉트를 나타낸 것이다.

자동차 회사는 신차에 전자지갑을 탑재하고 VID를 발행한다. 이제 VID를 블록체인에 기록하고 IoT를 활용하면, 차의 디지털 트윈이 생성된다. 디지털 트윈에는 신차 및 중고차 판매자나 중고차 EC사이트에서 쌓이는 거래 정보, 정비 공장이나 보험회사가 가지는 차의 사고·수리 이력 등 여러 가지 정보가 더해진다. 예를 들어, 차에 탑재된 센서로부터 얻을 수 있는 주행거리 데이터, 엔진 모터, 배터리 등의 가동 상황에 관한 데이터가 반영된다.

블록체인에는 중고차의 가치를 결정하는 이런 정보들이 조작되지 않는 형태로 기록되고, 거래 참가자들은 이와 관련된 거래 정보를 분산 공유하므로, 중고차 거래 시의 평가 정밀도가 향상된다. 이 말은 중고차 가격이 그 차의 본질적인 가치에 접근하게 된다는 뜻이다. 중고차의 디지털 트윈을 만들었더니 정보의 비대칭성이 해소되고 시장에 양질의 중고차 출품이 늘어나 시황이 개선되기에 이르는 것이다.

도표 6-1 | 자동차 유통에 블록체인을 활용한 콘셉트 그림 | 출처: 필자 작성.

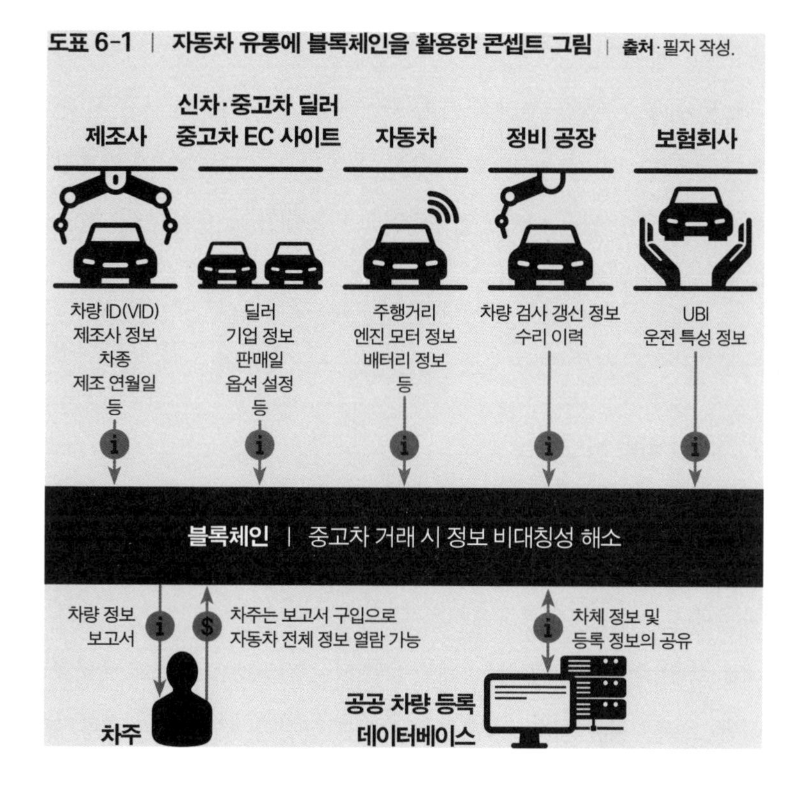

중고차 시황이 개선되면 중고차 가격을 벤치마킹하는 보상판매 가격도 상승하게 된다. 때문에 차주는 다음 신차로 갈아타기 쉬워진다. 따라서 업체나 딜러는 블록체인을 잘 활용해 중고차 가격을 개선하면 신차 수요를 환기시킬 수 있다.

또, VID 발행은 디지털 트윈 생성뿐만 아니라 차량식별번호Vehicle Identification Number : VIN 조작을 방지하는 데도 도움이 된다. VIN이란, 차량 제조사, 공장, 차체 정보 등을 기본으로 작성된 차량의 고유번호다. 차대번호라고도 한다. VIN은 자동차 프레임 등에 부착되는 메탈 플레이트에 새겨져 있다

일본에서는 VIN을 조작한 차가 극히 드물지만, 해외에서는 이 번호를 조작한 차(이륜차 포함)가 일정량 유통되고 있다. 하지만 앞으로는 조작 위험이 높은 VIN을 블록체인에 기록해 조작 불가능한 VID로 대체하는 시대가 올 것이다.

⊙ 디지털 차량 패스포트

BMW는 수많은 블록체인업체와 제휴하고 있다. 이들 제휴업체 중에는 중고차 유통 시 블록체인을 활용하고자 하는 기업도 포함된다. 예를 들어, 2019년 4월에는 중국 블록체인업체인 비체인과 베리파이카VerifyCar라는 앱을 개발하는 중이라고 밝혔다. 이 앱에는 차의 주

행거리, 배터리나 필터의 교환 이력 등이 조작할 수 없는 형태로 기록된다. 이 같은 차량 디지털 원장은 디지털 차량 패스포트로도 불린다.

독일에서는 중고차의 약 30%에서 주행거리계(오도미터)를 되감기하는 데이터 조작이 있었고, 이는 적정한 중고차 평가를 방해하는 요인이 되고 있다. 사실 이런 주행거리계 조작은 독일뿐만 아니라 전 세계에서 일어나고 있는 문제다. 하지만 블록체인 네트워크가 보급되면 이 같은 비리를 방지하고 중고차의 품질 및 시황을 개선하게 되리라 본다. 블록체인을 활용한 디지털 차량 패스포트 앱은 이미 차량에 설치해 테스트가 완료되었으며, BMW는 가까운 장래에 이 앱을 도입할 예정이다.

⊙ 싱가포르의 중고차 시장에서 시작된 기술 검증

싱가포르의 중고차 거래는 월간 약 9,000대 규모다. 그중 약 70%는 자국 최대 자동차 판매 사이트인 에스지카마트sgCarMart에서 행해지고 있다. 2019년 7월 에스지카마트는 분산형 데이터 교환 프로토콜을 제공하는 오션 프로토콜Ocean Protocol과 제휴를 맺는다고 발표했다. 그리고 이 발표 후 에스지카마트는 오션 프로토콜과 함께 블록체인을 활용한 중고차 KYVKnow-Your-Vehicle 데이터 거래 시장에 대한 공동

기술 검증을 시작했다.

덧붙여 본인 확인 절차는 일반적으로 KYCKnow-Your-Customer라고 한다. 블록체인에 KYC 결과를 기록함으로써 진정성을 확보하고, 다양한 거래 시 개인정보 입력 및 본인 확인 서류 업로드를 한 번에 끝내는 프로세스는 금융권을 중심으로 전 세계적인 기술 검증이 진행 중이다. KYV는 KYC에서 입력하는 개인정보를 차량 정보로 대체한 것일 뿐이다.

〈도표 6-2〉는 KYV 플랫폼의 콘셉트 그림이다. 이 컨소시엄에는 중고차의 소유주와 정비 공장이 가세하고, 보험회사, 차량 검사업체인 VICOM, 싱가포르 육상교통청LTA과 같은 규제 당국도 참가한다. 차량 소유주는 우선 차량 정보를 시스템에 입력하고 정비 공장이나

도표 6-2 | 에스지카마트와 오션 프로토콜이 제휴한 KYV 콘셉트 그림
출처 · Ocean Protocol.

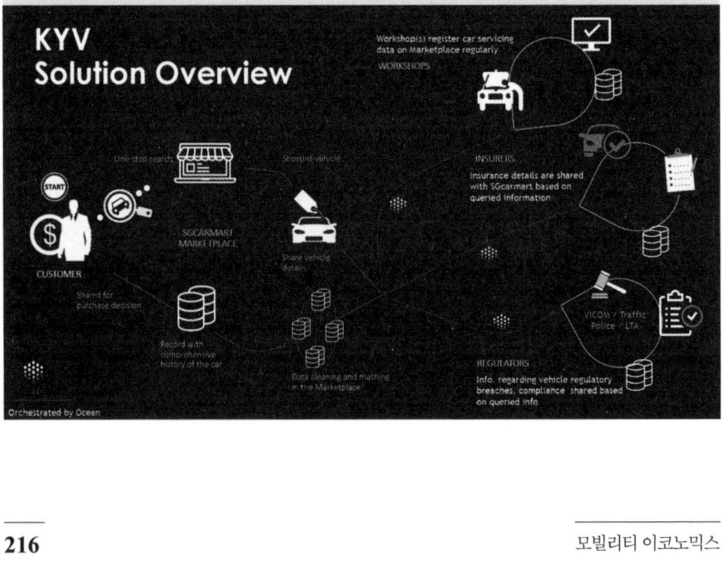

보험회사는 수리·사고 이력과 보험 정보를 기록한다. 또, 데이터 제공자에게는 토큰이 지불되는 인센티브도 설계되어 있다.

이런 데이터 거래 시장 구축은 중고차 거래의 정보 비대칭성을 개선한다. 때문에 결과적으로 거래는 활발해지고 시장에는 보다 많은 양질의 중고차가 출품되어 중고 자동차 시황이 개선될 것이다. 이와 관련해 에스지카마트는 "앞으로는 싱가포르의 산업계나 정부가 데이터 거래 시장을 활용함으로써 시장을 활성화시킬 뿐 아니라 보다 친환경적이고 효율적인 미래의 모빌리티 사회를 개척할 수 있을 것이다"라고 밝혔다.[2)]

⊙ 중고차의 세계화에 블록체인 필요

싱가포르처럼 중고차 유통에 블록체인을 활용하는 사례는 세계적으로 확대되어갈 것이다. 연간 거래 대수로 1,500만 대 규모의 거대한 중고차 시장을 보유한 중국에서도 블록체인 스타트업인 플랫온PlatON이 2019년 8월 독일 다임러 북경지사 BMBSBeijing Mercedes-Benz Sales Service Company용으로 중고차의 잔존가치를 관리하는 플랫폼을 개발하고 있다.[3)]

이처럼 국제 중고차 시장에서 블록체인이 활용되는 현상은 한국과 일본 자동차 산업에도 긍정적인 영향을 끼칠 것이다. 예를 들어보자. 품질 면에서 세계적으로 높은 평가를 받는 일본 중고차(오른쪽 핸들)는 2019년 130만 대가 해외로 수출되었다(〈도표 6-3〉). 재무성 무역 통계에 포함되지 않은 신고 가격 20만 엔(약 200만 원 - 옮긴이) 미만의 차량도 합하면 실제로는 약 150만 대가 수출되었다. 같은 해 일본 국내 중고차 등록대수는 384만 대다. 때문에 일본에서 거래되는 중고차의 약 30%가량이 해외에서 거래되고 있는 셈이다.

이런 점에서 중고차의 국제 시황 변동은 국내의 중고차 시황에도 큰 영향을 준다. 그리고 그 중고차 시황의 바로미터인 옥션 거래 가격은 보상판매 가격 설정 기준에 영향을 끼쳐 신차 교체 수요를 좌우하게 된다.

이상 제시된 데이터로부터 알 수 있듯이 구 영국령이었던 이유로 지금도 오른쪽 핸들 차가 지배적인 싱가포르 등의 중고차 시장에서 블록체인 활용이 진행되면, 세계적으로 유통되는 일본 중고차 시황이 개선될 것이다. 이것은 일본의 자동차 산업에 바람직한 일이다. 이 예시를 바탕으로 한국의 중고차 시장을 분석해볼 수도 있다. 따라서 중고차 시장에서 이루어지는 블록체인기술의 채용 동향에는 앞으로 계속 주목해야 할 필요가 있다.

신차 시장과 마찬가지로 중고차 시장에서도 전동화 흐름은 가속화되고 있다. 따라서 중고차의 수출처에서는 중고 차량뿐만 아니라 배터리의 재사용 및 재활용 수요도 점점 커질 것이다. 블록체인을 활용해 중고 전기차의 수명 주기 관리 시스템을 구축해나가면, 중고

도표 6-3 | 발송 지역별 일본의 중고차 수출 대수

출처·재무성 무역 통계를 토대로 필자 작성. **주**·전 세계로 연간 약 20만 대 수출되는, 1대당 신고 가격 20만 엔 미만 차량은 포함되지 않음.

단위·천 대

연도	전 세계	아프리카 지역	아랍에미리트	러시아	뉴질랜드	칠레	미얀마	몽골	스리랑카	자메이카	기타
2009	**676**	158	90	53	57	51	7	6	2	4	247
2010	**838**	190	87	105	69	79	8	20	27	4	249
2011	**858**	191	81	111	68	69	20	36	38	6	237
2012	**1,005**	214	88	142	61	62	121	30	11	11	263
2013	**1,163**	162	99	168	91	78	135	35	18	11	268
2014	**1,283**	183	113	128	110	73	160	35	34	10	335
2015	**1,254**	184	136	49	118	65	141	32	59	17	353
2016	**1,188**	227	151	48	122	74	124	32	24	23	361
2017	**1,298**	285	144	69	135	91	100	42	38	33	360
2018	**1,327**	340	127	95	116	93	68	61	71	30	327
2019	**1,296**	319	172	123	112	81	63	60	33	33	301

차 유통 비즈니스는 더욱 글로벌화될 것이다. 그뿐만 아니라, 새로운 이차전지 순환경제 비즈니스의 개척자가 될 수도 있을 것이다.

또, 주요 수출지인 아프리카와 중동에서는 최근 암호화폐 결제가 증가하고 있다. 한국과 일본의 중고차 수출업체는 대부분 중소 영세 기업이다. 따라서 수수료가 적은, 암호화폐를 사용한 해외 송금은 이들에게 비즈니스를 하기 쉬운 환경을 만들어줘 비즈니스 확대를 촉진할 것이다.

최근에는 고단가, 고연식 중고차 시장으로서 금액 기준 수출 규모가 큰 스리랑카의 동향도 주목해야 한다. 스리랑카의 중앙은행은 블록체인을 기반으로 한 새로운 KYC(본인 확인 절차) 시스템을 은행권에 도입하려고 모색 중이며, 블록체인을 사회에 적용하려는 여러 가지 의욕적인 시도를 하고 있다.[4)]

스리랑카에서는 2015년경 닛산 자동차의 전기차 '리프'의 고연식 중고차가, 연간 수천 대 규모로 일본과 영국으로부터 수입되었다. 그 결과 수많은 차량용 리튬이온전지가 스리랑카에서 '매장금(埋藏金)'으로서 존재하고 있다. 스마트 그리드가 확대되고 있는 아시아에서는 배터리를 합한 중고차 유통 시장이 높은 잠재성을 가지고 있다는 사실에도 주목해야 한다.[5)]

이런 사실들을 근거로 볼 때 중고차 거래가 많은 나라들이 블록체인이나 암호화폐 도입에 적극적으로 나서는 것은 자동차 산업에서 무시할 수 없는 움직임이라 할 수 있다.

⊙ 주행거리 연동형·지역 한정형 징세 시스템과 지원금 지급

자동차 유통에 블록체인을 활용하면 중고차 시장이 건전해지고, 새로운 모빌리티 사회 구축을 촉진할 수도 있다. 예를 들어, 213쪽의

〈도표 6-1〉의 구조에 차량 등록에 관련된 공공기관을 포함하면 시대에 맞는 새로운 징세 시스템을 모색할 수 있다.

신차 등록 시 발급되는 자동차검사증을 전자지갑에 담아 디지털로 관리하고 VID와 개인 ID로 연결하면 스마트 계약을 활용한 '페이퍼리스' 시스템 안에서 보다 확실한 자동차 징세가 가능해질 것이다. 또, IoT를 활용해 자동차가 사회 기반시설과 연결되면 암호화폐를 이용한 M2M 거래와 소액결제를 활용할 수 있게 된다. 이렇게 되면 국가나 지자체는 자동차로부터 그 지역에서 도로를 이용한 만큼 정확하게 도로 이용료를 징수할 수 있다.

주행거리 연동형 자동차세나 도로 이용료 징수는 CASE나 MaaS 같은 차세대 자동차 비즈니스가 주행거리당 과금 비즈니스로 나아가는 흐름에 맞는 징세 시스템이라고 할 수 있다. 또, 젊은층이 자동차에서 멀어지고 주차 요금이 상승하는 가운데 자동차 보유가 감소하는 대도시에서는 주행거리에 따른 종량 과금형 자동차 세제 도입을 검토해볼 만하다. 도시 지역에서 이용 빈도가 낮은 거주자는 이용 실태에 맞추어 적은 세금을 내게 되므로, 좀 더 자동차를 구입하기 쉬워진다. 이는 수요 환기책으로도 기대할 수 있다. 한편, 사회적 거리 유지가 어려운 대중교통을 피하는 코로나 일상 시대에는 통근·통학이나 주말 여가 생활에 자가용을 이용하려는 요구에도 부응할 수 있는 시스템이다.

또, 암호화폐인 지역 디지털 화폐와 제휴한 지역 한정형 지원금 교부 시스템도 도입할 수 있을 것이다. 예를 들어, 토큰경제 형성으로 지역 커뮤니티가 원하는 전기차 이용 및 안전운전 같은 운전 행위에 대해서 암호화폐로 지원금을 교부할 수 있게 된다.

이런 토큰경제 구축은 친환경차 감세와 같은 자동차 감세를 지역 암호화폐로 환급하는 시스템이 되어 모빌리티 이용 후의 소비를 촉진하고, 지역경제를 활성화시키는 구조를 만들 것이다.

3

완전 온라인화 모터쇼부터 신차 배치까지

⊙ 코로나 일상 시대의 새로운 신차 판매 형태

블록체인 사회에서 새로운 신차 마케팅은 다음과 같이 변할 것으로 예상된다. 모터쇼부터 신차 발표회, 그리고 소비자의 온라인 컨피규레이션(모델 견적 시뮬레이션)부터 구입 결정까지 모든 신차 구입 체험이 VR과 AR을 활용한 가상공간에서 구현될 것이다. 사실 지금까지 말한 체험들은 이미 기술적으로 실현 가능한 상태다.

블록체인을 활용한 스마트 계약에 의해 수기 사인이나 도장, 서류 절차가 필요 없어지면 구입 결단 후 매매나 리스 계약, 보험계약, 차량검증 신청 및 수령을 모두 온라인으로 마칠 수 있다. 아직 몇 가지 해결해야 할 장애물은 있지만 코로나 일상 시대의 사회적 거리두기를 전제로 한 사회에서 소비자는 딜러인 점원과 대면할 필요 없이 온라인으로 모든 구매 과정을 진행할 수 있다. 마지막에 딜러가 고객의 집 앞에 차를 두고 오는 것으로 주문은 마무리될 것이다.

자동차 회사가 소비자에게 직접(딜러를 거치지 않고) 차를 팔 수 있는 직판이 법적으로 허용된 곳이라면, 공장 직송으로 신차가 납차되는 셈이다. 그것은 애플의 웹 사이트에서 아이폰을 구입하거나 아마존에서 물건을 사는 것과 같은 과정으로 자동차도 살 수 있다는 뜻이다.

이렇게 되면 소비자는 정보의 비대칭성에 따른 불필요한 정보 수집을 생략하고, 스트레스를 받으며 딜러와 가격 교섭을 하지 않아도 된다. 딜러로서는 지역 커뮤니티와 지역 주민에게 해당 지역에 걸맞은 모빌리티 체험을 제공하는 데 전념할 수 있다. 딜러가 각 지역 데이터의 강점을 살려 거리의 '모빌리티 컨시어지'로서 비즈니스 차별화를 추구할 수도 있을 것이다.

⊙ 모터쇼도 신차 발표회도 가상공간에서

코로나19 바이러스 감염이 확대되자 유서 깊은 자동차 축제인 제네바 모터쇼(당초 개최 예정은 2020년 3월), 뉴욕 모터쇼(4월), 디트로이트 모터쇼(6월), 하노버 모터쇼(9월)의 개최가 연달아 취소되었다.

제네바 모터쇼가 취소되자 출전 예정이던 주요 자동차 회사들은 프레젠테이션 장소를 가상 프레스 데이Virtual Press Day로 명명된 전송 서비스로 바꿨다. 그 외에 SNS와 유튜브 등을 활용해 콘셉트 카와 신차 발표를 홍보할 수 있었다. 코로나19가 뜻하지 않은 온라인 모터쇼와 신차 발표회를 열 수 있게 만든 셈이다.

폭스바겐VW은 VR을 활용해 사상 처음으로 디지털 세계에서 모터쇼와 신차 발표를 했다. 제네바 모터쇼를 위해 예정했던 모든 차량, 그리고 부스 전체를 360도로 체험하도록 디지털 처리를 해 마치 모터쇼에 온 듯한 3차원 체험이 가능하도록 만들었다. 이용자는 부스의 안내원이 딸린 투어에 참여할 수 있어 개별적으로 부스를 둘러보는 것도 가능했다. 또, 웹 사이트에 통합된 추가 기능을 클릭함으로써 사이트 방문자들은 차량의 색상이나 휠 구성을 변경하는 등 적극적인 참여도 할 수 있었다.

폭스바겐의 CMO(최고 마케팅 책임자)인 요헨 생피엘Jochen Sengpiehl은 보도자료를 통해 이렇게 말했다.

"VW 최초의 디지털 부스는 지금부터 혁신적인 온라인 체험을 만들어갈 새롭고 지속적인 콘셉트의 시작에 지나지 않습니다. 디지털화 전략의 일환으로서 VR이 제공할 가능성을 추구해갈 것입니다. 앞으로 VR은 체험형 마케팅, 외부에 대한 VW 브랜드 프레젠테이션, 고객이나 팬과 함께하는 상호작용의 일환이 될 것입니다."[6)]

⊙ XR을 활용한 제로라이트의 새로운 신차 구입 체험

제네바 모터쇼에서 시판 모델로 발표된 VW의 신형 전기차 'ID.3'은 온라인상에서 VR을 활용한 컨피규레이션이 가능하다(〈도표 6-4〉 왼쪽 그림). 이 솔루션을 개발한 영국 제로라이트ZeroLight는 VR과 AR을 활용한 혁신적인 신차 구입 체험을 제공해 게임체인저 역할을 하는 기업이며, 2014년 영국 뉴캐슬에서 창업했다. 최첨단 3D 그래픽스 제작 기술을 무기로 온라인 자동차 3D 컨피규레이터와 AR 체험도구(〈도표 6-4〉 오른쪽 그림) 등 디지털 트윈 제작 기구를 개발하고 있다. 독일 아우디, BMW, 포르쉐, 폭스바겐, 미국 캐딜락 등으로 착실히 고객 포트폴리오를 확대해가는 중이다.

⊙ 사회적 거리두기로 높아진 디지털 트윈의 인기

2020년 6월 제로라이트는 클라우드 베이스의 새로운 3D 비주얼 플랫폼 '리커넥트Re:Connect(재접속)'를 자동차 제조업체 전용으로 개발해 발표했다. 코로나19 바이러스 팬데믹으로 취소된 다양한 이벤트와 고객 접점을 다시 연결한다는 의미로 이름 붙여진 이 플랫폼은 'Reveal(최초 공개)', 'Concierge(고객의 요구에 맞춘 상담 및 안내)', 'Display(전시)' 등 세 가지 솔루션으로 구성되었다.

도표 6-4 | 제로라이트가 개발한 VR(왼쪽)과 AR(오른쪽)의 응용 프로그램
출처 · ZeroLight.

그러면 먼저 Reveal을 살펴보자. 자동차 회사들은 신차 발표회나 모터쇼를 가상공간에서 개최할 수 있다. 네티즌은 앞서 말한 것과 같은 디지털 이벤트의 3차원 체험을 할 수 있다. 그뿐만 아니라 새로운 모델에 자신이 원하는 색상을 입히고, 그레이드 및 옵션을 설정한 컨피규레이션을 반영한 차의 정지화면이나 동영상을 다운로드할 수 있다. 그리고 이런 자료는 지금까지 인쇄되고 있던 이벤트나 신모델의 프레스 키트(홍보용 자료집)에 반영해 참가자의 기호에 맞춘 디자인으로 제작된 후 디지털 배포된다.

다음 Concierge를 살펴보자. 딜러와 고객이 온라인에서 실시간으로 일대일 상담을 통해 차종을 선별하는 것이다. 인터넷상의 3차원 컨피규레이션을 사용해 양측이 상담하고, 상담 종료 직후 개별 설정한 모델의 팸플릿을 PDF로 받을 수도 있다. 이것은 다음번 상담까지

참고 자료로 사용될 것이다. 이로써 종이에 인쇄한 팸플릿은 불필요해진다.

영국의 현지 신문 〈데일리 텔레그래프The Daily Telegraph〉의 2014년 조사에 따르면, 신차 구매자의 영업소 평균 방문 횟수가 과거 10년 동안 7회에서 1.5회로 감소했다고 한다.[7] 또, 현재 신차 구매자는 검토 시간의 60% 이상을 인터넷에서 소비하고 있다.[8] Concierge와 같은 온라인 자동차 구입 체험에 대한 수요는 앞으로도 확대될 것이다.

마지막으로 'Display'를 살펴보자. 이 코너는 딜러와 재고 차량을 '리커넥트' 한다. 재고 차량의 VIN이나 등록번호를 시스템에 입력하고 몇 차례의 클릭만으로도 재고 차량의 디지털 트윈이 순식간에 만들어진다. 이는 웹사이트 게재와 광고 선전에 활용할 수 있다.

이처럼 모터쇼에서 구매 결단에 이르는 다양한 신차 구입 체험이 모두 온라인에서 실현될 수 있다. 그리고 이것은 단순히 코로나 일상 시대의 사회적 거리두기를 전제로 개발된 것이 아니다. 팬데믹 이전부터 커지던 소비자의 요구에 부응하는 솔루션으로서 개발되어 온 것이다.

미국의 컨설팅 기업 액센추어Acccenture가 2015년 전 세계 1만 명의 소비자를 대상으로 한 조사에 따르면,[9] 전체의 3분의 2가 차량을 온라인으로 구입했거나 앞으로 검토 후 그렇게 하겠다고 답했다. 이 조사 후 6년이 지났지만, 당시와 비교해 디지털 네이티브인 Z세대 인구 비율은 점점 높아지고 있고, 디지털화의 추가 진전으로 온라인에서 신차를 구입하려는 수요 역시 착실히 높아지고 있다. 그리고 이번 팬데믹은 그런 트렌드를 촉진하는 요인이 될 것이다.

⊙ 비자와 도큐사인이 만든 자동차 리스 스마트 계약

자동차 구입을 온라인으로 완결하는 데 필요한 마지막 퍼즐 조각은 계약 절차와 납차 시 열쇠를 받을 때 딜러와 접촉할 필요가 없다는 사실이다. 블록체인을 활용한 스마트 계약이 이것의 실현을 도와주게 될 것이다.

먼저 대면이 필요 없는 계약 절차는 2015년 전자서명 서비스 기업인 미국의 도큐사인DocuSign과 비자VISA가 발표한 내용을 떠올리면 이해하기 쉽다. 블록체인으로 자동차 임대계약 과정을 효율화하는 개념을 실증하는 내용이었다. 자동차 리스는 임대계약뿐만 아니라 보험계약, 결제와 관련된 많은 서류가 필요한 업무다. 하지만 도큐사인과 비자에 의한 이 스마트 계약에서는 블록체인을 활용함으로써 계약과 결제 카드 등록이 온라인에서 완료됨을 보여주었다.

스마트 계약 과정은 대략 다음과 같다. 먼저, 계약하는 차의 VID가 블록체인에 등록되면 디지털자산으로서 이용 가능한 상황이 된다. 그리고 해당 차의 운전석에 앉은 고객은 대시보드 화면에서 차내 앱을 조작해 예상되는 연간 주행거리 범위에 따라 리스 계획을 선택한다. 리스 계획에 전자서명을 하면 계약이 체결된 후 블록체인에 등록된다.

다음으로 고객은 여러 보험회사의 제안을 훑은 후 그중에서 원하는 자동차보험을 선택하면 된다. 그런 후 마찬가지로 자동차보험에 전자서명을 하면 계약이 체결되고, 블록체인에 기록된다. 마지막으로 리스료와 보험료 결제에 사용할 신용카드를 등록하면 리스 계약은 완료된다.

이 스마트 계약은 비트코인을 기반으로 하고 있는데, 확장성 문제(하나의 블록 안에 쓸 수 있는 트랜잭션의 수가 한정되어 있는 것) 때문에 처리 속도가 떨어질지 몰라서 실현되지는 않았다. 그러나 앞으로 기술이 개선되어 확장성 문제가 해소되면 이러한 스마트 계약은 충분히 안정적으로 실현될 것이다. 또, 리스 계약뿐만 아니라 구입 계약에도 적용할 수 있을 것이다. 참고로 이런 스마트 계약의 장점은 스마트폰 앱에서도 실행 가능하다는 것이다.

⊙ 일본은 도장과 종이 문화에서 벗어날 수 있을까

일본에서는 자동차 구입 계약 시 종이 계약서에 도장을 찍어야 한다. 만약 온라인 계약을 실현하려면 인감을 전자서명으로 대체해야 한다. 전자서명은 공개키 암호화 방식에 기반한 구조로, 자신이 갖는 비밀키를 공개키와 함께 사용해 서명을 검증할 수 있다. 그리고 이 때 전자서명이 개인의 디지털 ID와 결합되어 있으면, 본인임을 증명해줄 수도 있게 된다.

이런 과정은 계약자 본인임을 증명하는 작업을 온라인화한 것이다. 즉, 인감도장과 인감등록 증명서를 가지고 계약서에 날인하는 과정이 온라인에선 디지털 ID와 결합한 전자서명으로 대치된다.

디지털 ID는 이미 에스토니아 등에서 국가적으로 도입되고 있다. 일본도 코로나19 팬데믹 때 디지털화가 뒤처져 고생했던 것을 계기로 에스토니아 같은 행정 서비스의 온라인화를 실현하도록 추천한다. 디지털 ID가 널리 보급되어 소규모 사무실 근무를 목적으로 한 '도장 문화'가 시정되면, 전자서명도 빠르게 보급될 것이다. 그리고 이런 변화가 계약의 완전한 온라인화 실현 여부를 좌우하게 될 것이다.

⊙ 열쇠를 대신하게 될 스마트폰 기반 디지털 키

앞으로는 공장에서 딜러에게 전달된 신차를 고객에게 인도할 때, 고객이 지정한 장소에 차를 두고 가는 것도 가능해진다. 이때 블록체인을 활용한 디지털 키 기술이 적용되면 딜러와 고객이 자동차 열쇠를 주고받지 않아도 된다.

스마트폰 기반 디지털 키를 사용하면 스마트폰만으로 잠금, 엔진·모터의 시동, 권한 이전 등이 가능하다. 이런 기술은 차량 공유 사업에 이미 응용되어 사회적으로 보급되고 있다. 호주의 블록체인 개발업체인 셰어링ShareRing의 회장 겸 공동창립자인 팀 보스Tim Bos는 2013년 블록체인기술을 활용한 차량 공유 플랫폼 키즈Keaz를 개발했다.

키즈에 등록한 이용자는 거리에 주차된 딜러나 렌터카 회사의 차량을 해당 차량에 부착된 QR코드를 스캔하는 것만으로 문을 열고 이용할 수 있다. 이용자는 일부러 딜러나 렌터카업체를 찾아가 신분증을 제시해 본인 확인을 한 후 열쇠를 받을 필요가 없다. 블록체인을 활용한 스마트폰 기반 디지털 키를 사용하면 스마트폰으로 차문을 여닫고 엔진에 시동을 걸 수 있기 때문이다. 이런 디지털 키는 CANbus(캔버스)나 고장진단장치OBD-II처럼 차량에 설치된 다양한 기기와 통신이 가능하기 때문에 일반적인 자동차 열쇠를 대신할 수 있다.

사용자는 차에 타기 전 자택이나 이동처에서 차량 공유의 예약 관리 시스템에 접속해 신규 예약이나 예약 내용 변경 및 삭제를 실시한다. 사용자에게 이런 시스템의 가장 큰 장점은 기기나 시스템 이동에도 끊김이 없는 심리스 차량 공유 서비스를 누릴 수 있다는 데 있다.

딜러나 렌터카 회사가 이 차량 공유 플랫폼을 도입하면, 보유 차량의 가동률이 향상되어 투자 회수율을 끌어올릴 수 있다. 또, 이런 시스템은 신차뿐만 아니라 중고차에도 도입할 수 있다. 그렇게 되면 딜러는 보상판매 차량을 차량 공유 서비스 대상으로 가동시켜 매장에서 차량 보관 공간을 관리하는 부담을 줄일 수도 있다.

화이트 레이블(상품이나 서비스를 다른 회사에 임대해 판매하는 사업-옮긴이)로 영역을 확대 중인 키즈 플랫폼에는 2020년 3월 시점에 약 4,000대의 차량이 등록되어 있다. 최대 고객인 호주 도요타Toyota Motor Corporation Australia를 중심으로, 역시 호주에서 사업을 전개하는 프랑스 렌터카 회사 유럽카Europcar, 미국의 BMW 딜러, 전기차 차량 공유 기업 엔보이Envoy를 비롯해 미국의 여러 지자체들이 이 플랫폼을 도입하고 있다.

덧붙여 2020년 3월 라이드셰어링 플랫폼 기업인 독일의 분더 모빌리티Wunder Mobility가 키즈의 IP(지식재산권)를 매수했다. 현재 키즈의 여러 가지 기능은 분더 렌트Wunder Rent로 이름을 바꾸어 그대로 계속되고 있다.

지금까지 알아본 바와 같이 블록체인을 활용한 디지털 키 기술이 신차에 적용되면 고객이 원하는 장소로 차량을 배송한 후 그대로 두고 오는 일은 앞으로 얼마든지 가능해진다.

⊙ 아마존이 자동차 회사가 되는 날

아마존은 오늘도 수많은 상품을 고객의 집 문 앞까지 배송하고 있다. 이런 추세라면 머지않아 차량도 배송할 가능성이 있다고 할 수 있다. 또 그 차가 아마존 브랜드를 달고 있을 것이라고 상상해볼 수도 있다.

아마존이 본격적으로 자동차 판매를 시작하려 든다는 사실은 2020년 1월 미국 라스베이거스에서 열린 CES(국제 전자제품 박람회)에서 드러났다. 현재 아마존은 'Amazon Vehicles'라는 웹 사이트를 개설해 미국 내에서 차를 판매하고 있다.

아마존에서 차를 구입할 때 지금까지는 옵션 설정 등의 컨피규레이션은 각 자동차 회사의 웹 사이트에서 하는 구조였다. 하지만 CES에서 발표한 새로운 솔루션에 따르면, 앞으로 이것도 아마존 사이트 내에서 하게 될 것이다. 이는 앞서 언급한 제로라이트의 AR이나 VR 기술을 아마존 사이트에 적용함으로써 실현되고 있다.

아마존 스스로도 AR 개발에 적극적이다. 2018년 아마존은 애프터 부품을 실제로 차량에 장착한 듯한 이미지를 미리 볼 수 있는 AR 기술로 특허를 획득한 바 있다. 2017년에는 미국 대기업 부품 공급업체 여러 곳과 판매 계약을 맺은 바 있어 자동차 애프터 부품 시장을 지배하려 한다는 평가를 받았다.

딜러를 거치지 않고 자동차 제조사가 소비자에게 신차를 전달하는, 이른바 직판이 법률적으로 인정된 지역에서는 블록체인을 활용한 스마트 계약이나 디지털 키를 채택하기가 더 용이하다. 이런 경우 아마존 사이트에서 차를 구입하면 제조사가 직접 고객이 원하는 곳까지 신차를 실어가 내려놓고 가게 될 것이다.

그렇다면 아마존은 자동차 제조사가 될 수 있을까? 답은 물론 '가능하다'고 본다. 아마존은 2019년 2월 신흥 전기차 제조업체인 리비안Rivian Automotive에 7억 달러(당시 환율로 약 7,875억 원)를 출자했다. 이후 리비안은 아마존을 위해 10만 대의 전기 밴을 제작해 2021년에 납품한다는 계약을 맺었다.

아마존은 특별 주문한 이 전기 밴을 리비안과 공동으로 개발하고 있다. 이 차에는 아마존이 투자한 회사가 개발한 자율주행기술이 탑재된다고 한다. 그리고 이와 관련해 아마존은 2020년 6월 26일(미국 현지 시간) 자율주행기술 개발업체인 죽스Zoox를 인수하겠다고 발표했다.[10]

이런 움직임들로 보건대, 아마존이 자동차의 제조 및 판매, 물류, 애프터서비스 등 밸류체인의 상류에서 하류까지 아우르는 '종합 모빌리티 서비스' 기업이 될 날이 곧 다가올지도 모르겠다.

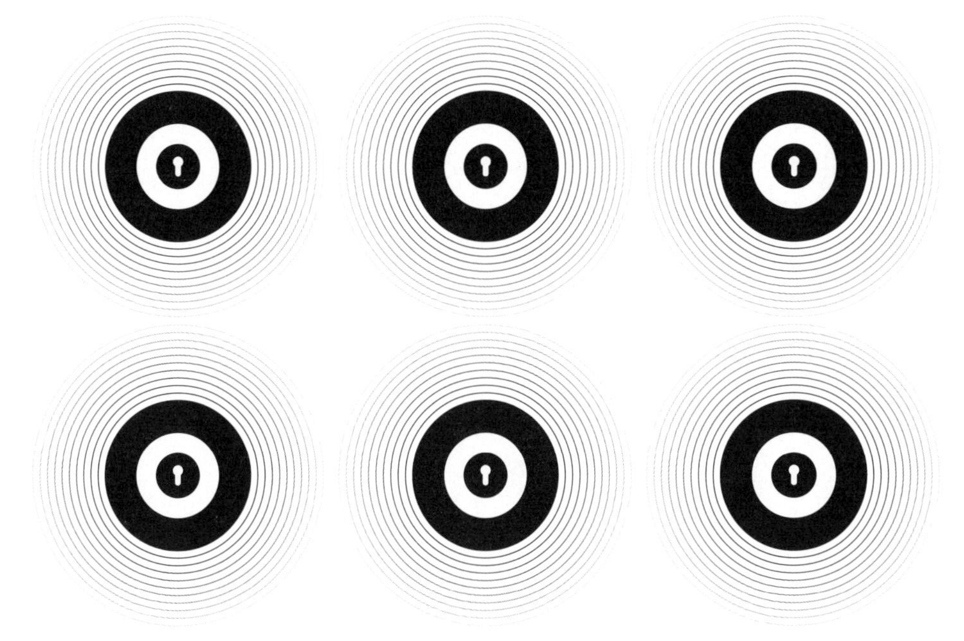

7장 공유지의 비극을 해결하는 데이터 거래 시장

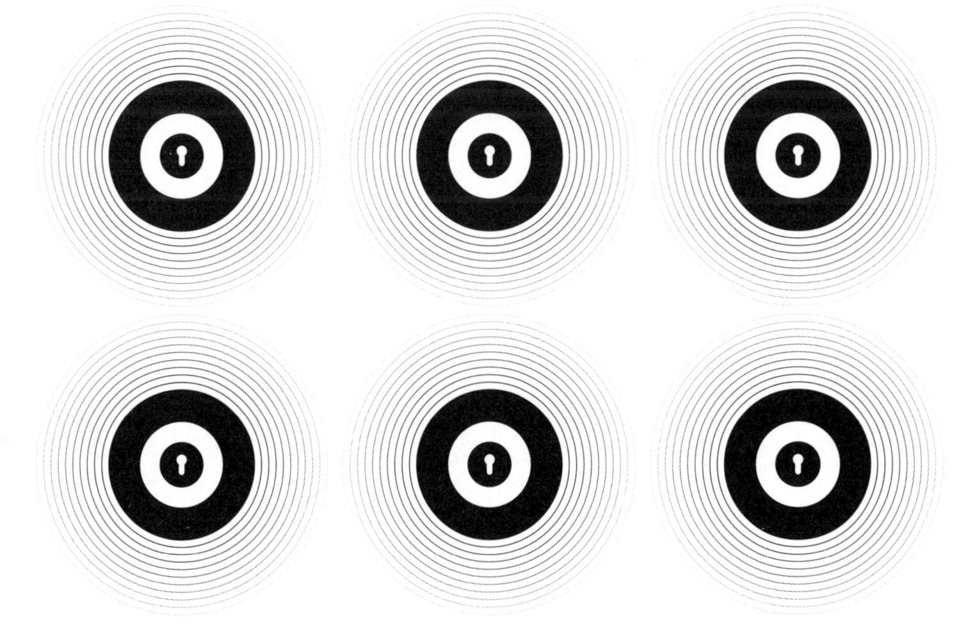

1

인간 중심 인센티브 설계로 줄어드는 공해

⊙ 자동차의 사회적 비용 내부화 및 사회적 편익 실현

자동차에 관련된 모든 이해관계자에게 부여되는 근본적인 과제는 자동차와 관련된 '사회적 비용Social Cost'을 최소화하고, '공유지의 비극The Tragedy of Commons' 문제를 해결하는 것이다. 현재 이 난제를 해결할 솔루션으로서 블록체인기술의 활용이 주목받고 있다.

고(故) 우자와 히로후미 도쿄대학교 명예교수는 1974년에 저술한 《자동차의 사회적 비용(自動車の社会的費用)》에서 사회적 비용이란 개념에 대해 이렇게 설명하고 있다.

"어떤 경제활동이 제3자 혹은 사회 전체에 대해 직접적 혹은 간접적으로 영향을 끼치고, 다양한 형태의 피해를 줄 때 외부 불경제External diseconomies가 발생했다고 한다. 자동차 통행뿐만 아니라 일반적으로 공해나 환경 파괴 현상을 경제적으로 파악하면, 외부 불경제라는 개념으로 정리할 수 있다. 외부 불경제를 수반하는 현상이 제3자 혹은 사회 전체에 미치는 악영향 중 원인 제공자가 그 처리비용을 부담하고 있지 않은 부분을 어떤 방법으로든 계측하고, 집계한 액수를 사회적 비용이라 한다."1)

자동차를 이용함으로써 도로 등 사회 기반시설과 자연환경 등 사회가 공유하는 자본(사회적 공통자본, 자연자본)이 얼마나 오염되거나 파괴되는가에 주목해보자. 이때 자동차가 사회에 끼치는 악영향을 '자동차의 사회적 비용'이라고 볼 수 있다. 보다 구체적으로는 ①도로를 건설·정비하고, 교통안전을 위한 설비를 준비하고, 서비스를 제공하기 위해 필요한 비용 ②자동차 사고로 인한 생명·건강 손상 ③자동차 교통이 일으키는 공해와 그로 인한 도시 환경 파괴 ④관광도로의 자연환경 파괴 ⑤정체로 인한 자동차 통행자의 경제적 손실 등을 들 수 있다. 그리고 이런 사회적 비용이 발생하는 메커니즘을 '공유지의 비극'이라 한다. 어떻게 사회적 비용을 최소화해 공유지의 비극을 해결할지는 지구 환경문제부터 공해에 이르기까지 자동차 사회가 품고 있는 최대 과제다.

사회적 비용, 사회적 공통자본, 그리고 다음 항에서 자세히 이야기할 공유지의 비극 같은 경제학적 테마는 지구 환경문제가 전 세계적으로 논의되기 시작한 1960년대 후반부터 관심을 끌고 있다. 이 시기는 미국에서 이른바 '머스키 법Muskie Act' 같은, 대기오염 방지를 위한 법률이 제정되던 때이기도 하다. 사회적 비용을 줄이기 위해 자동차 제조사가 내연기관(엔진)을 혁신하고 전동화기술 개발에 매진하고, 정책 결정자가 공유지의 비극을 해결하기 위한 정책을 세우려 애쓰는 것은 그때부터 지금까지 계속되고 있는 세계적인 현상이다.

다행히도 인터넷 사회의 확대, 블록체인의 탄생과 함께 이런 사회적 비용 발생을 해결하는 획기적인 솔루션이 생겨나고 있다. 구체적인 활용 사례는 뒤에서 자세히 이야기하겠지만, 블록체인을 기반으로 한 M2M의 스마트 계약을 활용하면 된다. 이 시스템 안에서는 앞서 언급한 '외부 불경제를 수반하는 현상이 제3자 혹은 사회 전체에 미치는 악영향 중 원인 제공자가 그 처리비용을 부담하지 않는 부분'을 정확히 측정할 수 있다. 그리고 더 나아가 시스템 관리자는 원인 제공자로부터 그 처리비용을 받아낼 수 있다. 그것도 실시간으로 직접 암호화폐를 통해 정확히 받아냄으로써 자동차의 사회적 비용을 내부화할 수 있게 된다. 한편, 자동차는 외부 불경제 시정에 도움이 되는 데이터를 커뮤니티에 팔아 암호화폐를 얻음으로써 자동차의 사회적 편익Social Benefit을 실현할 수도 있다. 이처럼 커넥티드 카의 데이터 거래 시장을 창조해 공해를 줄이는 것이 블록체인 활용의 핵심 포인트라 할 수 있다.

지금부터는 공유지의 비극이란 무엇인가를 이야기해보려 한다. 먼저, 공유 자원을 어떻게 관리하는가를 다루는 '커먼즈 론'의 변천 과정과 인터넷 사회에서 상호 호혜적인 신뢰 관계를 베이스로 한 시스템의 등장에 대해 알아볼 것이다. 그리고 마지막으로 자동차 사회의 문제 해결에 왜 블록체인이 효과적인가를 설명해보고자 한다.

⊙ 공유지의 비극과 공해

근대 이전의 영국에서는 목초지 등 공동으로 관리하는 공유지를 커먼즈Commons라 불렀다. 이와 관련해 1968년 미국의 생물학자인 개럿 하딘Garrett Hardin은 〈공유지의 비극The Tragedy of the Commons〉이라는 논문을 과학 잡지 〈사이언스Science〉에 발표했다. 하딘이 묘사한 공유지의 비극이란 다음과 같은 스토리로 진행된다.

공유지란 누구나 이용할 수 있는 목초지다. 농민 여러 명이 이 공유지에 소를 방목하고 있다. 농민은 자신의 이익을 최대한으로 추구하기 때문에 보다 많은 소를 방목하려 한다. 만약 목초지가 자신이 소유한 땅이라면 소가 목초를 너무 많이 뜯어먹지 않도록 방목하는 소의 수를 조절할 것이다. 하지만 공유지에서는 자신이 풀어놓는 소의 수를 늘리지 않으면, 다른 농민에게 소의 수를 늘릴 여지를 주어 상대적으로 자신이 취할 몫은 줄어든다. 따라서 농민은 가능한 한 많은 소를 공유지에 풀어놓으려고 애쓴다. 즉, 무임승차자Free Rider로서 공유지를 자유롭게 이용하게 된 농민들이 이곳에서 최대한 많은 공유 자원을 가져가려 하는 것이다. 그리고 그 결과 유한 자원인 목초지는 황폐해지고 만다. 결국 공유지를 이용하던 모든 농민은 피해자가 된다.

고도성장기의 공해나 자원 벌채 같은 환경문제가 세계적인 규모로 심각해지는 가운데 공유지의 비극은 이제 하나의 경제 원칙으로서 논의되기에 이르렀다. 다수가 이용할 수 있는 공공재Public Goods나 유한한 공유 자원이 남용·남획되어 사회에 악영향을 끼치는 현상들은 모두 공유지의 비극과 맥락을 같이하기 때문이다. 그리고 교통 정체나 대기오염 같은 공해는 외부 불경제의 대표적인 사례로 제시되고 있다.

오늘날 대도시로 가는 간선도로에서는 공유지의 비극으로 교통 체증이 발생한다. 덧붙여 이때 공유지 혹은 공유 자원은 도로다. 운전자들은 합리적인 이유로 최단거리 길을 택한다. 도로가 비어 있는 동안에는 차량이 한 대 늘어나도 속도가 느려지지 않는다. 하지만 어느 시점부터 차량이 계속 늘어나면서 전체 속도가 느려져 교통체증이 빚어진다. 운전자들이 운전 시간을 최대한 단축하려 들면서 결국 모든 운전자의 이동 시간이 길어지는 결과를 낳게 된 것이다. 합리적이라고 생각되는 행동이 자신을 포함한 운전자 전원의 집합적인 이익에 반하는 결과를 만들어낸 셈이다.

공유지의 비극을 피할 수 있는 방법은 크게 두 가지로 알려져 있다. 이해관계자에게 사적 소유권Private Property을 주어 자원을 사유화하든가, 그렇지 않으면 정부가 중앙집권적으로 관리하면서 자원 이용자로부터 이용료를 징수해 수급을 조절하든가 하는 방법이다. 즉, 공공재나 공유 자원과 관련된 외부 불경제 문제에 대해 시장 원리를 적용하거나 정부가 개입하는 것이 '커먼즈 론'의 전통적 주장이었다.

⊙ 오스트롬 교수의 '인간 중심 커먼즈 관리'

2009년 노벨 경제학상을 공동 수상한 정치학자 엘리너 오스트롬 교수Prof. Elinor Ostrom는 1990년 저서 《공유의 비극을 넘어Governing the Commons》에서 기존의 커먼즈 론에 이의를 제기했다. 그는 커먼즈(공유지 혹은 공공 자원)를 지속적으로 잘 관리하려면, 사적 소유지로 분할하거나 국가가 중앙집권적으로 관리해야 한다는 기존 이론을 넘어서는 새로운 주장을 했다. 자원을 일상적으로 이용하는 커뮤니티 조직이 규칙을 정해 커먼즈를 자율적으로 관리하는 것이 더 낫다는 것을 게임 이론을 이용해 이론적으로 규명한 것이다. 그는 커먼즈의 셀프 거버넌스(자기 관리)가 확립된 사례도 제시했다.

오스트롬 교수가 주목한 사례는 1517년부터 지속되어온 스위스의 한 낙농 마을의 커뮤니티 규칙이다. 이 규칙의 내용은 '겨울철에 육성 가능한 개체 수 이상으로 알프스산맥에 소를 방목하는 것을 강력히 금한다'는 것이다.

알프스의 공유 목초지가 500년 동안 황폐해지지 않은 이유는 주민들 스스로 자신의 행동이 커뮤니티에 영향을 준다는 것을 인식하고, 커뮤니티 규칙을 잘 지켜왔기 때문이다. 즉, 자율적으로 방목을 통제하는 생활을 계속해온 것이 공유 자원의 지속가능성을 유지하는 버팀목이었다.

커뮤니티가 공유 자원을 보존할 수 있게 관리하는 다른 예로는 스페인의 관개용 운하, 일본의 삼림 관리 등도 있다. 오스트롬 교수는 이런 사례들을 통해 공유 자원을 둘러싼 분쟁에서 최선의 해결책은 시장의 힘이 아니라 인간 집단, 즉 커뮤니티에 있다고 결론을 내렸다. 그리고 이때 개인이 해야 할 역할은 공공선을 위해 협조하는 것이다.

⊙ 인터넷 사회의 네트워크 효과와 상호 호혜 정신

최근 추구되는 커먼즈 론의 본질을 간단히 정리하자면, 화폐경제와 공적 재정 제공을 바탕으로 한 재화나 서비스 거래, 즉 화폐를 바탕으로 한 시스템보다는 비화폐적이고 호혜적인 신뢰를 기반으로 한 시스템으로 자원을 적절히 관리하자는 것이다. 이것은 시대의 변화에 따른 흐름으로, 특히 디지털 사회가 발전하면서 인터넷을 매개로 한 개인 간 자원의 공유에 대해 현대판 커먼즈 론을 적용하려는 움직임도 활발해지고 있다. 레이철 보츠먼Rachel Botsman은 이 현대판 커먼스 론의 필두라고 할 수 있다. 그가 루 로저스Roo Rogers와 함께 쓴 저서《위 제너레이션What's Mine is Yours》에서는 공유경제와 커먼즈에 대해 다음과 같이 설명한다.

인터넷을 통한 자원(데이터) 제공에 대해 '좋아요Like'와 같은 사회적 증명Social Proof이나 점수에 의한 서로의 공헌도 평가는 이제 공유된 자원의 신뢰성을 증명하는 기준이 되었다. 인터넷 사회에서 자원 공유는 공통의 관심을 가진 사람들이 가치를 창출하고 커뮤니티를 만들기 위한 새로운 패러다임이 되었다. 그리고 자원 공유자는 다른 참가자들에게 가치를 제공하는 역할을 떠맡게 되었다. 이런 참여자가 늘어날수록 커뮤니티는 참가자 모두에게 더 나은 시스템이 되며, 이것을 네트워크 효과Network Effect라고 한다.

네트워크 효과가 발현되는 커뮤니티에서는 자신이 가진 데이터를 커뮤니티에 제공하고, 참가자 전원이 공유하면 시스템 전체를 더 좋게 만든다. 즉, 그런 데이터 제공은 커뮤니티에 대한 호의로 작용하고, 이로써 더 좋아진 시스템의 다른 참가자들로부터 보답을 받게 되는 상호 호혜Reciprocity의 원칙이 성립된다. 또, 소셜 네트워크에는 이런 상호 간의 도움이 간접적으로 이루어지는 이른바 '간접적 상호 호혜Indirect Reciprocity' 문화가 있다. 이것을 잘 나타낸 문구가 '내가 당신을 도와주면 누군가가 나를 도와준다I'll help you, Someone else helps me'다. 이런 간접적 상호 호혜는 '증여(선물) 경제Gift Economy'라고도 불리며, 당장 또는 조금 뒤에 보답이 있을 것이라는 확실한 약속이 없어도 물건이나 서비스를 제공하는 것이다. 이런 시스템에서는 새로운 형태의 신뢰나 상호 호혜가 필요하다. 그리고 그런 행동 원리가 갖춰지면 공유나 공동 작업, 명예, 사회성 그리고 충성심이 강화될 것이다.

⊙ 공유경제, 커먼즈, 블록체인의 교점

커먼즈 공유 플랫폼이 만들어지면, 참가자는 공공 자원의 공동 관리자로서 다른 참가자들과 이타적인 상호 호혜 관계를 구축하게 된다. 즉, 인터넷상에서 자원을 공유함으로써 현대판 지속가능형 커먼즈를 만들게 되는 것이다.

이런 가치관이 보급되는 가운데 21세기가 시작되었고, 이는 공유경제라는 말과 함께 페이스북, 우버, 에어비앤비 같은 플랫폼이 탄생하는 데 한몫했다.

사람들이 협력해 특정 프로젝트나 니즈에 대응할 적절한 시스템이 갖춰지고, 정해진 규칙에 따라 서로를 감시할 권리를 능숙하게 행사하게 되면, 공유자들은 공유 자원을 스스로 관리할 수 있다. 공유 플랫폼이 제공하는 '마켓플레이스(판매자와 구매자가 자유롭게 참가할 수 있는 인터넷상의 거래 시장-옮긴이)'에서는 명령과 지배에 의한 톱다운 메커니즘은 사라진다. 물론 몇 단계를 거쳐야 하는 허가나 의 사결정 과정도, 중개자도 필요 없게 된다. 이 플랫폼은 동등한 권력이 분산화된 P2P 시스템 안에서 평등한 커뮤니티로 구축되기 때문에 타인과의 신뢰와 호혜 관계를 기반으로 한다.

이처럼 공유경제와 현대판 커먼즈 사이에 교점을 찾아내 만날 수 있게 해주는 것이 바로 블록체인이다. 즉, 상호 호혜적인 신뢰 관계와 인간 중심 설계에 의한 커뮤니티 형성이야말로 블록체인 사회의 핵심 그 자체다. 블록체인의 세계에는 신뢰의 가치를 나타내는 암호화폐가 존재하며, 커뮤니티에 이로운 행위에 대해 암호화폐를 보상으로 주어 가시화할 수 있다. 그리고 가치(신뢰)의 네트워크화를 통해 공유지의 비극을 해결할 수 있게 된다.

덧붙여 기존의 공유경제와 블록체인을 활용한 토큰경제의 차이를 살펴보자면, 후자에서는 스마트 계약으로 데이터 제공에 대한 대가가 보다 확실하고 직접적으로 부여된다는 점이다.

⊙ 인간 중심으로 설계된 모빌리티 프로젝트 '벨라 못사'

지금까지는 추상적인 이야기를 주로 했지만, 이제 구체적인 사례를 들어볼까 한다. 모빌리티에 있어서 상호 호혜적인 신뢰 관계와 인간 중심의 설계가 어떤 모습인지를 이탈리아 볼로냐에서 성공한 기술 검증 사례를 통해 설명해보겠다.

2017년 4월부터 9월까지 반년간, 볼로냐에서는 '벨라 못사Bella Mossa'라는 모빌리티 프로젝트의 기술 검증이 이루어졌다. 벨라 못사는 '굿 잡good job(잘했다!)'이라는 의미다.

이 프로젝트는 유럽위원회EC가 추진하는 이노베이션 촉진 프로젝트 '호라이즌 2020Horizon 2020'의 조성금을 기반으로, 볼로냐 자치체 정부와 공공 교통기관 SRM이 주체가 되어 실행하고 있다.

이 프로젝트의 핵심은 저탄소 지속가능한 모빌리티(이동)를 실천한 참가자에게 보상으로 포인트를 부여하는 스마트폰 앱에 있다. 이 앱은 영국의 앱 개발사 베터포인츠BetterPoints가 제작했으며, 행동변화 관리 시스템Behaviour Change Management System, 즉 게이미피케이션Gamification의 원리를 채용했다. 게이미피케이션이란 게임 요소를 다른 영역의 서비스에 적용해 이용자의 동기부여를 강화하는 마케팅 기법이다. 이 기법을 적용한 벨라 못사의 앱도 게임을 하듯 목표를 설정하게 만들고 목표를 달성하면 포인트로 보상을 주어 참가자의 행동을 자극하는 내용으로 되어 있다.

이 앱의 사용법을 좀 더 구체적으로 알아보자. 먼저 참가자는 앱으로 목적지를 설정한다. 그러면 현재 위치에서 목적지까지의 이동 경로가 추천된다. 그중에서 도보, 자전거, 트램, 버스, 철도 이용, 여러 명이 함께 타는 라이드셰어링처럼 자가용 이용보다는 이산화탄소 배출이 적은 모달(양식)로 이동하면 포인트가 보상으로 주어진다. 그리고 포인트를 많이 모으면, 거리의 식당이나 아이스크림 가게에서 포인트로 맥주나 아이스크림을 사 먹거나, 영화를 감상할 수 있다. 또, 학교나 기업 단위로 포인트 획득 경쟁도 실시했다. 학생들이 열심히 노력해 고득점을 기록한 학교는 문방구와 놀이기구를 상품으로 받았고, 상위에 랭크된 대기업 직원들에게도 포인트가 주어졌다(〈도표 7-1〉).

도표 7-1 | 볼로냐에서 성공한 지속가능한 모빌리티 '벨라 못사'
출처 · Città metropolitana di Bologna(볼로냐 현) 홈페이지.

이 앱을 도입한 결과를 살펴보자면, 반년에 걸친 기술 검증 기간 동안 1만 5,000명의 참가자 중 73%가 자가용 이용을 줄였다. 자가용 운전을 포기하고 지속가능한 방법으로 이동한 횟수는 총 90만 회, 거리로는 370만 킬로미터에 달해 728톤의 이산화탄소 배출이 줄어들었다. 이로 인해 적립된 포인트가 사용된 현지 상점은 매출이 올라가 비즈니스가 활발해지는 효과를 낳았다.[2)]

볼로냐의 인구 100명당 자동차 보유대수는 60대로 높은 수준이다. 교통 정체를 해소하고, 저탄소 모빌리티인 대중교통 이용을 늘리기 위해, 볼로냐에서는 겨울 동안 낮에는 저연식 차나 배기가스를 많이 뿜어내는 차는 돌아다니지 못하도록 금지하고 있었다. 그 결과 많은 주민이 불평불만을 토로했다.

벨라 못사 프로젝트 관리자인 마르코 아마도리Marco Amadori는, "벨라 못사를 실시함으로써 마을 사람들의 부정적인 접근법을 긍정적으로 바꾸었습니다. 마을 전체에 좋은 영향을 끼치는 행동을 한 사람에게 보상을 주는 인센티브(동기부여) 설계를 했기 때문입니다"라고 말했다.[3] 이 접근법은 많은 주민들로부터 높은 평가를 받았다. 결과적으로, 지역 커뮤니티 안에 상호 호혜적 관계를 만들기 위해 토큰을 기초로 행동 변화를 자극하는 스마트폰 앱만으로도 지속가능한 모빌리티 이용이 촉진된다는 사실이 검증되었다. 그리고 이 앱을 통해 부여된 토큰은 지역경제 활성화에도 기여했다. 다시 말해 교통 인프라에 많은 투자를 하지 않고 인간 중심으로 설계된 애플리케이션 도입만으로도 지역의 지속가능성이 개선될 수 있음이 실증된 것이다.

2

달리면서 돈 버는 자동차 - 모빌리티의 데이터 거래 시장 창조

⊙ 사회적 편익을 낳는 차에 보상을 주는 구조

지금부터는 블록체인을 활용해 모빌리티의 데이터 거래 시장을 창조하는 활용 사례를 소개해보겠다. 앞에서 블록체인을 활용해 자동차는 사회적 비용을 내부화할 수 있다고 했다. 좀 더 구체적인 사례를 들자면, M2M에서 스마트 계약을 활용해 차가 '달린 곳에서 달린 만큼' 도로 이용료를 지불하는 시스템이 있다. 그런데 지금 소개하려는 활용 사례는 이와는 좀 다르다. 자동차가 비용을 지불하는 것이 아니라 수익을 올리는 구조이기 때문이다. 이 구조에서 자동차는 자율적으로 데이터를 커뮤니티 관리자에게 판매한다. 이때 판매되는 데이터는 정체나 교통사고 등의 공해 발생에 따른 사회적 비용을 절감하는 데 도움이 되어, 결과적으로 커뮤니티에 유익한 것들이다. 이런 데이터 판매는 사회적 공통자본인 기반시설에 이로운 사회적 편익을 가시화하고, 편익을 가져다주는 자동차에 보상을 해주는 구조다.

⊙ IOTA 재단과 재규어 랜드로버의 '달리면서 돈 버는 차'

2019년 아일랜드에서 IOTA 재단은 영국의 재규어 랜드로버JLR와 공동으로 블록체인을 활용한 데이터 거래 시장 기술 검증을 실시했다. 이 실증 실험에 사용된 JLR의 전기차 'I-Pace(아이 페이스)'에는, IOTA가 개발한 '스마트 지갑'이라는 전자지갑이 장착되었다.

이 차량은 주행하는 도로의 포장 상황, 주변의 날씨, 교통량 등에 관한 데이터를, 도로교통 기반시설을 관할하는 자치체나 관리업자에게 제공한다. 예를 들어, 이 차량의 센서는 언젠가 사고나 정체로 이어질 포장 노면의 요철과 구멍 같은 이상을 검지해낸다. 그러면 이 정보는 곧바로 도로 관리자의 클라우드에 업로드되고, 데이터 제공에 대한 보상으로 차량의 전자지갑에는 토큰(암호화폐)이 들어온다. 이 토큰은 도로 사업자로부터 주어진 것이다. 지갑에 모인 토큰은 고속도로 통행료나 주차장, 전기 충전소의 요금을 지불하는 데 쓸 수 있다(〈도표 7-2〉).

커넥티드 카는 달리면서 센서로 다양한 데이터를 수집한다. 그런

도표 7-2 | 달리면서 돈 버는 차 | 출처 · Jaguar Land Rover.

데이터 중에는 도로 등 사회 기반시설을 유지·개선하는 사업자가 원하는 것들도 있다. 이때 스마트 계약을 활용하면 커넥티드 카는 달리면서 모은 데이터 중 사업자가 원하는 것들을 자율적으로 매각할 수 있게 된다.

이러한 데이터 거래 시장을 통해 각각의 이해관계자들이 누리는 이점은 다음과 같다. 먼저, 자동차 제조사는 자사가 생산한 차가 '달리면서 돈 버는' 구조를 갖추게 됨으로써 차의 가치를 높일 수 있다. 한편, 도로 기반시설 관리 사업자는 차에서 얻은 데이터를 활용해 정체나 사고 발생을 막을 수 있도록 다른 운전자들의 주의를 환기시키는 정보를 제공할 수 있다. 그 결과 정체나 사고로 인한 사회적 비용이 줄어들 뿐 아니라, 공해 발생 후 원상복귀를 위해 스스로 부담하는 비용도 줄일 수 있다.

⊙ 독일 콘티넨탈의 '연결되는 주차'

노상의 비어 있는 주차 공간에 대한 데이터를 마켓플레이스에서 거래하는 사례도 있다. 독일 자동차 부품업체 콘티넨탈은 블록체인을 활용한 주차 공간 정보 공유 플랫폼을 다국적 하이테크 기업인 미국의 휴렛팩커드 엔터프라이즈HPE와 공동 개발해 2019년 8월 IAA 프랑크푸르트 모터쇼에서 선보였다. 콘티넨탈과 HPE는 오픈 소스 네트워크를 제공하는 크로스바Crossbar.io의 기술을 기반으로 이 블록체인 플랫폼을 개발했고, '데이터 수익화 플랫폼Data Monetization Platform : DMP'이라 부르고 있다.

'연결되는 주차Connected Parking'라는 제목으로 발표된 이 사례에서 주목해야 할 것은 '타면 벌 수 있다Earn As You Ride'라는 스마트폰 앱이다. 주행 차량의 센서를 통해 수집한 정보 공유에 동의한 운전자는 누구나 이 앱을 이용할 수 있다. 운전자는 주행 중인 차량이 감지한 주차장의 빈 공간 정보를 콘티넨탈에 제공함으로써 토큰을 얻게 된다. 그리고 이 토큰을 주차 서비스 요금을 지불하는 데 이용할 수 있다.

센서를 통해 수집된 정보는 콘티넨탈과 실시간으로 공유한다. 콘티넨탈은 이 정보를 주차 공간 운영업자 등 제3자와 공유함으로써 주차 문제를 해결하는 포괄적인 솔루션을 강화하려 하고 있다. 예를 들면 빈 주차장 정보를 자치단체 등 주차 공간의 관리자가 활용함으로써 관할 지역의 교통 부하를 최적화할 수 있게 된다. 즉, 교통량이 적은 지역의 주차를 촉진하기 위해서 토큰으로 지불하는 주차 요금을 내리거나 반대로 교통량이 많은 지역의 주차 요금을 높게 설정해 커뮤니티 전체의 교통량 부하를 지역 간에 평준화할 수 있다. 이렇게 교통 흐름을 조정하면, 결과적으로 교통 정체의 해소로 이어지게 될 것이다.

⊙ 블록체인 활용으로 협조형 자율주행 추구

블록체인을 활용해 자율주행 개발을 좀 더 효율적으로 진행할 수 있다. 예를 들어, 자율주행 능력을 크게 좌우하는 지도 정보를 자동차 회사 각사가 협조해 작성하거나 도로상의 다양한 차나 드론이 실시간으로 협조하면서 정보를 제공해 완전 자율주행차와 동등한 수준의 주행이 되도록 만들 수 있다. 이런 '협조형 자율주행'은 자율주행 개발에 드는 막대한 비용을 억제하고, 주행 중의 자동차로부터 발생하는 정체나 사고로 인한 막대한 사회적 비용을 줄일 수 있다(〈도표 7-3〉). 그런데 이때 커넥티드 카가 주행 중에 수집하는 데이터의 신뢰성을 높여 자동차들끼리 데이터를 매매하도록 마켓플레이스를 창조하려면 반드시 블록체인이 필요하다.

⊙ 자율주행 지도 생성과 블록체인 활용

현재 자동차 제조사가 개발 중인 자율주행 시스템은 이른바 고정밀 지도High Definition Map : HD-MAP를 기반으로 한다. 다시 말해 각종 센서가 얻은 정보를 이 지도의 정보와 합해 인공지능이 판단한 결과에 따라 자율주행이 이루어지는 것이다. 어찌 보면 자율주행차는 고정밀지도라는 레일 위를 달리고 있는 셈이다.

앞으로 일반 도로에서 자율주행이 실현되려면, 현재 고속도로나 자동차 전용 도로 위주로 작성된 고정밀지도를 일반 도로까지 확대해야 한다. 그런데 여기에는 방대한 비용이 드는 데다, 지도는 만든 순간부터 바로 낡기 시작한다는 문제도 있다. 지도를 다이내믹하게 유지하고 갱신하려면 이른바 라이더LiDAR(광학식 레이더)라 불리는 고가의 센서를 탑재한 특수 차량을 이용해 정밀한 작업을 해야 하는

도표 7-3 | 협조형 자율주행 추구 | 출처·MOBI.

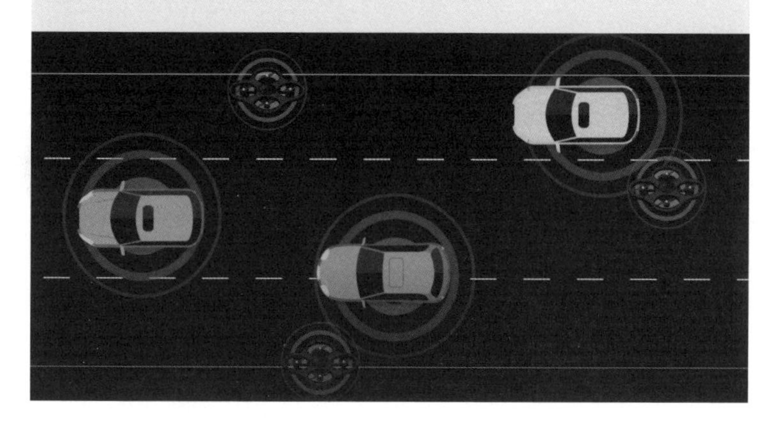

데, 이것은 고비용이 드는 일이다.

그러나 앞으로는 차량 탑재 센서나 GPS(일본에서는 글로벌 내비게이션 위성 시스템인 GNSS)가 고도화되고, 차량에 탑재된 AI의 기능도 강화되어 예측 기능을 높이는 데 도움이 될 데이터를 확충하게 될 것이다. 그렇게 되면 지도가 고정밀이 아니더라도 자동차는 실시간으로 얻은 주변 정보를 활용해 자율주행을 실현할 수 있게 된다. 이런 전제하에 기존 내비게이션의 지도정보Standard Map : SD-MAP를 기반으로 하는 저비용 지도 생성법이 탄생하게 되었다.

GM은 2020년 4월 2일 자율주행용 비중앙집권 분산형 맵Decentralized Distributed Map에 대한 특허를 신청했다. 이 시스템은 많은 차량 센서로 정보를 단번에 수집하고, 기타 데이터와 비교하며 블록체인에서 지도를 갱신하는 구조다. 이렇게 하면 기존에 비해 훨씬 빠른 속도로 데이터를 수집해 보다 최신의 상황을 반영하게 되므로, 신뢰성 높은 지도를 구축할 수 있다. 더욱 구체적으로 설명하면, 맵 생성 프로세스를 보다 많은 차량에 맡기자는 발상에서 나온 이 솔루션에서는 차가 주행하면서 센서를 통해 주변 데이터를 수집하도록 만든다. 그리고 실시간으로 모은 데이터를 기존 내비게이션 지도 정보와 비교 분석한 후, 기존 지도와 차이나는 모든 데이터를 블록체인 네트워크로 송신한다. 이때 지도 갱신으로 이어질 데이터에 대해선 다른 차량이 같은 데이터를 보고할 경우에 옳은 정보로 검증된다.

이런 시스템에는 앞으로 한 가지가 추가될 것으로 예상된다. 그것은 데이터를 블록체인 네트워크에 송신할 때와 드론을 포함한 다른 차량과 데이터를 거래하는 마켓플레이스에 참가할 때 보상을 주는 인센티브 설계다. 그렇게 되면 여러 자동차 제조사들의 차들이 협조해 분산화된 맵 생성 프로세스에 참가함으로써 비용 효율이 높은 고정밀지도를 광범위하게 작성할 수 있을 것이다.

3

새로운 '이동경제'의 창조 - 스마트시티와 순환경제의 실현

지금까지 이 책에서는 모빌리티에 블록체인을 활용한 수많은 활용 사례를 소개했다. 그중에서 사회에의 실제 응용을 목표로 기술 검증을 거듭하고 있는 기업과 조직 대부분이 MOBI에 모여 있다. 이 장의 마지막에는 국제 컨소시엄인 MOBI의 회원 조직들이 경계 없는 협업 속에서 세계적인 트렌드가 된 스마트시티 구축과 순환경제를 어떻게 실현하고 있는지를 설명하려 한다.

⊙ MOBI의 비전 - 교통 기반시설 재정에 혁명을 일으키다

MOBI는 앞으로 다가올 모빌리티 사회에서 새로운 이동경제를 창조하겠다는 비전을 품고 있다. 2019년 11월부터 유튜브에서 동영상으로 전송하고 있는 이 MOBI의 비전을 이 자리에서 소개하고 싶다.[4] 이 비전에는 지금까지 해설해온 다양한 활용 사례의 정수가 가득 담겨 있다.

⊙ MOBI의 비전

도시의 대중교통 시스템에서는 방대한 모빌리티 수요가 교통 기반시설을 압박해 자동차의 안전성을 흔들고 있다. UN에 따르면 도시 인구는 2050년까지 50%나 증가한다. 그렇게 되면 교통 정체나 대기오염 같은, 도시화에 따른 과제에 대한 대처는 앞으로 한층 더 어려워질 것이다.

많은 나라에서 이산화탄소를 가장 많이 배출하는 요인은 자동차 주행이라는 사실도 잊어선 안 된다. 환경에 끼치는 악영향만이 문제는 아니다. 전 세계적으로 연간 교통사고로 125만 명이 목숨을 잃는다. 도시는 이런 공해를 줄이기 위해 도로 기반시설의 유지 및 정비와 차량 흐름을 제어하는 새로운 방법을 고안해야 한다.

MOBI는 급속히 발전하는 AI, IoT, 블록체인 등 테크놀로지의 융합을 통해 사람, 차, 모든 사물, 모든 기반시설에 디지털 ID를 할당할 수 있다고 생각한다. 이런 디지털 ID로 모빌리티 네트워크의 가능성은 무한으로 펼쳐지게 될 것이다. 그리고 이 네트워크에서는 인공지능을 가진 '물건'이 자율적으로 거래를 실행해, 서로 커뮤니케이션하게 될 것이다. 결과적으로 도시는 교통 기반시설의 구축, 운영, 재정의 획기적인 방법을 이 네트워크 안에서 찾을 수 있다.

이런 변혁을 조기에 실현하기 위해 MOBI와 회원들은 2019년 7월 세계 최초로 블록체인에 의한 차량 ID VID 표준규격을 작성했다. VID로 자동차 디지털 트윈을 만들고, 자동차에 탑재된 전자지갑을 활용하면 차량 간 혹은 도로와 차량 간 Vehicle to Everything : V2X 의 M2M 결제 가능성이 확대된다.

카 월렛은 차량이 도로를 주행하면서 치러야 할 기반시설 이용료를 운전자를 대신해 자율적으로 지불한다. 통행료뿐만 아니라 도시에 따라 이산화탄소 배출량에 대해 부과되는 요금도 이 전자지갑에서 자율적으로 지불된다. 한편, 차량 사용자는 서비스와 데이터를 판매해 얻은 토큰을 지불함으로써 이 비용을 상쇄시킬 수도 있다. 예를 들어, 빈 좌석에 사람을 태우거나 사용하지 않을 때 차를 빌려주고 요금을 받을 수 있다. 나아가 기반시설 파손이나 사고 등의 정보를 실시간으로 교통사업자에게 통보해 토큰을 받을 수도 있다.

이처럼 VID, 카 월렛, 토큰의 '3종 세트'를 활용하면 사용자는 전기차 사용, 대중교통 이용, 교통 정체 방지를 위한 우회 경로 선택에 대해 신용 포인트를 높이거나 토큰 보상을 받을 수 있다. 블록체인을 활용한 이런 과금이나 크레디트 제도는 도시 도로망의 교통 수요를 제어할 수 있다는 점에서 도시 교통과 관련된 최대의 난제를 해결하는 새로운 방법이 될 것이다.

카 월렛은 차의 디지털 추적 및 통신 기능으로도 이용할 수 있다. 네트워크상에 다양한 차의 VID가 올라와 서로 연결되어 있으면, 각 차량이 속도, 위치, 진행 방향, 브레이크 조작에 대한 서로의 정보를 주고받을 수 있게 된다. 이로 인해 일정한 지역 내에서 신뢰할 수 있는 ID, 군집 지능Swarm Intelligence : SI, 분산형 측위 시스템Distributed Positioning을 활용한 '협조형 모빌리티Coordinated Mobility'를 실현할 수 있기 때문에 차는 보다 안전하게, 그리고 보다 원활하게 주행할 수 있다.

세계 최대 규모의 모빌리티 컨소시엄인 MOBI의 VID를 카 월렛이나 토큰과 병용하면, 도로 기반시설 소유자는 자동차의 인프라 이용량에 걸맞은 사용료를 직접 징수해 그것을 인프라 정비 및 갱신 비용으로 충당할 수 있다. 만약 이런 구상이 실현된다면 교통 기반시설 재정에 혁명이 일어날 것이다. 왜냐하면 교통 기반시설 소유자는 전 세계적으로 수천 조 달러에 이르는 막대한 인프라가 좌초자산Stranded Assets이 될 위험에서 해방될 수 있기 때문이다. 즉, 기존 도로정비 사업비의 비효율적인 자원 배분을 개선해 교통 인프라의 재정 부담을 시민들 사이에서 서로 보다 공평하게 나누어질 수 있기 때문이다.

영국 옥스퍼드대학교 스미스기업환경대학원Smith School of Enterprise and the Environment이 내린 정의에 따르면, 좌초자산이란 '환경 관련 리스크에 노출됨으로써 예측 불허 또는 시기상조의 상각, 평가절하, 또는 부채로의 전환이 일어나 경제적 리스크가 높아진 자산'을 뜻한다.[5)]

교통 기반시설은 이란 좌초자산의 대표적인 예다. 공해로 환경 리스크에 대한 노출이 증대됨으로써 유지·관리와 갱신 비용이 늘어나 자산가치가 훼손되고, 저수익 불량자산으로 좌초하는 사회자산이기 때문이다. 전동화의 흐름으로 석유가스세 등 세계적인 도로 재원이 취약해지고 있다. 그런 가운데 블록체인을 활용해 지출을 줄이고, 동시에 새로운 수입원을 확보하게 되면 도로 인프라와 관련된 공공투자를 효율화할 수 있다. 덧붙여 지역 간 불균형 때문에 문제가 되는 도로 회계의 수익과 부담 사이에 발생하는 괴리도 해소할 수 있다. 즉, 지역에 관계없이 교통 서비스를 누리는 수익자가 이익의 정도에 따라 비용을 부담하는 '수익자부담 원칙Benefits Principle'을 충족시킬 수 있게 된다.

⊙ 세계 최초의 VID 공동 기술 실증 개시

모빌리티 사회의 혁명을 일으키겠다는 비전을 내건 MOBI는 세계 최초로 공동 개발한 VID를 이용해 앞으로는 사람과 기반시설의 ID를 네트워크상에서 연결해 도시의 디지털 트윈 창조에 공헌할 것이다. 즉, MOBI는 모빌리티 측면에서 스마트시티 구축을 추구해나가고 있다.

가까운 시일 내에 MOBI는 전 세계 도시에서 여러 자동차 제조사들이 중심이 된 VID 공동 기술 검증Multi-Stakeholder Proof of Concept을 시작할 예정이다. 다양한 블록체인 활용 사례를 조합해 MOBI 회원 기업과 도시, 자치단체가 공동 프로젝트를 실시하게 된다. 공동 기술 검증의 제1탄은 코로나19 팬데믹이 진정되는 대로 유럽 지역에서 실시되고, 이어서 아시아 도시에서도 실시할 예정으로 협의 중이다.

⊙ 분산형 애플리케이션 '사이토피아' 개발

MOBI는 분산형 애플리케이션dApps인 사이토피아Citopia를 개발했다. 사이토피아는 공동창립자이자 COO인 트램 보Tram Vo가 시티City(도시)와 유토피아Utopia(이상향)를 합쳐서 만든 말이며, 스마트시티 구축을 목표로 하는 도시에서 이 앱을 활용하려 하고 있다.

덧붙여 dApps란 블록체인을 이용해 서비스나 게임을 제공하는 앱의 총칭이다. dApps의 주요 특징은 ①앱 구조가 공개된 오픈 소스이며 블록체인기술을 활용하고 있다. ②중앙 관리자가 존재하지 않고 앱은 비중앙집권적으로 관리되고 있다. ③자유롭게 가치를 교환할 수 있는 토큰 발행과 앱 내에서 해당 토큰을 주고받는 구조를 만들어 자율적으로 운영된다. ④앱 업데이트를 위해 사용자가 합의하는 구조다.

사이토피아는 블록체인을 활용한 모빌리티 플랫폼이다. 외부의 서비스와 시스템을 연계하기 위한 프로그램이나 인터페이스를 공개함으로써 데이터를 주고받는 이른바 오픈 APIApplication Programming Interface라는 구조를 채택하고 있다. 사이토피아 플랫폼은 데이터 프라이버시 보호, 모빌리티 서비스의 가시성과 상호 운용성, 네트워크 내 노드(모달)의 최적화를 실현한다. 그리고 여러 가지 모빌리티 서비스를 연결해 지역이나 커뮤니티가 보다 좋아지도록 협업할 수 있게 만들어준다. 구체적으로 말하자면 사이토피아를 채택한 도시나 커뮤니티에서는 소액결제와 스마트 계약을 활용한 종량 과금형 UBI나 도로 이용료, 주차 요금 지불 시스템을 구축할 수 있다.

또, 블록체인에서 거래가 이루어지기 때문에 조작할 가능성이 높은 수리나 리콜 이력을 숨김없이 정확하게 기록할 수 있다. 한마디

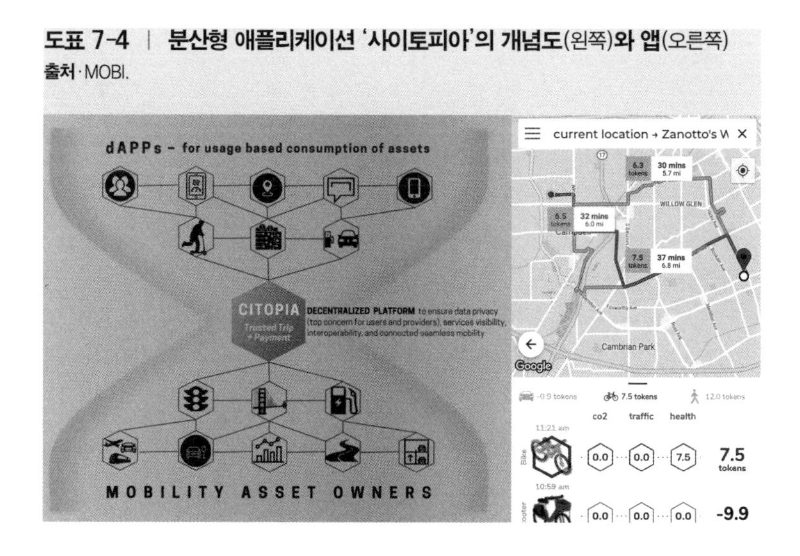

도표 7-4 | 분산형 애플리케이션 '사이토피아'의 개념도(왼쪽)**와 앱**(오른쪽)
출처 · MOBI.

로 말해 사이토피아는 지금까지 이 책에서 설명해온 데이터 거래 시장 구축, 전기차와 전력망의 융합, V2X거래, P2P 라이드셰어링, 그리고 멀티 모달이 심리스로 연결된 MaaS 등을 모두 실현할 수 있는 앱이다.

사이토피아가 구축하는 토큰경제에서는, 교통 기반시설, 주차 공간, 차량과 같은 모빌리티자산 소유자가 이용량에 따른 도로 이용료나 주차료를 이용자로부터 정확하고 공평하게 징수할 수 있다. 또, 교통 정체, 이산화탄소를 포함한 배기가스 배출, 도로 손상에 대한 자동차의 사회적 비용도 회수할 수 있다(〈도표 7-4〉). 또, 사이토피아가 MOBI의 공동 기술 검증 등에서 활용될 때 도시, 지자체, 기술 검증 참가 조직의 요구에 맞춰 토큰을 가산하거나 감산하는 파라미터를 설정할 수도 있다.

⊙ 순환경제와 친화성이 높은 블록체인

순환경제로의 가치전환이 글로벌하게 진행되기 시작하고 있다. 자동차 산업의 밸류체인의 상류에서 하류까지 망라하는 MOBI의 활동에서도 순환경제 추구는 중요한 테마가 되고 있다.

순환경제란 자원 순환을 통해 이루어지는 이상적인 경제 형태다. 즉, 조달, 생산, 소비, 폐기로 이어지다가 끝나는 한 방향의 흐름이 아니라 재활용, 재사용, 재생산, 자원 절약형 제품 개발, 공유 등을 통한 자원 순환 실현을 목표로 한다. 또, 산업혁명에서 이어진 대량생산 대량소비 대량폐기를 대체하는 새로운 경제 구조라 할 수 있다.

순환경제는 세계적 규모로 확대될 가능성을 품고 있다. UN의 SDGs가 추구하는 수많은 개별 목표가 순환경제로 이행되도록 촉진하고, 지속가능성 실현을 목표로 하고 있기 때문이다. 그리고 순환경제는 자원 효율을 추구하므로 탈탄소 사회 실현으로도 연결된다.

순환경제와 블록체인은 친화성이 높다. 블록체인 활용으로 유통의 추적관리를 보장하고, 자원 순환 과정의 투명성을 높여 재활용·재사용과 공정무역을 촉진할 수 있다. 또, 블록체인은 디지털 ID 관리, 조작이 어려운 데이터 기록, 스마트 계약의 실행을 베이스로 한 P2P 거래를 하기 때문에 공정한 가격 형성을 재촉하는 기술로서 도입이 진행되고 있다. 그리고 바로 이런 점이 공유 서비스 확대를 뒤에서 지지하는 역할을 하고 있다. 한편, 순환경제를 통해 탈탄소 사회를 추구하는 시대적인 흐름 속에서 지금 많은 주목을 끄는 분야는 탄소배출권이다. MOBI 분과회에서도 주제로 꼽히는 탄소배출권의 시장 확대에는 블록체인의 활용이 효과적이다.

탄소배출권 문제에 블록체인을 활용하는 사례는 두 가지를 들 수 있다. 첫째는 탄소배출권 거래와 관련된 데이터를 블록체인으로 관리하는 것이다. 둘째는 탄소배출권의 토큰화다.

이산화탄소배출권 중 하나인 탄소배출권은 거래 가능한 이산화탄소 배출 삭감량을 증명하는 것이다. 기후변화에 관한 국제협정 '교토 의정서'가 1997년 제정된 이후 각국 정부와 기업은 초과한 이산화탄소 배출량을 상쇄하기 위해(이른바 카본 오프셋), 탄소배출권을 구입하고 있다. 반대로 배출 감축량이 남아도는 국가나 기업은 획득한 탄소배출권을 매각한다.

온실가스인 이산화탄소의 일정량 삭감을 목표하지만 국가 산업·기업별 삭감 비용이 다르기 때문에 이와 같이 탄소배출권을 '거래'하는 구조가 생겨났다. 무엇보다 탄소배출권 거래는 이산화탄소 배출량의 산출과 측정이 복잡하고, 거래를 기록하는 시스템이 나라마다 다른 점 등으로 인해 낮아진 거래의 투명성이 문제가 되고 있다. 만약 이산화탄소 배출량과 산출 방법을 블록체인에 기록하고 참가자들이 공동으로 참여하는 플랫폼에서 이 기록을 관리할 수 있도록 하면 탄소배출권 거래의 투명성과 신뢰성이 담보되어 유동성을 높일 수 있다.

⊙ 탄소배출권의 토큰화 –
탈탄소를 위한 행동 변화를 일으키다

탄소배출권의 토큰화는 블록체인기술을 활용해 탈탄소 사회를 만드는 데 기여하는 소비행동에 보상을 해주는 구조다. 예를 들어, 캐나

다의 블록체인 기업 카본XCarbonX가 실시한 탄소배출권의 토큰화가 있다. 일단 카본X는 레드플러스REDD+ : Reducing Emissions from Deforestation and Forest Degradation Plus(기후변화 억제를 위한 국제적 규정)에 따라 기업들을 대표해 탄소배출권을 구입한다. 그리고 그 탄소배출권을 환금 가능한 토큰으로 전환하고, 그 토큰을 기업에 판매한다. 토큰을 구입한 기업은 이산화탄소 배출량이 적은 소비 활동을 한 소비자에게 그것을 부여한다. 토큰을 획득한 소비자는 다른 상품 및 서비스 구입에 해당 토큰을 이용하거나, 기타 다른 암호화폐로 교환할 수도 있다. 토큰의 모든 거래는 블록체인에 기록되므로, 투명성이 보장된다.

탄소배출권의 거래는 국가와 기업 간에 이루어지지만, 탄소배출권 토큰을 만들면 개인도 이산화탄소 삭감 노력을 직접 보상받을 수 있게 된다. 컨소시엄이나 기업이 이런 토큰으로 탈탄소 행동 변화를 촉진하는 인센티브 설계를 구축하면 개인 소비자는 스스로 친환경 상품과 서비스를 구입하게 된다.

모빌리티에도 탄소배출권 토큰을 적용하면 다음과 같은 활용 사례를 생각할 수 있다. 자동차 제조사가 전기차 판매 등으로 스스로 획득하거나 시장에서 구입한 탄소배출권을 토큰화한다. 그리고 이 토큰을 스마트 그리드에서 전기차를 이용하는 사람이나, 전기차를 이용하는 공유 서비스의 운전자에게 줄 수 있다. 토큰 부여량은 P2P 거래에 의한 이차전지의 전기 판매량이나 전기차 주행거리에 따라 결정하면 된다.

탄소배출권의 토큰화로 자동차 제조사가 누리는 이점은 일반적인 고객용 포인트 프로그램과 같은 효과 외에도 더 많은 것이 있다. 블록체인에 기록된 토큰 획득자이자 익명 사용자들의 데이터와 토큰의 거래 이력에 접속할 수 있기 때문에 그 데이터를 기반으로 효과적인 마케팅을 전개할 수도 있다. 또, 이처럼 '사회에 좋은 일을 하면 할수록 이득'이 되는 토큰경제가 형성되면, 소비자는 전기차 구입과 이용을 선호하게 된다. 그리고 그 결과 전기차 판매가 늘어나 전기차 제조사는 탄소배출권을 획득할 기회가 확대된다.

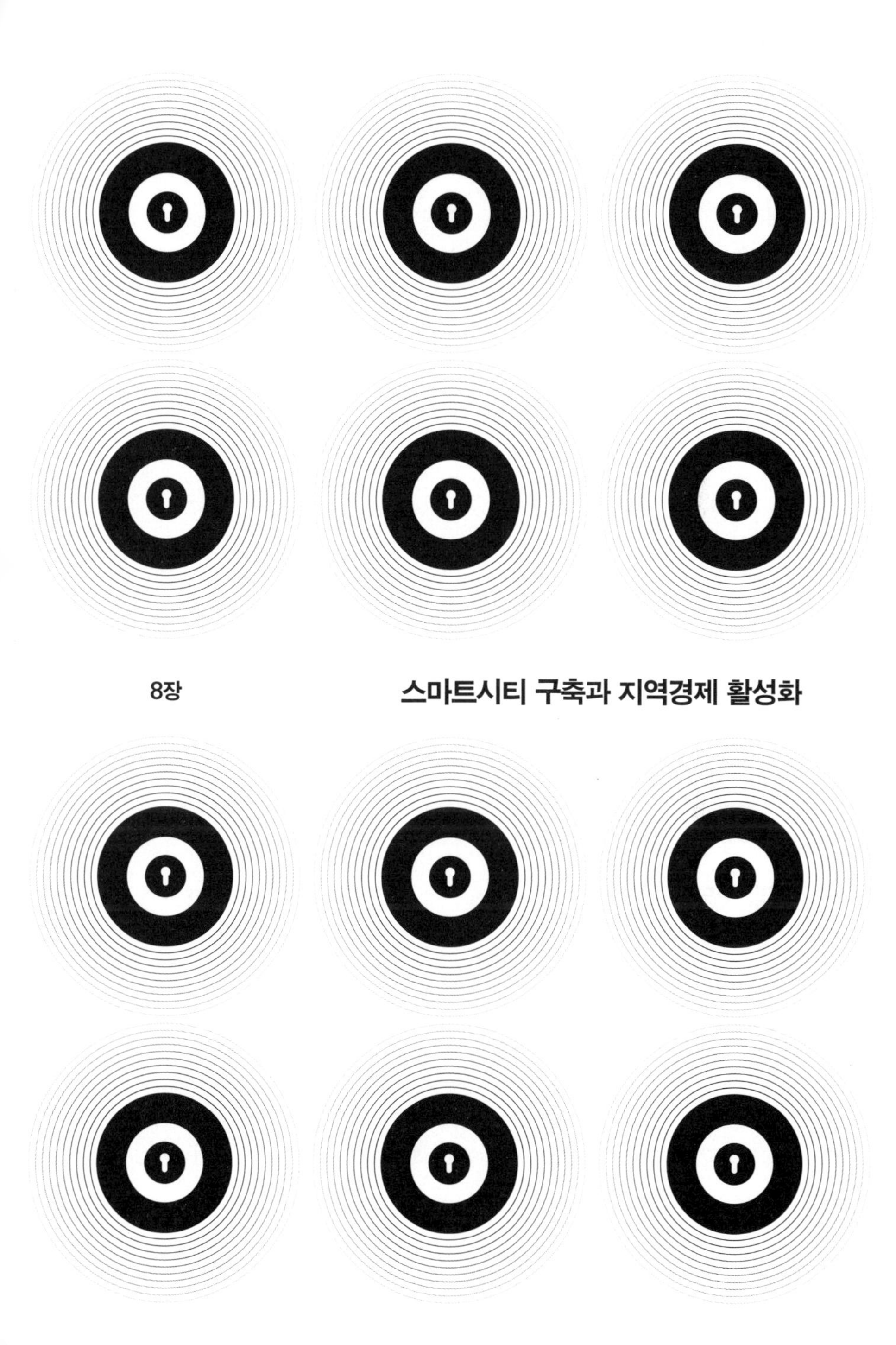

8장 스마트시티 구축과 지역경제 활성화

1

변화를 추진하는 유럽

이 책의 마지막 장에서는 스마트시티와 블록체인 모빌리티 추구에 적극적인 유럽, 중국 그리고 아시아 지역의 움직임에 대해 소개하려 한다. 그리고 이어서 자동차 산업에 대한 제언으로 이 책을 마무리하고자 한다.

⊙ 유럽 주도로 컨소시엄 형성

세계에서 블록체인기술의 개발과 도입에 가장 적극적인 곳은 유럽이다. 2018년 4월 10일 유럽위원회EC는 블록체인 발전을 촉구하는 유럽 블록체인 파트너십European Blockchain Partnership : EBP을 체결했고, 여기에 유럽 22개국이 합의했다. 그 후 리히텐슈타인 등 다른 유럽 6개

국가도 추가 합류했다. 이 파트너십의 목적은 블록체인의 기술 혁신을 뒷받침할 뿐만 아니라, 유럽 각국의 규제들이 서로 보조를 맞추게 하려는 저의도 있다.

유럽 주도의 블록체인 컨소시엄 형성은 글로벌하게 확대되고 있다. EBP 설립 1년 후인 2019년 4월 3일 EC는 블록체인을 추진하는 105개 기업·단체가 모인 국제표준화 단체 'INATBA International Association of Trusted Blockchain Applications'를 브뤼셀에서 설립했다.

INATBA에는 국제 컨소시엄인 국제은행간통신협회 SWIFT와 MOBI, 스위스의 크립토밸리협회 Crypto Valley Association, 유럽 역외 기업인 IBM, 후지쓰, NEC가 가입해 있다. 또, 블록체인 개발 기업 컨센시스, R3, IOTA 재단, 리플 Ripple, 비체인, 비랩스 등도 참여하고 있다. 세계 각국의 산업계, 정책 담당자, 국제기구, 규제 당국, 시민단체 등이 모인 INATBA는 블록체인의 활용이 기대되는 각 섹터에서 가이드라인과 국제 기준을 제시하는 것을 목적으로 한다.

유럽 역내에서 블록체인 연구를 촉진하기 위해 유럽연합 EU 각국 및 유럽에 거점을 둔 테크놀로지 기업들은 적극적인 행동에 나서고 있다. 2017년 8월 EU가 역내 기업을 지원하기 위해 운영하는 세계 최대 규모의 이노베이션 지원 프로그램 '호라이즌 2020 Horizon 2020'과 유럽위원회 EC가 연대해 함께 콘테스트를 실시했다. 이 콘테스트에서는 '사회적 선을 위한 블록체인 Blockchains for Social Good', 즉 사회 이노베이션에 기여하는 비즈니스 아이디어를 겨뤘다.

또, 2018년 2월 1일에는 'EU 블록체인 포럼EU Blockchain Observatory and Forum'이라는 조직이 설립되었다. 이 조직의 목적은 유럽에서 블록체인 이노베이션을 가속화하고, EU 내 블록체인 생태계를 개발하는 것이다. 현재 100명 이상의 정책 결정자와 전문가가 모여 열심히 포럼 활동을 하고 있다.

한편, 호라이즌 2020에는 2014년부터 2020년까지 7년간 총 800억 유로의 예산이 투입되었다. 차기 프로그램인 호라이즌 유럽Horizon Europe은 2021년부터 2027년까지 7년간 총 944억 유로를 역내 연구 개발 지원에 쓸 것이다.

⊙ 유럽 그린 딜과 그린 리커버리

EC의 가장 중요한 의제는 2019년 12월 우르줄라 폰데어라이엔Ursula von der Leyen 위원장이 공표한 '유럽 그린 딜The European Green Deal'이다. 이제 유럽 그린 딜은 환경문제에 대한 대응책이자 성장 전략으로 자리 잡았다.

2020년 5월 27일 EC는 코로나19 바이러스의 팬데믹 후의 경제 재건을 도모하기 위한 부흥 기금안을 발표했다. 총 7,500억 유로 규모의 이 기금은 '차세대 EUNext Generation EU'로 불리기도 하며, 디지털화뿐만 아니라 기후변동과 순환경제에 대한 대처를 축으로 부흥해야 한다는 생각, 즉 그린 리커버리Green Recovery(녹색 부흥)를 주요 골자로 삼고 있다.

유럽 그린 딜이나 그린 리커버리의 실현을 위한 산업 정책은 2020년 3월 10일 공표된 '유럽 신산업 전략A New Industrial Strategy for Europe'에 잘 정리되어 있다. 이 전략이 제시하는 산업 정책은 그린과 디지털을 양 날개로 삼고 있으며, 블록체인을 미래 유럽에 전략적으로 중요한 기술 중 하나로 제시하고 있다. 또, 산업에서는 기존 에너지 산업으로부터 디지털 관련 포함 새로운 산업으로의 이행과 전환을 촉진하는 구조를 추구할 뿐 아니라 '지속가능한 스마트 모빌리티Sustainable and Smart Mobility'를 추구한다고 명기되어 있다. 이처럼 그린과 디지털로의 이행을 목표로 하는 유럽의 새로운 산업 정책에서는 블록체인과 모빌리티는 매우 중요한 테마다.

⊙ 네덜란드에서 밝혀진 소니의 블록체인 모빌리티

순환경제의 성지로서 세계적으로 유명한 나라는 네덜란드다. 이 나라의 수도 암스테르담에서는 행정부, 시민, 스타트업을 포함한 기업, 학술기관과 각종 단체 등 민·관·학이 하나가 되어 순환경제 개념을 다양한 비즈니스 활동에 접목해 실천하고 있다. 코로나19 팬데믹이 한창이던 2020년 4월 8일 암스테르담시는 순환경제로의 완전 이행을 목표로 5개년 계획 '암스테르담 순환 2020~2050 전략Amsterdam Circular 2020~2050 Strategy'을 발표했다.

이 계획은 영국 옥스퍼드대학교의 경제학자 케이트 레이워스Kate Raworth가 제창한 도넛 경제 모델The Doughnut Economic Model(도넛의 안쪽 고리는 사회적 기초, 도넛의 바깥쪽 고리는 생태적인 한계로 정의한, 이 둘 사이의 균형을 이루는 경제 시스템 이론 - 옮긴이)을 채택한 것이 특징이다.[1]

2020년 4월 23일 소니는 네덜란드 MaaS용으로 블록체인기술을 활용한 공통 데이터베이스 기반 플랫폼인 '블록체인 커먼 데이터베이스BCDB'를 개발했다고 발표했다.[2] 네덜란드의 인프라 및 수자원 관리부가 2019년 공모한 MaaS의 '블록체인 챌린지 프로그램'에 소니가 참여해 이 프로그램이 시작되었고, 2020년 3월 말까지 이 BCDB를 기반으로 한 기술 검증을 했다. 블록체인기술을 MaaS용으로 활용해 대규모 인구의 이동 기록과 수익 배분 데이터도 익명으로 공유할 수 있다는 것을 보여준 업계 최초의 실증 실험이었다.

한편, BCDB는 MaaS에 한정하지 않고, 스마트시티 구상에 필요한 각종 센서 데이터의 기록이나 공유 등에 응용하는 것도 기대할 수 있다.

소니가 블록체인기술을 교육이나 엔터테인먼트 영역에서 응용하고 있다는 것은 이미 알려진 사실이었지만, 모빌리티에 활용하는 길도 모색하고 있다는 사실이 네덜란드의 사례로 분명해졌다. 소니는 블록체인 기반 암호기술 개발에 오랫동안 실적과 노하우를 쌓아온 회사다. 암호기술을 베이스로 한 소니의 대표작은 지금 전 세계에서 사용되고 있는 비접촉형 IC카드 기술, 펠리카FeliCa다. 이렇듯 소니는 블록체인이나 암호기술에 관련된 사람들에겐 특별한 존재다. 게다가 2020년 1월에는 미국 라스베이거스에서 열린 CES(세계 최대의 전자제품 박람회)에서 독자 개발한 전기차 비전-SVision-S를 발표해 세계를 놀라게 했다. 특히 이 발표에 열광한 것은 블록체인 업계였다. 고도의 암호기술을 지닌 소니가 개발한 전기차이니만큼 M2M 결제가 가능한 '블록체인 모빌리티'일 것이라고 많은 업계 관계자들이 기대를 품었기 때문이다.

소니는 비전-S에 블록체인기술을 활용한다고 직접 발표하지는 않았다. 하지만 네덜란드에서 블록체인을 적용한 모빌리티 서비스를 보여주었기 때문에 소니다운 강점을 살려 자동차 산업에 본격 진출할 가능성은 크다고 볼 수 있다.

⊙ 블록체인 허브인 베를린으로 향하는 테슬라

"블록체인 코스모스(우주)에서 가장 중요한 거리는 베를린이다."

이더리움Ethereum : ETH의 공동창업자이자 블록체인 개발 기업 컨센시스의 창업자인 조셉 루빈Joseph Lubin이 한 말이다.[3] 루빈은 블록체인 사회를 구축하기 위한 인프라 및 수많은 재능 있는 경영자와 프로그래머가 베를린에 있다고 강조했다. 오션 프로토콜의 CEO인 브루스 폰Bruce Pon은 '베를린 거리에 자주독왕(自主獨往) 정신이 뿌리내리고 있다'는 사실도 전 세계로부터 블록체인 업계의 재능 있는 자들을 끌어들이는 배경이라고 말한다.[4)]

실제로 베를린에서는 세계적으로 널리 알려진 오션 프로토콜, 이더리움, IOTA를 포함한 약 100개의 블록체인이나 암호화폐 관련 프로젝트가 진행 중이다. 현재 베를린은 2,000여 개의 스타트업 기업이 몰려 있어 유럽을 대표하는 스타트업 허브로도 꼽히지만, 세계 최대 규모의 블록체인 허브로도 주목받고 있다.

2019년 9월 18일 독일 연방정부는 종합적인 블록체인 국가 전략Blockchain-Strategie der Bundesregierung이 내각의 승인을 받았다고 밝혔다. 그리고 블록체인은 미래 인터넷의 중요한 일부가 될 것이므로 블록체인기술이 국력 강화에 기여하게 되리라는 추가적인 견해도 밝혔다. 현재 베를린에서는 독일 국내외의 대기업이 사무실을 마련해 스타트업이나 블록체인 개발 기업과 공동 창업을 모색하는 움직임이 가속화되고 있다. 그중에서도 독일계를 중심으로 한 자동차 회사, 부품업체, 에너지 관련 기업들이 연구개발 활동을 활발히 진행 중이다. 이런 사실 뒤에는 앞서 언급한 유럽 그린 딜 같은 지역 특유의 산업 육성 풍토가 확실하게 조성되어 있다는 배경이 자리 잡고 있다.

2019년 11월 13일에는 테슬라가 베를린 인근에 새로운 공장을 설립할 것이라고 밝혔다. 미국, 중국에 이어 네 번째인 공장 '기가팩토리 4'는 베를린 신공항 근처 브란덴부르크주 그륀하이데Grünheide에 건설되어 2021년부터 차량, 이차전지, 구동장치 생산을 개시할 예정이다. 또, 베를린 내에 엔지니어링 디자인 센터도 설립될 예정이다.

테슬라의 CEO인 일론 머스크는 유럽 최초의 공장 설립지로 독일을 선택한 이유를 독일 자동차 산업의 기술력이 높기 때문이라고 밝혔다. 이어서 브란덴부르크주 총리는 테슬라 공장을 유치하는 데 성공한 요인으로 베를린에 가까운 입지적 장점과 독일에서 유일하게 앞으로 재생가능 에너지만으로 생산 활동을 할 수 있는 지역이라는 점을 들었다.

근대 자동차 산업의 발전은 나중에 메르세데스벤츠 S시리즈와 폭스바겐 비틀의 창시자가 될 오스트리아인 페르디난트 포르셰 박사Prof. Ferdinand Porsche로부터 시작되었다. 좀 더 정확히 말하자면, 그가 만든 세계 최초의 전기차인 로너 포르셰Lohner-Porsche가 약 120년 전인 1900년 파리 만국박람회에 나타나면서 네 바퀴로 굴러가는 자동차의 발전이 시작되었다.

자동차 산업에서 이른바 '100년에 한 번 올까 말까 한 대변혁'을 일으킨 일론 머스크가 이끄는 테슬라가 신공장 설립지로 유럽의 차세대 모빌리티와 블록체인의 메카인 베를린을 택한 것은 어쩌면 아주 당연한 선택이다. 왜냐하면 CASE와 블록체인의 선구자임을 증명해온 테슬라에게 베를린은 생산지로뿐만 아니라 새로운 이노베이션을 추구하는 데 필요한 자원을 갖춘 장소로도 더없이 매력적이었을 것이기 때문이다.

테슬라의 움직임으로부터 자동차 산업의 '유럽 회귀' 흐름이 생겨나고 있다고 해도 지나친 말은 아닐 것이다. 앞으로도 베를린을 중심으로 한 유럽발 모빌리티와 자동차의 진화에는 주목해야 할 필요가 있다.

2

블록체인 강국을 노리는 중국

⊙ 관련 특허 취득 수 세계 1위

유럽에 이어 블록체인기술을 사회에 적용하는 데 의욕적인 국가는 중국이다.

> "블록체인기술 응용은 새로운 기술 혁신과 산업 이노베이션에 중요한 역할을 한다. 블록체인은 핵심기술이 일으키는 자주적인 이노베이션의 돌파구이므로, 블록체인기술과 산업 이노베이션의 진전을 가속화시켜야 한다."

2019년 10월 24일 중국 공산당 중앙위원회 정치국 제18회 집단 학습이라는 회의에서 시진핑 국가주석이 했던 말이다. 시진핑 주석은 여기에서 처음으로 블록체인이란 단어를 언급했으며, 국가 전략

으로서 블록체인기술의 발전을 적극적으로 추진하겠다는 의욕을 보였다.[5)]

이 발언이 있고 나서 2일 후인 2019년 10월 26일에는 전국인민대표대회(전인대) 상무위원회에서 암호의 응용과 관리를 규범화했다. 그리고 블록체인 관련 분야의 발전을 위한 종합 법률, '암호법'을 채택하고 공포해 2020년 1월 1일부터 시행했다.

중국은 일찍부터 블록체인기술의 연구개발이나 기술 검증을 적극적으로 실시하고 있었고, 국가, 지방정부, 기업의 블록체인 활용 노력도 활발했다. 그런데 시진핑 주석의 '큰 호령'을 계기로 지금은 그 어느 때보다 눈부시게 움직이고 있다.

중국의 블록체인 업계를 이끄는 것은, 2019년 블록체인 관련 특허 취득 수 세계 1위의 텐센트, 같은 분야 세계 2위인 알리바바와 바이두처럼 중국을 대표하는 세계적인 디지털 플랫폼 기업이다. 이들 거대 IT 기업 외에 스타트업도 포함한 중국의 블록체인 관련 기업은 약 3만 개에 이른다. 중국에서 취득되는 블록체인 관련 특허 수는 세계 제일로 미국의 3배 규모다.[6)] 중국은 블록체인 강국을 향해 착실하게 걸음을 옮기고 있다.

⊙ 스마트시티의 기반은 블록체인

중국은 블록체인을 스마트시티의 기반으로 파악하고 있다. 중국 공업정보부 산하 조직인 중국정보통신기술연구원CAICT은 2019년 11월 《새로운 스마트시티에 활력을 불어넣는 블록체인》이라는 제목의 백서를 발표했다.

2019년 9월 25일 베이징 근교의 스마트시티 실험 도시인 슝안신구(雄安新區)에서는 텐센트, 알리바바, 바이두, 중국 핑안보험 등의 대기업과 대학, 연구기관이 컨소시엄을 형성해 본격적인 스마트시티 연구에 들어갔다. 2020년 4월 24일에는 DCEP(다음 단락에서 자세히 설명)의 기술 검증이 시작되었고, 참가 기업 리스트에는 맥도날드, 스타벅스, 서브웨이 등 해외 유명 기업들의 이름도 줄줄이 올라와 있다.

덧붙여 중국은 블록체인기술을 활용한, 세계 최초로 중앙은행이 발행한 디지털 위안화Digital Currency Electronic Payment : DCEP를 도입하기 위해 많은 도시에서 기술 검증을 실시하고 있다.

중국은 스마트시티 내 디지털자산의 가치 교환 매개체로서 DCEP를 활용할 뿐 아니라 AI, 블록체인, IoT도 도입한 '디지털 도시' 구축을 목표로 하고 있다.

슝안신구를 포함한 중국의 수많은 스마트시티의 중심적 존재인 바이두는 2019년 11월 8일 블록체인을 활용한 '블록체인 스마트시티'의 진전을 공표했다. 이 발표에 따르면, 베이징, 광저우, 충칭, 칭

다오 등에서 실시하고 있는 기술 검증에서 블록체인을 활용한 영역은 의료, 사법, 행정 서비스 그리고 교통 분야다.

교통 영역에서는 차량, 스마트폰, 노상의 감시 카메라 등 다양한 장소에 있는 IoT 기기로부터 수집한 데이터를 블록체인에 기록해 데이터 조작을 방지하면서 도로의 최신 정보를 실시간으로 갱신하고 있다. 이렇게 되면, 교통 위반이나 교통사고가 일어났을 때 조작이 불가능하면서 정확한 도로 상황 데이터를 확보함으로써 신속한 단속이나 사고 처리를 할 수 있게 된다.[7)]

중국의 자율주행 개발을 선도하는 바이두가 이처럼 블록체인을 기반으로 한 스마트시티 구축에 매진하는 것은 그만큼 시사하는 바가 크다. 앞으로 중국의 자동차 산업계에서는 스마트시티 구축을 위해 블록체인을 활용한 모빌리티 서비스를 개발하고 도입하려는 움직임이 더욱 가속화될 것이다.

3

블록체인 허브 노리는 대만

⊙ 아시아의 블록체인 허브를 향해

"대만을 블록체인 산업의 국제적 허브로 만들고 싶다."[8)]

이것은 대만의 행정기관인 국가발전위원회가 한 말이다. 이어서 2019년 7월 12일에는 블록체인 분야에서 산·관·학 연계로 대만 블록체인대연맹Taiwan Blockchain Alliance이 설립되었다.

대만 정부는 '스마트 정부' 구축을 목표로 하고 있다. 이미 수많은 정부기관이 블록체인기술 기반 행정 서비스를 도입할 계획이며, 블록체인을 통한 공무 집행의 효율화도 도모하고 있다. 이와 더불어 블록체인기술을 활용해 각 산업 분야에서 독특한 경쟁력을 갖추려는 '블록체인 플러스'는 산업계 전반을 새롭게 하는 동시에 한층 더

업그레이드시켜줄 것이다. 대만이 이처럼 블록체인 기반 개혁에 집중하는 배경에는 나라 전체가 디지털 국가로 성장하고 싶다는 의도가 깔려 있다.[9)]

⊙ 세계 유수의 선진 스마트시티 타이베이, 블록체인에 주목

대만에서도 스마트시티 구축을 향한 움직임이 활발하다. 특히 타이베이는 스위스 IMD(국제경영개발대학원)가 평가한 2019년 세계 스마트시티 랭킹에서 세계 7위, 아시아에서는 싱가포르에 이어 2위를 차지한 세계 유수의 선진 스마트시티로 유명하다.[10)]

코로나19 바이러스 감염 예방 대책이 앞섰던 것처럼, 의료 서비스의 퀄리티가 높은 것은 물론이고, 무료 공공 Wi-Fi 지역이 많고, 공공교통기관의 티켓 구입의 편리성이 뛰어난 점 등, 타이베이는 모빌리티에 관련된 조사 항목에서 높은 평가를 받고 있다. 덧붙여 행정 규제 완화로 자전거, 전동 스쿠터, 전기차, 주차장 등을 공유하는 시스템이 보급되어 있는 데다 이런 서비스를 전자화폐로 결제할 수 있다.

이처럼 선진 스마트 도시인 타이베이는 블록체인기술 도입에도 적극적이다. 2018년 1월 30일 타이베이시는 스마트시티를 추진하기 위한 첫걸음으로 IOTA 재단과의 제휴를 발표했다.[11)] 또, 대만의 블록체인 개발 기업인 비랩스는 2018년 10월 15일 IOTA를 기반으로 한 디지털 신분확인 시스템을 구축해 타이베이시의 디지털 시민카드 기반기술로 제공하고 있다.[12]

⊙ 전동 스쿠터용 교체형 배터리는 대만의 '블록체인 플러스'에

대만 블록체인대연맹의 회원이기도 한 비랩스는 6장에서 소개한 대로 블록체인을 활용한 UBI의 기술 검증을 하고 있다. 그리고 동시에 모빌리티 영역에서도 다른 활용 사례를 찾기 위해 여념이 없다. 비랩스의 CEO 겸 공동창립자인 엘먼 추Lman Chu는, 대만에서 스마트시티를 구축할 때 블록체인을 활용한 모빌리티로 주목받는 사례로 전동 스쿠터용 교체형 배터리를 든다.[13]

인구 2,300만 명이 살고 있는 대만의 이륜차 총보유 대수는 1,200만 대에 이른다. 2명 중 1명이 이륜차를 보유하고 있을 정도로 세계에서 이륜차가 가장 높은 비율로 보급된 나라다. 사실상 어린이와 노인 인구를 제외하면 실질적으로 1인 1대 수준으로 보급되어 있다고 할 수 있다.

이처럼 이륜차 강국인 대만에서 지금 사륜차와 마찬가지로 이륜차에도 전동화 바람이 불고 있다. 특히 최근에는 전동 스쿠터의 보급이 빠르게 확산되는 추세다. 대만 정부도 '전동 스쿠터판 테슬라'로 주목하는 현지 제조업체 고고로Gogoro(2011년 창업)는 교체형 배터리 공유 서비스 제공으로 전동 스쿠터 시장에서 1위를 차지하게 되었다.

대만 정부는 이산화탄소의 배출 삭감을 위해, 전기차 보급을 추진하고 있다. 전동 스쿠터의 교체형 배터리 공유 서비스, 배터리 교환소를 스마트 그리드에 융합시키는 생태계의 토큰경제 시스템 등 블록체인을 활용한 새로운 구조를 도입할 여지가 크다. 고고로의 주요 주주에는 싱가포르 정부 산하 투자회사 테마섹 홀딩스가 포함되어 있다. 앞으로 전동 스쿠터용 교체형 배터리에 블록체인을 활용하는 서비스는 이륜차 보급대수가 많은 동남아시아 다른 국가들에 보급될 가능성이 크다. 따라서 아시아에서 전개될 대만발 '블록체인 플러스(기존 산업이 블록체인과 결합하면서 새로운 부가가치를 만드는 혁신을 이룬다는 뜻임 - 옮긴이)'를 기대해볼 만하다.

4

아시아 각국에서 진행되는 블록체인 모빌리티

아시아의 그 외 국가들 중에서도 국가정책 차원에서 블록체인기술 도입을 적극 지원해 모빌리티에 활용하려고 모색하는 움직임이 일어나고 있다. 지금까지 이 책에서도 언급했듯이 중국 이외의 아시아 블록체인의 최대 허브는 싱가포르라고 할 수 있다. 그 밖의 아시아 국가로는 세계 5위의 자동차 대국 인도와 세계적인 대형 자동차 제조사가 있는 한국의 움직임을 살펴볼 필요가 있다.

⊙ 국가 프로젝트에 주력하는 인도

2020년 1월 나렌드라 모디 인도 총리가 의장으로 있는 정책 싱크탱크인 NITI위원회NITI Aayog는 〈블록체인 : 인도의 전략Blockchain : The India

Strategy〉이라는 블록체인 정책 토론 자료를 공개했다. 이 자료는 정부 결정자, 기업 경영자, 국민 등 다양한 이해관계자에게 블록체인의 기본 개념과 스마트 계약의 의미를 설명하는 것으로 시작되며, 블록체인기술의 활용 사례도 소개하고 있다.

이 자료에선 블록체인을 인도의 정치 경제 패러다임의 변화를 가져올 가능성이 큰 기술로 설명하고 있다. 모빌리티에 대해서도 언급하고 있는데, 활용 사례 중에는 블록체인을 자동차보험과 전기차 교체형 배터리에 적용하는 경우도 있다. 코로나19 팬데믹이 한창이던 2020년 4월 29일 인도의 IT와 전자 산업 개발을 담당하는 전자정보기술부MeitY의 산제이 도티Sanjay Dhotre 장관은 여러 블록체인 프로젝트들의 공통 인프라 구축을 목표로 하는 '국가 수준 블록체인 체제National Level Blockchain Framework'에 대한 보고서를 곧 발표하겠다고 언론에 밝혔다.[14]

⊙ 선진국으로 도약하려는 한국

한국도 블록체인을 성장 산업으로 유망하게 내다보고 있다. 한국 정부는 2019년 7월 24일 제2의 도시인 부산광역시를 블록체인 규제자유특구로 지정해, 블록체인을 다양한 산업 분야에 적용할뿐더러 이것을 사회에 실제로 적용한다는 방침을 밝혔다. 이에 따라 특구 기업 중 현대자동차 그룹의 전자결제 자회사인 현대페이는 블록체인 기술을 활용한 스마트시티 구축을 위해 부산광역시와 협력하기로 합의했다.[15]

한편, 세종시는 블록체인 공공선도 시범 사업의 일환으로 '블록체인 기반 자율주행 자동차 플랫폼 구축 사업'에 착수했다. 원래 이 도시는 자율주행 개발을 주된 테마로 한 스마트시티를 목표로 하고 있었다. 그런데 2020년 5월 8일에 이 목표에 블록체인을 적용하려는 계획을 발표한 것이다. 과학기술정보통신부MSIT, 한국인터넷진흥원KISA, LG 그룹 등 테크 기업 컨소시엄이 참여해, 블록체인 기반 분산형 ID를 적용한 자율주행차의 기술 검증을 실시하겠다는 내용이었다.[16]

한편, 한국의 기획재정부MOEF는 2020년 4월 17일 블록체인 전문가를 초빙한 간담회를 실시했다. 이 자리에서 기획재정부 차관은 미국·유럽 등 블록체인 선진국에 비해 한국은 2, 3년 정도 뒤처져 있는 만큼 낙후 정도가 크지는 않을 것이라고 말한 후, 선진국과의 격차를 좁히기 위한 블록체인 전략을 수립하고, 이를 다음 연도 예산에 반영하겠다고 밝혔다.[17]

이제 세계적인 자동차 제조사를 두고 있는 한국에서도 스마트시티 구축을 위한 블록체인 기반 모빌리티 서비스 개발이 앞으로 더욱 활발해질 것이다.

5

작은 것이 아름답다

이 책의 마지막은 모빌리티의 미래를 창조하는 정책 결정자, 자동차 업계, 앞으로 이 새로운 산업에 참가하려는 사람들에 대한 제언으로 마무리하고 싶다. 특히 팬데믹 리스크와 공존하는 가운데 성장해야 하는 자동차 산업의 밸류체인을 구축하는 생산과 판매에 대해 제언하고, 타 산업이나 도시와 연계해야 하는 차세대 모빌리티 서비스인 MaaS에 대해서도 의견을 제시하고자 한다.

뉴노멀 시대 모빌리티 서비스에서 중요한 포인트는 지금까지의 물건(차량이나 부품) 이동에서 가치 이동으로 발상을 전환하는 것이다. 이때 가치의 원천은 지역에서 모을 수 있는 데이터에 있다. 우선은 고객이나 사용자의 시점으로 가치를 재정의해야 한다. 이를 위해선 지역 데이터의 강점과 제공할 수 있는 가치를 알아야 할 것이다. 이 작업이 끝났다면 블록체인을 활용해 지역에 뿌리내린 풍부하고 고유성(아이덴티티) 높은 가치를 인터넷 내부로 끌어들이는 과정이 필요하다. 이로 인해 공급망이 회복되고, CASE나 MaaS의 수익성이 향상되어 차세대 모빌리티의 지속가능성이 높아질 것이다. 결과적으로 지역경제 활성화와 순환경제 구축도 실현될 수 있을 것이다.

⊙ 제언1

공급망의 회복력 향상과 중소기업의 포섭적 성장 추구

코로나19 바이러스 팬데믹으로 인해 글로벌한 공급망이 훼손되고, 효율화나 저스트 인 타임JIT(적기에 공급해 재고를 쌓아두지 않는 상품 관리 방식-옮긴이)에 큰 문제가 발생했다. 그렇다고 안이하게 국내 회귀로 문제를 해결하려고 들 필요는 없다. 블록체인을 활용해 글로벌한 공급체제를 분산형 네트워크로 재구성하는 방법이 있기 때문이다. 그리고 블록체인을 활용한 국내 네트워크는 정확한 공급망 추적관리를 가능하게 만들어 중소기업의 경제적 포섭성을 높여줄 것이다.

구체적으로는 공급자의 정보를 분산형 네트워크에서 관리해 투명성을 높이고, 그 정보를 복제나 조작이 불가능하도록 블록체인에 기록해 추적관리할 수 있다. 이렇게 되면 위기를 겪어도 공급망 전체의 재고 정보와 자재·부품 조달 가능성을 블록체인에서 정확하게 파악할 수 있다. 때문에 대체 조달처의 선정·심사·양산 지시를 신속하게 실시할 수 있다. 즉, 새로운 공급망 네트워크를 신속하게 수직적으로 가동시킬 수 있게 된다.

태풍, 홍수, 지진 등의 자연재해뿐만 아니라 역병 발생 위험이 높은 아시아 지역에서는 더욱 그렇지만, 하나의 회사나 공장이 멈추면 시스템 전체가 멈춰버리는 이른바 단일장애점Single Point of Failure : SPOF을 없앨 필요가 있다. 블록체인을 활용한 네트워크는 이에 대한 좋은 해결책이 될 것이다.

또, 토큰경제를 구축하는 것도 중요하다. 중소 영세업체는 기술력이 높아도 영업력이 약하기 때문에 특정 고객에 대한 의존도가 높다. 때문에 팬데믹이 일어나 산업 전체의 가동률이 저하되면 그 영향을 크게 받기 쉽다. 결국 힘을 못 쓰고 문을 닫는 중소기업이 늘어나 산업을 지탱하는 기술의 기반 침하로 이어지기 쉽다. 이런 문제를 해결하려면 대기업과 중소기업이 서로에 대한 정확한 정보를 얻어 함께 일할 수 있는 기회를 늘려주어야 한다.

블록체인 네트워크를 활용하면 IP(지식재산권)를 보호하면서 설계도나 RFQ를 분산형 네트워크로 공유할 수 있도록 해준다. 그리고 데이터 제공에 대해서는 토큰을 주는 인센티브 설계를 실시할 수 있다. 팬데믹 등에 의해 주요 조달처로부터의 부재 공급이 정지되는 비상시에는 기술과 생산 능력으로 대응할 수 있는 대체 기업을 블록체인에서 찾아내 발주할 수 있게 되므로 회복력도 높아진다. 중소기업은 기업가치를 대기업으로부터 평가받기 쉬워지고, 경제적 포섭 능력이 높아져 성장 기회가 확대되는데, 이것은 지역경제 활성화로 이어질 수 있다.

또, 분산형 네트워크를 잘 구축할 수 있으면 DDMDirect Digital Manufacturing, 즉 3D프린터의 개발과 도입을 강화하는 데도 이롭다. 부품 공급자와 최종 조립 공정 간에 네트워트가 형성되어 수송 루트를 줄일 수 있다면, 수송비용 절감에 따른 채산성 향상뿐만 아니라 공급망의 분단 리스크도 회피할 수 있다. 그 결과 사업의 지속가능성이 높아질 것이다.

⊙ 제언2

자동차 유통의 디지털화 추진과 순환경제 구축

저출산 고령화로 인구감소 사회가 된 한국과 일본에서는 신차 수요 축소와 CASE(커넥티드 카, 자율주행, 차량 공유, 전동화)의 진전으로 국내 신차 딜러의 판매 체제와 전략에서 근본적인 재검토가 요구되는 상황이다.

코로나 일상 시대에 사회적 거리를 두어야 하는 신차 딜러는 AR, VR을 활용해 고객에게 효율적인 온라인 판매를 제공해야 할 필요가 있다. 이런 시대적 요구에 맞추어 블록체인 사회가 된다면, 디지털 키나 스마트 계약의 실현과 보급으로 딜러가 고객과 직접 대면해 상담할 기회는 줄어들고, 오히려 완전한 온라인 판매를 요구하는 고객이 늘어날 것이다. 따라서 미래를 대비하려면 VR과 AR 도입을 적극적으로 추진해 인터넷상에서 잠재고객을 포착하는 능력을 높여야 한다.

블록체인을 활용할 때 좋은 점은 관리고객의 보유 차량(중고차)과 이차전지의 재판매 가치를 높일 수 있다는 사실이다. 그리고 이 사실은 고객에게 신차 교체 시기를 환기시켜주는 것으로도 연결되고, 보상판매율이 상승해 딜러는 중고차 시장과 배터리의 재활용 시장으로 판매 기회를 넓혀갈 수도 있다. 이렇게 되면 딜러는 순환경제 구축을 통해 신차 판매 외의 사업 수익을 높일 수 있다.

또, 뒤에서 자세히 이야기하겠지만, 지역경제를 위해 커뮤니티 코인을 활용한 토큰경제를 구축하는 경우, 자동차 제조사는 지역 암호화폐로 거래를 가능하게 하는 전자지갑을 개발할 것이다. 그러면 딜러들은 다년간 축적된 관리고객 데이터를 바탕으로 지자체 등과 제휴를 맺어 지역 암호화폐를 활용한 지자체 내 서비스를 확충할 수 있을 것이다. 그럼으로써 신차 판매 후 이동 서비스의 수익 획득 기회를 넓히고, 동시에 지역경제 활성화에도 기여하게 될 것이다.

⊙ 제언3

지역 암호화폐 창조와 이동 서비스 혁신으로 지역경제 활성화

사회적 거리두기와 인바운드 수요 급감으로 대중 교통기관의 수익

환경은 급속히 악화되고 있다. 특히 코로나19 팬데믹은 MaaS에 큰 역풍으로 작용하고 있다. 이런 환경에서 진작부터 수익성이 낮은 MaaS의 지속가능성을 높이려면 과감한 발상으로 수익부터 크게 끌어올려야 한다.

먼저 MaaS 가동률과 고객 수부터 늘려야 하지만, MaaS를 이용한 후 사용자 경험을 환기하는 인센티브 설계도 필요하다. 그리고 이를 위해서는 토큰경제를 구축하는 것이 중요하다.

블록체인 세계에서는 디지털 통화 창조와 지역통화로서 코인 발행이 활발해지고 있다. 블록체인을 활용한 새로운 통화는 사용되는 장소에 한정되는 것이 아니다.

공통의 관심·흥미를 가진 사람들이 연결된 '커뮤니티'에서 사회관계자본을 가시화하고, 그 가치를 네트워크화하는 매개체가 된다. 앞으로는 이런 시스템이 스마트시티와 슈퍼시티 이외의 지역에서도, 지역 단위로 점점 더 많이 활용될 것이다.

코로나 일상 시대에는 사람의 이동에 제약이 가해질 위험과 공존해야 하고, 전자상거래 소비와 식품 배달 수요가 높아짐에 따라 물품 이동은 지금보다 훨씬 늘어난다. 앞으로 더욱 확대될 여객 운송과 화물 운송의 가동률 격차를 평준화하기 위해 법 제도상의 벽을 낮춰야 한다. 동일한 차량, 운전자, 운행 관리자가 사람뿐만 아니라 물건도 운반하는 '화물과 여객 수송의 혼재'는 팬데믹뿐만 아니라 다른 여러 재해 발생 시에도 BCP(사업지속계획)의 일환으로서 필요하다. 때문에 규제 완화를 추진해야 할 것이다. 그리고 이때 식품이나 의료 물자 등의 물류에서 신뢰성을 높이려면 블록체인은 꼭 필요하다.

가상공간에서 디지털자산의 가치를 연결하는 매체는 암호화폐이지만, 그 디지털자산과 연관된 현실 세계의 사람이나 물건을 움직이는 이동 매개체는 모빌리티다. 따라서 지역경제 활성화를 목적으로 한 커뮤니티 코인(지역 암호화폐)은 모빌리티를 주체로 구축하는 것이 적절하다. 다시 말해 커뮤니티 코인의 창조와 이동 서비스의 혁신은 함께 이루어져야 한다. 앞으로의 모빌리티는 사람과 물건을 어떤 목적을 위해 'Transport(수송)'하거나 사람의 'Travel(여행)'이 충실해지도록 돕는 목적이 아닌 수단으로 파악하는 'TaaS Transport/Travel as a Service'의 관점에서 이동 서비스의 혁신을 추구하게 될 것이다. 그런데 'MaaS 플러스' 발상과 인센티브(동기부여)로서 커뮤니티 코인을 묶어 하나의 시스템으로 만들려면 규모가 비교적 큰 '실험지역'이 필요하다. 일본에서 2025년에 개최 예정인 오사카·간사이 만국박람회는 블록체인 사회의 본격적인 출발을 보여주기 위한 실험의 장으로서 좋은 기회가 될 것이다.

⊙ 구조를 바꾸고, 목표를 전환하다

자동차 산업은 2016년 'CASE'라는 단어가 탄생하고, 디지털화 물결이 밀려들면서 현재 대변혁을 겪고 있다. 인터넷 사회의 진화인, 웹 3.0이라는 새로운 트렌드를 맞이하는 중에 코로나19 바이러스 팬데믹이 들이닥쳤다. 때문에, 이제 자동차 산업은 하나의 산업적인 대변혁뿐만 아니라 전 지구적 사회 대변혁에도 응해야 할 필요가 있다.

세계는 '100년에 한 번 올까 말까 한 변혁'을 지나 '500년에 한 번 올까 말까 한 변혁'을 겪는 중이다. 이런 시대적인 상황을 두고, 팬데믹 이전으로는 돌아갈 수 없는 뉴노멀 시대라고 한다. 뉴노멀 시대를 살아가기 위해선, 디지털기술을 중심으로 한 첨단기술의 개발 및 도입이 지금까지와 마찬가지로 중요하다. 하지만 사회가 근본적으로 바뀌어버렸으니 지금까지의 구조를 새롭게 하고 목표를 전환하는 것이 더욱 중요하다. 이것은 자동차 산업뿐만 아니라, 사회 전체를 향해 말하고 싶은 바다.

특히 이번 코로나19 사태 때 일본 정부의 지원금 지급이나 기업의 재택근무 대응 등에서 속도감이 떨어지고, 처리 과정이 서툴렀던 것으로 보아 정부나 기업은 디지털화에 상당히 뒤처진, 심각한 상황에 있는 것으로 드러났다. 그동안 미국 실리콘밸리나 중국을 중심으로 해외에서 최신기술을 배울 기회가 많았는데도 이를 일본으로 들여와 정착시키지를 못했다. 혹시 해외에서 선행하는 이런 최신기술이 일본 사회의 구조나 일본인의 성질에 맞지 않았던 것은 아닐까.

그렇다면 팬데믹과 공존하는 일상 속에서 해외 교류나 거래에 제약이 가해지는 가운데 굳이 해외 최신기술을 좇아가려고만 하지 말고, 나라의 실정에 맞는 새로운 시스템을 도입해 발전을 구해야 할 것이다.

⊙ 이미 강력한 콘텐츠를 지녔다

지금까지의 성장의 잣대를 고집할 필요는 없다. 한국과 일본, 각 나라의 기업은 해외로 사업을 확장했고 세계적인 선진국가가 되었지만, 탈탄소 등 지구 규모의 대처에는 공헌하지 못하고 있다는 점에서 '글로벌'하다고 말하기는 어렵다. 우선은 자국·지역의 제공가치를 재정의하고, 지역적인 규모로 그 가치 향상을 추구하면서, 지속가능한 지역경제 구축을 하나하나 이루어가겠다는 목표로 전환해나가야 하지 않을까. 그렇게 되면 결국 현지와 해외 양쪽의 요구에 확실히 대응할 수 있게 되어 실로 글로벌한 나라가 될 것이다. 글로벌화가 반드시 해외에서 이루어져야만 하는 것은 아니다. 팬데믹 전까지 전 세계에서 한국과 일본으로 외국인 관광객이 많이 몰린 것은 다양한 지방 고유의 문화와 친절한 접대에 끌렸기 때문이다. 전국 방방곡곡이 최신기술을 갖추지 못했다 할지라도 그 나라만의, 해외에서 도저히 흉내 낼 수 없는 강력한 콘텐츠를 가지고 있다.

2019년에 일본에서 개최된 럭비 월드컵에서 일본의 친절한 환대에 경의를 표하기 위해 해외 선수 대부분이 시합 후 관중에게 절을 하는 모습에, 일본인이 감동을 받았던 기억이 새롭다. 한국을 방문한 많은 해외 연예인과 선수들도 콘서트와 시합장에서 함께 노래하는 문화와 거리에서 만난 이들의 친절함에 감동을 표현하곤 했다. 친절한 환대야말로 한국과 일본 고유의 사회관계자본이라 할 수 있다. 토큰경제의 관점에서 보자면, 이런 묻혀 있는 사회자본의 가치를 가시화해 방문한 외국인뿐만 아니라 내국인 사이에서도 그 가치를 높여가는 시스템 구축이 필요하다. 물로 이 일에도 블록체인은 반드시 필요할 것이다.

⊙ 작지만 멋지다

《작은 것이 아름답다Small is Beautiful》. 독일 태생의 영국 경제학자 E. F. 슈마허Ernst Friedrich Schumacher가 제1차 석유파동이 시작된 1973년 출간한 책이다. 영국에서는 지속가능한 개발을 배우려는 대학생들의 필독서로 자리 잡고 있다.

《작은 것이 아름답다》는 고도로 발전한 선진국의 공업 문명이 낳은 경제확장주의와 물질지상주의를 비판한다. 그리고 일체의 사물에는 적절한 규모가 있고, 인간의 처지에 맞는 경제활동이 있기 때문에, 작지만 소중한 자신들의 땅과 천연자원을 잘 살펴보는 것이 중요하다는 가치관으로 전환할 것을 권장하고 있다. 48년 전에 제기된 슈마허의 이런 사상은 코로나19 위기를 겪고 있는 지금 더욱 강한 울림을 주고 있다.

신종 코로나 바이러스의 발생은 GDP지상주의, 이익지상주의를 재조정하는 계기가 되고 있다. 팬데믹으로 비록 이익이 대폭 감소하더라도, 종업원 및 그 가족들의 생명과 건강을 소중히 여기는 조직과 기업이 사회와 시장에서 높이 평가받는 시대가 왔기 때문이다. 여기에는 사회의 구성원인 눈앞의 종업원을 소중히 여기지 않는 기업은 사회를 좋게 만드는 데 기여할 수 있는 조직이라고 볼 수 없다는 인식이 깔려 있다. 따라서 종업원이나 사회를 좋게 하기 위해 당장의 이익을 희생했다고 해도 사회적 평가나 기업가치의 향상과 같은 '결과가' 뒤따라오게 되어 있다. 실제, 주식시장에서는 SDGs나 ESG 투자가 중요해지는 분위기 속에서 기관투자가들은 이에 대한 대처를 잘하는 기업들을 높게 평가하기 시작하고 있다.

SDGs, ESG 등은 지금 시작된 토론거리가 아니다. 하지만 뜻하지 않게 자신의 건강이 타인이나 사회의 건강을 직접적으로, 크게 좌우하는 유례없는 팬데믹이 발생함으로써 조직과 기업이 근원적으로 목표를 전환해야 할 때가 순식간에 닥쳐왔다. 이제는 그 무엇보다 지속가능성의 실현과 사회적 책임을 다하는 것이 중요해졌기 때문이다.

⊙ 블록체인, 위기를 호기로 바꿀 기회

블록체인은 최신기술이나 새로운 콘텐츠를 활용하는 것이라기보다는 오히려 새로운 신뢰의 네트워크를 형성해가는 사회구조를 만든다는 개념에 가깝다. 이 새로운 개념을 도입함으로써 지역이나 지방에 파묻혀 있던 '개성'을 끌어내어 그곳에 깊이 뿌리내리고 있는 문화나 사람들의 유대 관계 같은 사회관계자본을 가시화할 수 있다. 또, 팬데믹으로 인해 지금까지 많았던 해외나 역외 방문자가 한순간 감소했다 해도, 현지인들이 상호 호혜 정신으로 이 사회관계자본을 재평가함으로써, 지역 완결형 순환경제를 구축하고 지속가능한 지역경제를 실현할 수 있을 것이다.

한국과 일본은 지역의 사회관계자본을 소중히 여기는 문화가 뿌리내리고 있다. 그런 의미에서 블록체인과 친화성이 높다고 볼 수 있다. 물론 블록체인은 아직 많은 기술적 과제를 안고 있기 때문에 만능이 아님은 사실이다. 하지만 코로나19 사태를 겪으면서 블록체인에 대한 주목도가 한층 높아지고 있는 것은 사회 전체가 블록체인을 요구하는 시대적인 흐름 때문일 것이다.

마지막으로 블록체인은 위기를 호기로 바꿀 기회가 될 것이며, 시험해볼 가치가 충분히 있다는 점을 강조하며 이 책을 마무리하고 싶다.

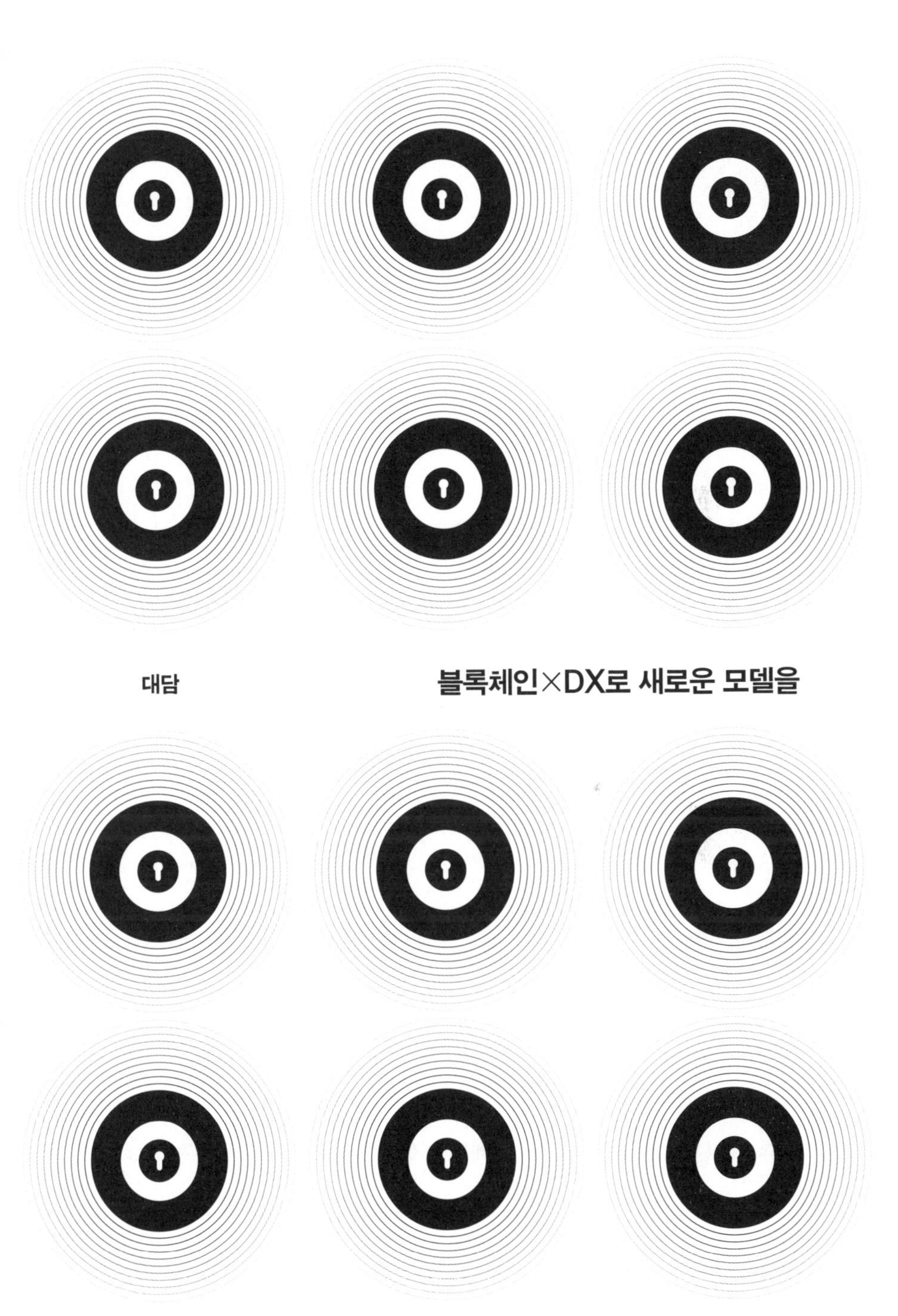

대담

블록체인×DX로 새로운 모델을

대담자

• 크리스 밸린저
• 후카오 산시로

⊙ 기술보다 더 중요한 커뮤니티 형성

• • 앞으로 블록체인과 모빌리티가 어떻게 세계로 확대될 것인지를 저자 밸린저 씨와 후카오 씨에게 여쭈어보고 싶습니다. 우선은 글로벌하게 본 모빌리티 오픈 블록체인 이니셔티브MOBI의 현황에 대해 들어보고 싶습니다.

밸린저 | MOBI를 창립하게 된 계기는 제가 도요타 파이낸셜 서비스TFS에 있던 2015년경으로 거슬러 올라갑니다. 당시 저는 블록체인을 사용한 새로운 DLT(분산원장기술) 등 결제나 지불 관련 파이낸스 앱에 관심을 갖기 시작했습니다.

특히 관심을 끌었던 것이 블록체인을 이용한 IoT입니다. IoT는 물리적인 '물건'이 다른 '물건'과 연결되는 것을 말합니다. 이때 각각의 '물건'에 기밀성(허가된 사람만 자산이나 정보에 접근할 수 있게 하는 것을 뜻함-옮긴이)이 높은 디지털 ID를 부여할 수 있으면, '물건'이 경제적인 의미를 가진 주체가 될 수 있다는 것을 깨달았습니다. '물건'끼리 안전하게 상거래를 하는 새로운 형태의 생태계, 즉 시장을 만들 수 있다는 생각이 든 것이지요.

DLT를 사용해 기밀성 높은 디지털 ID를 만들고, 그것을 개개의 차량에 부여하면, 차량 간의 통신이나 차량과 인프라 간 통신이 가능하게 됩니다. 우리는 이것을 새로운 이동경제The New Economy of Movement라고 부르는데, 이것을 통해 몇 조 달러에 이르는, 지금은 존재하지 않는 새로운 시장을 만들어낼 수 있습니다.

당시 우리만 이런 생각을 하기 시작한 것은 아니었습니다. 다른 많은 IT 기업, 자동차 기업 사람들도 깨닫기 시작하고 있었습니다. 그리고 이런 기업들은 각각 사내에서 차량을 블록체인에 연결하는 실험을 시도하고 있었습니다.

이즈음 여러 기업 사람들과 연락을 취해, 각 기업들이 어떤 연구개발을 하고 있는지 정보를 교환했습니다. 이때 차량용 전자지갑, 차량 ID의 활용, 라이드셰어링이나 카 셰어 등에 블록체인을 활용하는 것과 같은 대처법을 서로 비슷하게 생각하고 있다는 것을 알 수 있었습니다.

이 기업들 사이에는 블록체인과 자동차는 궁합이 잘 맞아 인프라 안에서 활용하기가 그리 어렵지 않을 것이라는 공감대가 형성되어 있었습니다. 그러면서도 일반적인 엔터프라이즈 앱 안에서 활용하기는 어렵다는 점도 깨달았습니다.

해결해야 할 진정한 문제는, '차량을 어떻게 블록체인과 연결할 것인가', '처리 속도를 어떻게 올릴 것인가'처럼 기술적인 면에 있는 것이 아닙니다. 보다 중요한 과제는 '커뮤니티를 어떻게 형성할 것인가'. '분산화된 네트워크 안에서 통신이나 결제를 위한 ID의 할당 방법 등을 어떻게 표준화할 것인가' 하는 것입니다.

이것은 세계 최대의 자동차 기업이나 IT 기업이라도 단독으로는 해결할 수 없는 문제입니다. 최소기능커뮤니티Minimum Viable Community를 실현하기 위한 기업, 업계를 아우르는 컨소시엄 같은 조직이 필요합니다.

이런 절박한 필요성을 근거로 2018년 5월 출범하게 된 것이 MOBI입니다. 창립 멤버는 35개에 이르는 기업과 조직이었지만, 현재는 100개 이상으로 증가하고 있습니다. 많은 글로벌 자동차 제조사, 테크 기업, 티어1이나 티어2의 공급업체뿐만 아니라, 비정부기구NGO, 정부기관, 학술기관, 스타트업도 이제 MOBI에 참여하고 있습니다.

MOBI에 대한 관심과 노력은 여전히 크게 상승 중이며, 회원들도 꾸준히 증가하고 있습니다. 규모의 크고 작음에 관계없이 많은 조직과 기업이 MOBI가 내건 '모빌리티를 보다 안전하고 친환경적이며 누구나 보다 쉽게 접근하도록 만든다'라는 이념에 공감하고 있다고 생각합니다.

⊙ 기술 표준 제정에서 다음 단계로

밸린저 | MOBI에서는 이미 블록체인 커뮤니티 시스템의 중요한 열쇠가 되는 차량 ID를 포함해 몇 가지 기술 표준을 출시했으며, 이제 다음 단계로 나아가려 합니다.

기술 표준을 만들었으니, 다음에는 그것을 어떻게 활용할 것인가가 포인트입니다. 그래서 2020년 6월 시작한 것이 오픈 모빌리티 네트워크Open Mobility Network : OMN입니다. 이것은 제품 개발을 위한 데이터 공유나 협업을 위한 공유형 데이터 레이어입니다.

또, 블록체인을 이용한 개방적인 데이터 거래 시장 플랫폼, '사이토피아'도 론칭하고 있습니다. 여기에서는 모든 관계자가 데이터, 앱, 서비스 등을 수익화할 수 있습니다.

우리가 개발한 기술 표준을 활용해 모빌리티 서비스나 자산을 수익화하기 위한 데이터 거래 시장 플랫폼 사이토피아와 OMN이라는 비즈니스 네트워크를 구축하는 것이 다음 단계에서 해야 할 일입니다.

• • 자신이 그리고 있는 전체 상에 비춰볼 때 현재 MOBI는 몇 부능선 정도에 왔다고 보십니까?

밸린저 | 이건 제가 일생을 걸고 임할 만큼 규모가 큰 프로젝트라 정말 전체가 '완성'될 수 있을지 모르겠습니다(웃음).

단, 예를 들면 기술 표준의 개발은 상당히 진척되어 다음 단계로 진행하고 있습니다. 기술 표준은 6개 분과회에서 진행하고 있습니다. 여기에는 핵심이 되는 차량 ID VID 외에 전기차와 전력망의 융합, 공급망, 커넥티드 카의 데이터 거래 시장, 금융, 증권화 및 스마트 계약, 사용자 기반 운전습관연계보험 등이 있습니다. VID에 대해서는 곧 또 몇 가지 기술 표준을 출시할 것이며, 나머지 기술 표준도 내년 1분기까지는 출시할 수 있으리라 생각합니다(2020년 일본판 출간 당시 기준-옮긴이). 기술 표준의 개발은 거의 끝나가고 있다고 할 수 있겠지요.

한편 OMN은 이제 시작된 단계로, 전체 상을 설계하면서 파트너의 범위를 넓혀가는 중입니다. MOBI와 같은 분산형 원장 DL 컨소시엄은 그 밖에도 있으므로 그들과도 손을 잡고 싶습니다. 네트워크가 크면 클수록 거래량과 데이터가 증가해 가치도 커지니까요.

사이토피아는 OMN보다는 앞서 있지만 기술 표준까지는 개발되지 않았습니다. 스마트폰의 iOS용과 안드로이드용, 안정적인 β 버전 앱이 공개되어 있습니다. 사이토피아 네트워크 안에서 암호화폐로 쓸 수 있는 전용 토큰도 있습니다. 곧 벤처 캐피털로부터 자금을 모집해 더욱 개발을 가속화할 계획입니다.

⊙ 아시아에서는 '스마트시티'가 키워드로

• • 밸린저 씨의 설명으로 MOBI에 대해 잘 알게 되었습니다. 후카오 씨, 아시아에서는 MOBI가 어떻게 받아들여지고 있습니까?

후카오 | 한국과 일본을 포함해 아시아 회원이 증가하고 있으며, 관심도 나날이 높아지고 있는 것이 느껴집니다. 코로나19 사태 속에서도 그 기세는 꺾이지 않고 있습니다.

아시아에서는 '스마트시티'가 키워드입니다. 아시아 도시들에서는 공해 및 교통체증 등 도시화 문제가 심각합니다. 그래서 특히 대도시를 포함한 지자체들이 도시화 문제를 해결하기 위한 솔루션으로 블록체인에 주목하고 있습니다.

또, 아시아 인구는 다른 지역에 비해 평균 연령이 젊고 스타트업, 지자체 등 MOBI에 관련된 사람들도 젊은층이 많습니다. 때문에 디지털 트윈의 의미와 가치를 잘 이해하고 있으며, 이를 통해 스마트시티를 실현하자는 논의를 활발히 벌이고 있습니다.

• • 아시아 중에서는 어떤 나라와 지역들이 어떤 관심을 갖고 있습니까?

후카오 | MOBI 멤버 중에서는 특히 중국, 대만, 싱가포르, 한국 등

이 높은 관심을 보이고 있습니다. 정부 측은 '스마트시티를 구축하는 데 스마트 모빌리티가 필요하기 때문'에 관심을 갖는 것이고, 산업계의 관심은 주로 5G 네트워크를 향하고 있습니다. 아시아에서는 IoT의 진전이 매우 빠릅니다. 전형적인 사례가 싱가포르이고, 기술적으로 강한 곳은 대만과 중국 등입니다. 즉, 산업계의 측면에서 볼 때 이런 곳에서는 스마트시티를 구축하기 위한 기술적인 사회 적용이 벌써 진행되고 있습니다.

디지털 트윈은 블록체인 없이도 이미 존재하고 있었습니다. 하지만 많은 사람들이 디지털 트윈에 ID(고유성)를 갖게 하려면 블록체인이 필요하다고 생각하고 있습니다. 활용 사례는 나라마다 다르지만, 그 목적은 일치한다고 볼 수 있습니다.

• • 새로운 기술이 나오면 의욕을 가진 젊은 나라가 오래된 자산을 가진 선진국을 순식간에 제치고 나가는 '립프로그leapfrog(개구리 점프)' 현상이 일어납니다. 그동안 '자동차 하면 일본'이었지만, 블록체인의 시대가 오면 대만이나 한국 등이 일본을 앞질러 가는 립프로그 현상이 일어날 수 있다고 생각하시는지요?

후카오 | 립프로그는 확실히 일어날 수 있다고 생각합니다. 다만 블록체인은 기술인 동시에 새로운 이념이자 개념이며 신뢰의 프로토콜입니다. 인간의 행동양식을 바꾸는 그런 개념이라고 할 수 있습니

다. 예를 들면 사이토피아처럼 스마트폰에 앱을 깔아 사용자의 행동 변화를 촉진하고 사회를 바꿔나가는 그런 솔루션이기도 합니다.

따라서 블록체인은 사회를 전반적으로 업데이트시키는 기폭제가 될 것입니다. 하지만 기술면에서 립프로그 현상이 있다는 것만으로 어떤 나라가 다른 나라를 추월하게 되는 그런 문제는 아닌 것 같습니다.

• • 밸린저 씨, 아시아 시장은 블록체인과 궁합이 잘 맞는다고 생각하십니까? 유럽이나 미국과 비교하면 어떨까요?

밸린저 | 아시아, 유럽, 남북 아메리카 모두 블록체인에 대한 관심이 매우 높다고 생각합니다. MOBI의 회원들이 이 세 구역에 고루 분포하고 있는 것을 보아도 알 수 있습니다. 지역별로 보면, 방금 후카오 씨도 언급했지만 아시아에서는 스마트시티에 대한 관심이 높고, 전기차를 이용해서 보다 친환경적인 모빌리티를 실현하려고 하고 있습니다. 한편, 유럽에서는 공급망과 IoT가 관심받고 있고, 미국에서는 데이터베이스의 공유, 즉 현재 각사의 조직이 상하 관계로 운영되다 보니 통합되지 못한 데이터를 한데 모아 공유하는 것을 목표로 하고 있습니다.

• • 재미있군요. 지금까지 말씀하신 움직임들을 전체적으로 보니 인터넷의 탄생에 필적하는 큰 변화가 일어나고 있다는 예감이 듭니다.

⊙ GAFA는 MOBI를 어떻게 보고 있는가

• • 데이터 기업들인 GAFA는 자신들이 만든 네트워크 안에 데이터를 가두어 시장을 수직 방향으로 지배하고 있습니다. 그런데 블록체인은 이런 GAFA의 지배 방식과 정반대인 분산이나 자율로 성립되는 기술입니다. 어찌 보면 이제까지 GAFA가 만들어온 세상을 깨뜨릴 수 있는 기술이라 봅니다. GAFA는 MOBI의 움직임을 어떻게 파악하고 있을까요? 블록체인에 어떤 식으로 접근하려고 하는 걸까요?

밸린저 | 실은 현시점에서 가장 새로운 MOBI 멤버는 아마존 웹 서비스AWS입니다. 아마존 같은 거대한 기업조차 MOBI에 관심을 갖지 않을 수 없는 상황에 온 것이지요.

지금까지 GAFA는 대량의 데이터를 자사의 서버에 모아 그것을 바탕으로 힘을 확대해왔습니다. 이에 반해 블록체인은 그와 정반대 발상으로 경쟁 우위성을 만들고 있습니다. 이것은 매우 큰 변화입니다.

인간의 비즈니스 역사를 장기적인 관점으로 보면, 실은 대부분 시장 안에서 협업에 능한 사람들이 경쟁 우위를 획득해 승자가 되었습니다. 공급망의 틀 안에서 타인과 협업해 시장에서 독자성을 만들어 내 힘을 얻는 사람이 승자였지요.

그런데 이런 분위기가 20여 년 전에 갑자기 바뀌었습니다. 협업이 승자를 낳던 시대에서 알고리즘을 사용해 거대한 데이터를 모으는 사람이 시장을 석권하는 시대가 된 것입니다.

블록체인은 이런 흐름을 다시 돌려놓을 수 있습니다. 협업이 경쟁 우위를 가져오는 시대로 전환시킬 힘을 지니고 있기 때문이지요. 블록체인은 데이터의 독점이 아니라, 협업으로 기축을 옮기는 시스템입니다. 그리고 그런 협업의 규모도 전례 없을 정도로 크고, 그것으로부터 얻은 대량의 데이터는 뛰어난 알고리즘을 낳아, 한층 더 좋은 서비스를 고객에게 제공할 수 있게 됩니다.

그렇기 때문에 GAFA는 블록체인에 큰 관심을 가질 수밖에 없습니다. 그들 관심에는 이중성이 있습니다. 블록체인은 위협이기도 하고 기회이기도 하기 때문입니다. 블록체인의 분산형 공유 시스템은 기존 비즈니스 모델에 대한 위협이면서도 새로운 컬래버레이션경제 속에서 새로운 기회를 만들어줄 수도 있기 때문입니다. GAFA는 블록체인을 가지고 전례 없는 거대한 퍼텐셜을 지닌 비즈니스 모델을 창출할 수 있다고 생각하고 있을지도 모릅니다.

• • 과연 확실히 그럴지도 모르겠군요. MOBI는 큰 가능성을 내포한 사회적 운동이라고 생각합니다. 미래를 향해 품고 있는 목표에 대해 들어볼 수 있을까요?

밸린저 | MOBI가 모빌리티를 기축으로 해 새로운 경제를 만드는 움직임의 중심이 되었으면 합니다. 그리고 협업을 기본으로 한 개방적

인 조직이면 좋겠다고 생각합니다. 또 한 가지 덧붙이자면, '모빌리티를 보다 안전하고 친환경적이며 누구에게나 보다 친밀한 것으로 만든다'는 비전을 실현해주었으면 합니다. 현재 다양한 업계의 뛰어난 인재들이 모빌리티나 블록체인에 높은 관심을 가지고 있기 때문에 MOBI가 품은 이런 목표는 실현가능하다고 생각합니다. 나아가 도시가 안고 있는 어려운 과제를 해결해줄 스마트시티 구축에도 공헌해 사람들의 생활을 더 낫게 해줬으면 좋겠습니다.

⊙ 코로나19 사태로 가속화된 변화

• • 코로나19 사태가 시작되기 전후로 MOBI의 활동은 달라졌을까요? 코로나19 사태는 MOBI에게 순풍일까요, 아니며 역풍일까요?

밸린저 | 코로나19 사태 이전에 시작된 트렌드 변화가 가속화되고 있다는 느낌이 듭니다. 특히 디지털화와 디지털 트윈을 형성하려는 흐름이 한층 더 빨라지고 있습니다. 사실 '빨라질 수밖에 없다'라고도 할 수 있는 상황이었습니다. 예를 들면 이전처럼 사람과 만나거나 물건을 만지거나 직접 시험해볼 수 없게 되었기 때문에, 차를 살 때도 쇼룸에 가서 차를 보거나 시승하는 것이 어려워졌습니다.

처음 코로나19 사태가 시작되었을 때는 '앞으로 MOBI는 어떻게 될까'라는 불안감을 느끼기도 했습니다. 일반적으로 매출이 감소하거나 경기가 나빠지면 기업들은 연구개발비부터 먼저 삭감하려고 합니다. MOBI에 대한 연구개발비 지출을 삭감하려는 회원사가 생기지 않을까 하는 생각이 들었지요.

하지만 실제로는 그렇게 되지 않았습니다. 회원은 줄지 않았고, 오히려 많은 기업이 철수하기는커녕 더욱 높은 관심을 보이고 있습니다. 많은 대기업 경영진이 '블록체인을 활용한 모빌리티만이, 지금부터 나아가야 할 길이다'라고 생각하게 된 것 같습니다. 실제로 이 분야의 연구개발비는 증가하고 있으며, 사회적 적용 실험도 가속화되고 있습니다.

후카오 | 저도 그렇게 생각합니다. 더불어 두 가지 점에서 코로나19 사태가 MOBI를 둘러싼 환경에 영향을 주었다고 느끼고 있습니다. 첫 번째로, 코로나19 사태가 디지털 트윈의 존재 가치를 높였다고 생각합니다. 사람과 물건의 이동이 제한되는 상황에서도 디지털 트윈은 움직일 수 있습니다. 일본에서도 지금까지 '소사이어티 5.0Society 5.0(가상공간과 현실공간을 융합한 시스템으로 경제 발전과 사회적 과제의 해결을 도모하는 인간 중심 사회를 뜻함-옮긴이)'에서 논의된 것처럼 디지털 트윈을 활용해 현실 세계를 바꿀 수 있게 되었습니다. 그리고 코로나 사태가 진행되면서 '디지털 트윈을 정말 신뢰할 수 있는가'라는 물음에 대한 관심이 점점 높아졌고, 그에 대한 솔루션으로서 블록체

인을 주목하게 되었습니다.

두 번째는 가치관의 변화입니다. 이전에 기업은 매상이나 이익을 늘리는 것을, 국가는 'GDP지상주의'라고 할 정도로 경제성장을 중시해왔습니다. 그러나 코로나19 사태 속에서는 자신의 건강이 다른 사람의 건강에 영향을 끼치는 상황이 되었습니다. 이제 경영자는 매상보다도 종업원의 건강을 배려해야만 하는 상황이 되었고, 그런 배려를 하지 않는 회사에는 투자하지 않으려 하는 기관투자가도 있을 정도입니다. 사회 전체가 SDGs나 지속가능성에 대해 고민하게 되었습니다. 기업이나 정부의 서비스도 한정된 소수만이 아니라 가능한 한 많은 사람들이 혜택을 받는 포섭성에 초점을 맞추고 있습니다. 이는 블록체인이 추구하는 이념이나 사상에 부합합니다.

• • 밸린저 씨, 미국에서는 어떤가요? 최근 언론에서 블록체인을 별로 다루지 않고 있는데, 블록체인의 중요성을 인식하고는 있는 것일까요?

밸린저 | 확실히 최근 미디어에서 블록체인에 대해 다루는 일이 적어지고 있습니다. 그런데 저는 이것이 건전한 일이라고 생각합니다.

선진 기술에 대한 사람들의 관심에는 일정한 주기가 있습니다. 혁신적인 기술이 탄생하면 초기에는 과대평가하지만, 장기적으로는 과소평가하는 경향이 있지요. 블록체인에 대해서도 처음에는 '이것으로 단번에 갑부가 된다', '생활이 이렇게 극적으로 바뀐다'라며 숨막힐 정도의 칭찬뿐이었습니다. 그러다 드디어 초기 단계를 지나자 '이 기술이 어떻게 기업이나 가정에서 활용되어가는가'를 장기적인 관점으로 바라보면서 초기의 놀라움을 억제하는 단계로 접어든 것으로 보입니다.

확실히 블록체인은 PC나 인터넷의 등장에 필적할 만한 큰 변화를 가져올 잠재성이 있다고 생각합니다. 그리고 미디어가 현시점에서 이에 대해 크게 다루지 않는 것 역시 올바른 일이라고 생각합니다.

• • 방금 후카오 씨는 '디지털 트윈의 신뢰성'에 대해 언급하셨습니다만, 디지털 트윈을 추진하면서 어떤 규제가 벽이 된다는 인상은 없으신지요?

후카오 | 저는 그렇게 규제에 대해 자세히 알지 못합니다. 디지털 트윈은 이미 자연스럽게 출현하고 있으므로, 거기에 규제가 가해지고 있다고 보지는 않습니다.

아시아 등에 있어서 규제라고 한다면, 세계적으로도 그렇겠지만 페이스북의 리브라가 등장한 이래 '중앙은행이 만든 디지털 통화가 유통되기 시작하면 리브라를 규제해야 하는가', '우리가 그것을 만들어야 하는가'라는 논의가 진행 중인 것을 들 수 있겠습니다.

그리고 스마트폰을 가진 시점에서 개인의 디지털 트윈은 이미 존재하고 있다고 봅니다. 이제 물건의 디지털 트윈을 만들어야 하는데, MOBI가 자동차 버전에서 이 일을 하고 있는 것이고, 그에 대한 특별한 규제는 없다고 생각합니다.

⊙ 왜 세계는 테슬라를 주목하는가?

• • 밸린저 씨는 도요타에서 오래 근무했기 때문에 일본의 상황에 대해 누구보다도 잘 알고 계십니다. 일본의 자동차 산업이나 모빌리티 산업을 어떻게 보고 계신지요? 또, 유럽과 미국에선 현재 일본의 모빌리티 산업에 대해 어떻게 보고 있는지도 말씀해주실 수 있을까요?

밸린저 | 일본의 자동차 산업은 세계적인 경이로움이라고도 할 수 있습니다. 작은 섬나라가 어떻게 세계 유수의 훌륭한 차를 만들 수 있게 되었고, 무역 보호나 관세, 수량 할당제 등의 장애를 넘어 성공할 수 있었는지는 확실히 성공 스토리라고 할 만하지요.

일본은 확실히 천연자원이나 수출할 수 있는 농산물이 풍족하지 못하기 때문에 제조업을 특화시킬 수밖에 없었을 것입니다. 그러나 도요타 등의 제조사가 이 정도로 훌륭한 자동차를 만들게 된 것은 일본다운 방법에 비결이 있었다고 생각합니다. 자동차 제조는 매우 저변이 넓고 광범위한 공급망 속에서 여러 업체가 협력 관계를 유지하며 진행해야 하는 매우 복잡한 산업구조를 가지고 있습니다. 이처럼 네트워크 속에서 협력 관계를 추진하는 과정이 일본 문화와 맞았기 때문에, 일본의 자동차 산업을 세계 유수의 수준으로 끌어올릴 수 있었다고 봅니다.

단, 현재 일본의 수많은 자동차 제조사를 제치고, 가장 시장 가치가 높은 자동차 기업은 테슬라입니다. 그것은 테슬라가 신뢰성 높은 자동차를 생산하기 때문도, 기술이 뛰어나기 때문도 아닙니다. 그런데도 현재 자본주의 시장에서 시대의 총아가 된 이유는 데이터 기업으로서 테슬라의 가치 때문입니다. 투자자들은 테슬라를 자동차 기업이나 전기차 제조업체로 보지 않습니다. 구글, 애플, 페이스북과 같은 카테고리로 묶지요. 테슬라처럼 커넥티드 카로부터 얻을 수 있는 데이터를 모으는 기업은, 모빌리티 서비스를 제공하는 데 매우 유리한 입장에 서게 됩니다. 새로운 모빌리티경제 안에서 큰 이익을 거둘 수 있기 때문이지요.

기존 자동차 제조사의 가장 큰 도전은 '어떻게 하면 테슬라와 같은 데이터 기업을 이길 수 있을까'라고 봅니다. 게다가 이런 데이터 기업은 20년도 더 전부터 데이터에 계속 주력하고 있어 벌써 이 분야의 전문가가 되어 있습니다.

여기서 관건이 되는 것이 블록체인입니다. 자동차 제조사가 단독으로 가진 데이터의 양에는 한계가 있습니다. 그러나 많은 기업이 참여해 데이터를 공유하는 비즈니스 네트워크가 실현되면, 이 네트워크 안에서 거대한 데이터 풀과 자율주행에 필요한 뛰어난 알고리즘을 얻을 수 있습니다. 그리고 '협업 네트워크 속에서 협력 관계를 구축해 경쟁 우위를 확보하는 데 능숙한' 자동차 기업은 이런 네트워크 속에서 원래의 강점을 더욱 잘 살릴 수 있게 될 것입니다.

다시 말해, 블록체인기술과 기존의 강점을 조합하면, 매우 큰 경쟁 우위를 확보할 수 있지 않을까 생각합니다. 또 그렇게 되기를 바랍니다.

• • 매우 흥미롭고 설득력 있는 고찰입니다. 일본 자동차 기업들에 큰 희망이 될 것 같습니다. 단지 한편으로는 테슬라 같은 기업이 블록체인을 도입하면 최강의 모빌리티 기업이 될 가능성이 있다고 볼 수 있지 않을까요? 테슬라는 MOBI에 관심을 보이고 있는지요?

밸린저 | 현시점에서는 아직 테슬라가 MOBI에 직접 관심을 보이지는 않고 있습니다. 하지만 언젠가는 MOBI에 가입해주기를 바랍니다. 지금은 공유 비즈니스를 잘하는 기업이라고 할 수 없지만, 테슬라가 만약 동참해준다면 순식간에 다른 기업들과 협업 관계를 구축할 힘을 갖추게 될 것이라고 생각합니다. 매우 움직임이 빠르고, 새로운 기술을 익히는 데 뛰어난 기업이니까요.

⊙ 자동차 제조 기업에 요구되는 DX

• • 후카오 씨, 아시아 기업들은 일본 자동차 제조사들을 어떻게 보고 있습니까?

후카오 | 일본 자동차 회사의 강점에 대한 크리스 씨의 지적은 정말 맞는 말이라고 생각합니다. 여기에 한 가지를 더 추가하자면, 도요타를 비롯한 일본 자동차 회사들은 '싸고 품질 좋은 차를 딜러가 친절하고 공손하게 판다'는 강점도 갖고 있습니다. 저는 이 부분을 굉장히 독특한 장점으로 봅니다.

현재 일본 딜러들의 상황을 보면, 재편 중에 있습니다. 인구가 감소하고 있기 때문에 어쩔 수 없는 일이지요. 하지만 그로 인해 일본 딜러만의 개성이 사라지는 것은 큰 문제라고 봅니다.

크리스 씨가 말하는, '데이터를 가진 자의 강점' 측면에서 보자면, 일본의 자동차 딜러들이 몇 세대에 걸쳐 정중하게 차를 팔며 축적해 온 고객 데이터는 매우 큰 강점입니다. 다만 거기에 블록체인을 포함한 DX(디지털 전환)가 요구되고 있는 것은 아닐까요?

저는 그것이 일본 자동차 회사들의 다음 발전을 기약할 열쇠가 되리라 생각합니다. 이것이 성공하면 '일본형 모델'로서 해외에 진출할 정도로 큰 강점이 되지 않을까 하는 기대도 품어보고 있습니다.

앞으로 모빌리티 서비스에서는 물건을 이동시키는 것에서 가치를 이동시키는 것으로 발상의 전환이 요구됩니다. 그런 가치의 원천은 지역 데이터입니다. 고유성 높은 지역 데이터를 관리하는 사람이 딜러이기 때문에, 데이터와 딜러를 잘 활용하면 뉴노멀 시대의 비즈니스에서도 진가를 발휘하게 될 것입니다.

지금까지 일본 자동차 회사의 강점은 '싸고 품질이 좋은 자동차를 만드는 것'과 '친절하고 공손하게 파는' 것 사이에 균형이 잡혀 있었다는 점입니다. 그런데 지금은 '자동차를 만드는 것'에 치우쳐 있다는 생각이 듭니다. 그리고 차가 획일화되어 있을 뿐 아니라 딜러의 모빌리티 서비스 자체도 획일화시키려는 움직임 때문에 개성이 지워져버리는 문제가 있습니다.

자동차 제조사들이 한 번 더 '세심한 판매'에 공을 들이면 국가 안에서도 성장할 가능성이 있다고 봅니다. 차를 파는 것 이외의 서비스도 할 수 있기 때문입니다.

• • 애초에 블록체인의 안전성이 담보되고, 블록체인 네트워크의 자율적인 관리가 가능하다고 보는 배경에는 많은 데이터 마이너Data Miner들의 감시 아래 분산원장이 실현되고 있기 때문이라고 볼 수 있습니다. 그런데 자동차에 블록체인을 활용할 때 데이터 마이너의 부족 등 데이터 마이닝에 문제가 생기지는 않을까요?

밸린저 | 자율주행 개발에서 경쟁 우위는 운전 데이터를 많이 얻어

좋은 알고리즘을 쌓아가는 데 있습니다. 테슬라의 차에는 많은 센서가 달려 있고, 전 세계를 달리는 테슬라 차로부터 얻은 수많은 데이터를 본사에서 수집하고 있습니다. 당연히 테슬라가 가진 자율주행 관련 데이터의 양은 점점 방대해지고 있습니다. 한편, 구글의 자율주행차 개발 기업 웨이모도 많은 테스트와 시뮬레이션을 하면서 엄청난 데이터를 수집하고 있습니다.

이런 기업들이 데이터를 공유하는 협업형 비즈니스 네트워크를 활용하면 큰 경쟁 우위를 획득할 수 있습니다. 참가자 각자가 가진 데이터에 접근할 수 있는 연방형 머신러닝이 가능하면 더 많은 데이터를 활용할 수 있기 때문입니다. 그것이 바로 미래의 자율주행이 가져야 할 본연의 모습이라고 생각합니다.

한편, 지금까지의 흐름을 보고 있으면, 자율주행 개발이 어떤 의미에서 막다른 골목으로 치닫고 있었다고 할 수 있습니다. 왜냐하면 지금까지 개발된 알고리즘은 각각의 차를 하나의 유닛으로 삼아 움직이려고 하기 때문입니다. 그러나 실제로는 로컬 네트워크에 연결되어, 주위를 달리는 다른 차들의 정보도 아울러 활용해야만 보다 안전하고 능숙한 자율주행을 실현할 수 있습니다.

여기서도 데이터 마이닝은 경쟁 우위의 열쇠가 됩니다. 그러나 그것은 현재 일반적으로 인식되는 그런 데이터 마이닝과는 다를 것입니다. 자율주행을 위한 블록체인 네트워크에서 데이터 마이닝은 사일로(사일로란 시멘트, 곡물, 비료 등을 저장하는 탑 모양의 창고를 가리킴. 비즈니스에선 업무 프로세스나 각종 시스템이 고립되어 정보가 연계되어 있지 않은 모습을 말함. 그 결과 빅 데이터나 AI 활용을 위해 데이터를 수집할 때, 필요한 데이터가 어디에 있는지 파악할 수 없게 됨 - 옮긴이) 형태가 아니라, 데이터가 네트워크로부터 에지(네트워크의 말단)들 사이를 오가며, 달리는 차량들과 주변 인프라가 서로 커뮤니케이션 하는 모습으로 확대될 것입니다. 거기서 데이터 마이닝은 실시간으로 지도를 갱신하고 위협을 측정하며, 정체나 위험 정보, 다른 차량의 접근 및 충돌 정보 등을 주고받기 위해 활용됩니다. 따라서 데이터나 데이터 마이닝이 관건임에는 변함없지만 기존의 것과는 다른 종류의 데이터 마이닝이 될 것이고, 바로 그런 점이 경쟁 우위를 확보하는 열쇠가 될 것입니다.

물론 여기서도 블록체인과의 조합이 중요하겠지요. 데이터를 공유하고, 안전한 ID를 할당해 에지들끼리 확인하지 않으면, 신뢰성을 보장할 수 없으니까요.

⊙ 신뢰의 프로토콜

• • 마지막으로 이 책의 독자들에게 전하고 싶은 말씀을 부탁드립니다.

밸린저 | 앞으로도 우리의 활동에 관심을 가져주고, 동시에 이 책을

즐기셨으면 좋겠습니다. 이 책은 지금 세계적으로 블록체인이나 모빌리티가 어떤 변화를 일으키고 있는지를 아는 데 귀중한 책이 되리라 생각합니다.

후카오 | 전 마지막으로 일본인이 왜 블록체인과 잘 맞는지에 대해 이야기하고 싶습니다.

일본 사람들은 고대로부터 신뢰의 프로토콜을 새롭게 만들어내거나 과감하게 업데이트하는 것을 잘해왔습니다. 왜냐하면 일본 사회는 역병과 공존하거나 싸우면서 형성되어왔기 때문입니다. 그런 역사는 방방곡곡의 신사에 얽힌 신화로 응축되어 남아 있습니다.

일본 사람들은 보이지 않는 존재나, 인지를 초월한 존재가 갑자기 찾아와 사회에 피해를 입히면, 신사를 지었습니다. 그것은 모종의 '간접적 상호 호혜Indirect Reciprocity(사회에 무엇인가 좋은 일을 하면, 나중에는 자신에게 좋은 일이 일어난다고 믿는 사고방식)'를 통해 공존하고 공영하려는 정신에서 나온 행동입니다. 또, 교토의 기온마쓰리(역병의 원인이 되는 악령을 잠재우기 위해 해마다 여름에 여는 축제 - 옮긴이)와 같이 백성들이 힘을 합해 역병(바이러스)을 길들이고자 하는 것이 일본의 문화입니다.

사토시 나카모토라는, 일본 이름을 가진 사람이 블록체인을 만든 것은 어떤 의미에서 필연이었다는 생각이 듭니다. 지금까지 인터넷 사회에 부족했던 신뢰의 프로토콜을 만들어냈다는 의미에서도 블록체인은 일본인의 발상과 가깝습니다.

지난 20년간 실리콘밸리가 세계의 중심이었고, 일본의 기업 경영자들은 실리콘밸리를 부러운 눈으로 바라보았습니다. 그런데 실리콘밸리에서 태어난 기술이 일본인이나 일본에 적합한 것이었느냐 하면, 저는 그렇지 않았다고 봅니다.

코로나19 팬데믹 속 일본의 정부나 기업의 움직임을 보면서 느꼈습니다만, 지금까지 많은 사람이 그토록 실리콘밸리를 부러워하며 배우려 했음에도 막상 일본의 디지털화는 그다지 진행되지 않았습니다.

자동차 산업도 그렇지만, 지금은 많은 분야에서 일본만의 독특한 산업 모델을 만들기가 쉬워지고 있습니다. 이런 현상을 주도하는 것은 첫째, 지역경제 활성화요, 둘째는 순환경제 구축입니다. 이는 일본 내에서 실현이 가능한 것으로, 예를 들어 자동차 딜러처럼 현지의 데이터를 풍부하게 가진 사람들이 잘 만들어갈 수 있지 않을까요?

일본의 자동차 산업은 위기를 기회로 바꿀 수 있는 국면에 있습니다. 그리고 그 열쇠가 바로 블록체인입니다. 블록체인을 활용하면 코로나19 위기를 기회로 바꿀 수 있을 것입니다. 현재, 자동차 산업의 경영 상황은 어렵습니다만, 새롭게 찾아온 기회를 잘 잡으면 부활의 실마리가 보일 것이라 믿습니다. 그래서 저는 이를 위해서도 MOBI의 활동이 계속 이어지기를 바랍니다.

후카오 산시로

자동차 애널리스트인 제가 블록체인과 MOBI에 관심을 가지게 된 계기는, 2019년에 크리스 씨를 만나면서부터입니다. 당시 그는 도요타 재직 시절부터 블록체인을 어떻게 바라보았는지, 그리고 MOBI를 어떻게 설립하게 되었는지를 이야기해주었습니다.

블록체인을 알면 알수록 저는 예로부터 일본 상인들이 품어온 '산포요시(三方よし : 파는 사람도 좋고, 사는 사람에게도 좋고, 세상에도 좋은)' 정신과 통한다는 느낌이 들었습니다. 그래서인지 새로운 것을 만났다기보다는 오히려 뭔가 그리운 옛것을 만난 듯한 신기한 기분이 들었습니다. 그리고 가능한 한 많은 사람들과 MOBI를 통해 블록체인 세계관을 공유해야겠다는 모종의 사명감을 느끼게 되었습니다. 대학에서 경제학을 전공한 문과 출신으로서 고도의 암호기술을 기반으로 한 블록체인을 이해하느라 고생하기는 했지만, 강한 열정을 품고 이 책을 집필했습니다.

저는 블록체인에 강하게 끌리는 DNA를 가지고 있습니다. 왜 그런지를 제 고향과 산포요시에 대한 이야기를 통해 조금 소개해드리고 싶습니다.

저는 도쿄에서 태어났지만 본적지는 시가현 오미하치만시에 있는 비와호 근처 작은 마을입니다. 이곳은 아즈치모모야마 시대(16세기 말에서 17세기 초 - 옮긴이), 천하 통일을 위해 오다 노부나가가 가 성을 쌓은 장소로서 유명한 곳입니다만, 제 조상은 오다 노부나가 시대보다 훨씬 앞선, 그러니까 지금으로부터 약 900년 전부터 이곳[당시는 오미국(近江国)]을 지키던 군사 귀족이었습니다. 어릴 적부터 조상의 묘를 찾아 아즈치를 방문할 때마다 이 고장의 독특한 분위기를 즐겼고, 조상들 이야기에 관심을 가지고 있었습니다.

약 500년 전인 1549년(오다 노부나가가 아즈치로 오기 전), 오미국의 수장인 롯카쿠 사다요리는 상업 자유화 정책인 '라쿠시레이(樂市令)'를 내려 이른바 '오미 상인'이 출현하는 기초를 마련했습니다. 롯카쿠 가문의 가신이자 '미쓰이 가문의 시조'인 미쓰이 다카토시의 조부 미쓰이 다카야스는 오다 노부나가에게 패배해 이세·마쓰사카(伊勢·松阪)로 이주할 때까지는 아즈치에서 무사로 지냈습니다.[1)]

한편, 이바 테이고는 이곳에서 일본 최초의 환경·CSR 경영이라고 불리는, 벳시 구리 광산의 식림 사업을 시작했고, '스미토모 그룹 중흥의 선조'가 되어, 오사카 상업 강습소(大阪商業講習所, 오사카 시립대학교의 전신)를 고다이 토모아쓰 등과 함께 세웠습니다.

한편, 메이지 시대의 육군 대장으로 학습 원장도 지낸 노기 노조노리나 탐험가인 마미야 린조도 이곳 출신 인물이며, 최근 사람으로는 아사히 맥주 중흥의 시조인 고(故) 히구치 히로타로도 있습니다. 이들 아즈치 출신 위인들이 남긴 말이나 업적의 근저에는, 사회나 커뮤니티를 좋은 곳으로 만들고자 하는 사상이 있습니다. 즉, 이 책에서 지금까지 강조해온 SDGs나 CSR과 통하는 면이 있었습니다.

그리고 400년 이상 전부터, 아즈치는 이탈리아와 교류를 계속해왔습니다.[2] 1580년, 오다 노부나가가 예수회의 이탈리아인 선교사 알레산드로 발리나노Alessandro Valignano 신부에게 일본 최초의 세미나리오Seminrrio(가톨릭 중등 교육학교)를 아즈치에 개교하도록 허가했던 것이 그 시작입니다. 당시의 세계적인 트렌드였던 르네상스의 문화와 풍습이 아즈치를 중심으로 오미로 흘러들어 아즈치 성의 설계 디자인에 영향을 주었을 뿐 아니라 복식부기의 개념도 도입되었습니다.[3]

발리나노 신부는 오다 노부나가를 대신해 교황에게 아즈치 성을 그린 병풍을 선물한 후 덴쇼켄구(天正遣欧) 사절단과 함께 활판인쇄기도 일본에 가져왔습니다. 게다가 아즈치의 세미나리오는 나가사키(長崎)·아리마(有馬)의 세미나리오와 함께 일본 학교교육(일반교양교육)의 출발점이라는 평가를 받고 있습니다.[4]

이처럼 제 고향 오미·아즈치는 사회적 책임의 개념이 오래전부터 뿌리내려온 곳입니다. 그리고 이곳 출신인 히구치 히로타로가 했던 말, "전례가 없다, 그러니까 한다"가 보여주는 것은 과거 경험칙에 사로잡히지 않는 프런티어 정신입니다. 또, 이 지역은 예로부터 다른 문화에 대한 관용과 교육에 대한 열정이 넘치던 곳입니다.

이런 땅에서 생겨난 '산포요시' 정신은 파는 사람, 사는 사람, 세상도 모두 이롭게 하려는 오미 상인들의 특성이 될 수밖에 없었습니다. 사실 산포요시는 오미 상인이 한 말이 아니며, 역사적인 문헌에도 존재하지 않습니다.[5] 다만 최근에 만들어진 '산포요시'라는 캐치프레이즈에서 나타나는 정신을 오미 사람들의 수많은 활동과 말에서 찾아볼 수 있기 때문에 언급해보았습니다.

'산포요시'를 드러내는 오미 사람들의 말을 살펴보면, 이런 것들이 있습니다. 소액의 자기 자본금으로 사업을 확대하고 리스크를 분산하는 합자 형태로 조직을 운영하는 '승합거래(乗合商い)', 오미의 상품을 지방에서 판매한 다음, 그 돈으로 지방의 물산(상품의 원재료)을 구입해 오미로 가지고 와 판매한 후 경영 효율화를 꾀하면서 지방 화폐를 그 지역에 남기고 오는 '가지고 돌아오기 거래(持ち下り商い)', 자신의 노력으로 얻은 공덕(功德)을 자신이 받으면서 다른 사람을 위해서도 이익을 도모한다는 불교 용어 '자리이타(自利利他)', 남모르게 신사 불각에 기부하는 사회적 선행을 가리키는 '인토쿠젠지(陰德善事)', 이익은 목적이 아니라 사회적 임무를 수행한 데 대한 혜택으로 따라오는 것이란 의미를 지닌 '리와요타쿠(利は余沢)' 등입니다.

이 중에서도 오미 사람들의 정신을 가장 잘 담아내고 '산포요시'의 핵심을 이루는 말은 '리와요타쿠'입니다. 에도 말기부터 메이지 시대에 이르는 동안 오미에서 생겨난 이 정신은, 당시 유럽에서 일본으로 유입된 프로테스탄티즘의 직업윤리나 자본주의의 정신에 불교의 정신을 융합시켜 일본 정서에 맞게 응용한 것입니다. 즉, 상업이 있기 때문에 생산과 소비가 조화를 이루게 된 것이므로, 상업은 이 세상의 조화를 관장하는 신의 뜻에 잘 맞는 직업이며, 상인이 물자 유통에 종사하는 것 역시 신의 뜻에 맞는 사회적 역할을 수행하는 것이란 뜻입니다. 이익은 유통 활동을 한 결과에 신이 은총으로 내려주는 것이라는 프로테스탄트 직업윤리와 아주 비슷한 것이 '리와요타쿠'이지요.

지속가능한 발전의 핵심은 지속가능한 경영 추구와 사회봉사를 중시한 사상입니다. 그런 의미에서 예로부터 오미에는 '리와요타쿠'를 중심으로 그런 사상이 이미 뿌리내리고 있습니다. 그리고 '산포요시' 경영에는 분산형 네트워크에서 볼 수 있는 정신이 살아 있습니다. 예를 들어, '개인'의 능력을 끌어내면서 합리성을 추구하고, 커뮤니티와 사회 전체가 함께 가치를 공유·유통하려는 개념과 함께 공존·공영하기 위한 상호 호혜 정신이 깃들어 있습니다. 블록체인의 개념이나 사상과 상통하는 면이 있지요.

이런 지역에서 대대로 내려오는 DNA를 물려받은 저는 500년 전부터 지속되어온 고향의 독특한 풍토 및 문화와 500년 만의 대변혁을 불러일으키고 있는 블록체인 사이에서 공통점을 찾아냈습니다. 제가 블록체인에 강하게 끌린 이유는 이처럼 뿌리 깊은 이유를 가지고 있지요. 그리고 제게 그랬던 것처럼 블록체인은 일본과 일본인 모두에게 친화성이 높은 기술이자 개념이라고 믿습니다.

마지막으로, 이 책의 집필을 도와주신 크리스 씨에게 깊은 감사를 드립니다. 크리스 씨와 처음 만났을 때 대학의 전공이나 커리어 분야가 금융업으로 같았기 때문에 경제학 이야기로 분위기가 무르익었던 것을 기억합니다. 제 모교 LSE의 로널드 코스 교수와 LSE에서도 교편을 잡았던 조지 애커로프 교수가 UC버클리에서 크리스 씨를 가르쳤기 때문에 우리는 같은 스승의 가르침을 받은 제자라는 공통점이 있었습니다. 게다가 모빌리티에 있어서의 '정보의 비대칭성'을 해결하기 위한 방법으로 블록체인을 추구한다는 점도 비슷했습니다.

저는 이미 20년 전 지속가능한 개발이나 이산화탄소배출권 거래를 본고장인 LSE에서 배웠습니다만, 이런 테마가 블록체인과 밀접하게 관련되며 일생 동안 추구할 사업이라는 사실을 깨우쳐준 것은 크리스 씨와 MOBI 커뮤니티였습니다.

지금까지 내가 만난 '도요타맨' 중에서도 크리스 씨는 누구보다도 도요타를 친밀하게 생각하고 있는 분입니다. 누구보다 더 정확하게 도요타를, 그리고 일본 기업을 이해하고 있는 그의 안목에 깊은 감명을 받았습니다. 그의 높은 이해력과 통찰력의 배경에는 무언가 있지 않을까 하는 탐구심에서(애널리스트로서의 직업정신인가 봅니다) 여러 가지 질문을 해보았는데, 뜻밖에도 흥미로운 패밀리 스토리를 듣게 되었습니다.

미국 펜실베이니아주 필라델피아 출신인 크리스 씨는 그가 태어나기 전인 1953년 이곳을 방문한 아키히토 전 일왕(당시 왕자)이 자신의 어머니와 함께 트랙터를 타고 찍은 사진을 어릴 때부터 자주 봤다고 합니다. 영어를 매우 유창하게 구사하는 아키히토 왕자는 트랙터를 직접 몰고 소젖을 짜보았고, 어머니와 취미인 스키에 대해 이야기를 나누기도 했다고 합니다. 또, 크리스의 부모님과 함께 점심식사까지 하며 즐거운 시간을 보냈다는 이야기를 자주 들었다고 합니다. 당시 크리스 씨 부모님이 할아버지와 함께 살던 집은 필라델피아 근교의 농장이었다고 합니다. 전후 처음으로 미국을 찾은 아키히토 왕자는 소년기 영어 가정교사였던 엘리자베스 바이닝Elizabeth Vining 부인의 자택에서 일본에서 파견된 사람들과 함께 머물렀다고 합니다. 그때 바이닝 부인과 친하게 지내던 크리스 씨의 친가에 찾아와 근대 농업을 체험했다고 합니다. 필라델피아와 일본의 교류는 이미 1860년에 시작되었는데, 전후에는 1953년 왕자의 방문을 계기로, 일·미 우호 관계가 재구축되기 시작했다고 합니다. 필라델피아 출신인 크리스 씨가 일본과 도요타를 친밀하게 생각하는 것은 대를 거쳐 물려받은 DNA에 있다고, 저는 생각합니다.

크리스 씨가 추진하는 웅장한 프로젝트인 MOBI를 미력하나마 돕고 싶다고 결심한 이유는 이 프로젝트가 일본과 일본 경제를 대표하는 자동차 산업에 필요하다고 느꼈기 때문입니다. 예기치 않게 제 전작《모빌리티 2.0》에서 MOBI를 다룬 것이 크리스 씨를 포함한 MOBI 커뮤니티와 인연을 맺는 계기가 되어주기도 했습니다. 고향과 뿌리를 되돌아보게 하고, 또 일생을 걸 사업을 찾아준 이 인연에 감사드리며, 앞으로도 가능한 한 오래도록 이어지기를 바랍니다.

이 책은 크리스 씨를 비롯한 MOBI 회원들을 중심으로 수많은 분들의 도움이 있었기 때문에 세상의 빛을 보게 되었습니다. 특히 아래의 분들과 토론이나 정보 교환을 하면서 블록체인이나 차세대 모빌리티에 대한 이해가 깊어졌습니다. 깊이 감사의 말씀을 드립니다.

(직함은 취재 당시, *는 MOBI 회원조직)

- Tim Bos, Co-Founder and Chairman, ShareRing *
- Jörg Böttcher, Vice President, Automotive Division, Honda R&D Europe *
- Prof. Praphul Chandra, Founder and CEO, Koinearth *
- Ryan Chew, Managing Partner and COO, Tribe Accelerator *
- Hock Lai Chia, Co-Chairman, Blockchain Association Singapore
- Lman Chu, Co-Founder and CEO, BiiLabs*
- Chris Dai, CEO, Recika Co., Ltd.
- Damien Declerq, Founder and CEO, Spring Mobility GmbH
- Hisashige Doisaki, General Manager, Telematics&Mobility Service Business Development, Aioi Nissay Dowa Insurance Co., Ltd. *
- Christian Ferri, CEO, GEER

- Michal Filipowski, Engineering Group Manager -iHUB and Open Innovation, General Motors *
- Andreas Freund, Blockchain Swiss Army Knife, ConsenSys *
- Mamoru Fujimoto, Representative Director and CEO, SBI R3 Japan Co., Ltd. *
- Jeremy Goodwin, CEO, SyncFab *
- Ryotaro Hayashi, Planning&Administration Dept., General Products&Realty Company, ITOCHU Corporation
- Sebastien J. B. Henot, Senior Manager, Digital Business Integration, Accenture Digital *
- Kurtis Hodge, Economist, Local Motors Inc.
- Akio Ikemoto, Senior Sales Manager, Global Automotive-Japan. Amazon Web Services *
- Hideki Imai, Emeritus Professor, The University of Tokyo
- Darren Jobling, CEO, ZeroLight
- Kit Ker, Deputy Director, Enterprise Singapore *
- Hiroyuki Kitayama, Automotive Industry CTO, Distinguished Engineer/ Technical Director, IBM Japan Ltd. *
- Christian Köbel, Senior Project Engineer, Honda R&D Europe *
- Yasuhiro Komine, General Manager, IT Innovation Promotion Division, Honda Motor Co., Ltd. *
- Johannes Klepsch, Product Owner Emerging Tech&DLT, BMW Group *
- Dr. Yossapong Laoonual, President, Electric Vehicle Association of Thailand EVAT Richard Ma, Co-Founder and CEO, Quantstamp *
- Suvranil Majumdar, Lead at IFC, World Bank Group
- Kanta Matsuura, Professor, Institute of Industrial Science, The University of Tokyo

- Gregory May, Managing Director, Continental Tire Japan *
- Pramita Mitra, Pd. D., Research Supervisor, IoT&Blockchain, Ford Motor Company *
- David Noack, Blockchain Specialist, Continental AG *
- Tatsuya Okabe, Dr.-Ing., General Manager, Advanced Software Development Dept., Denso Corporation *
- Katsuji Okamoto, CEO, Kaula Inc. *
- Robin Pilling, Head of Product, Mobility Blockchain Platform, Daimler Mobility
- Bruce Pon, Founder and Board Member, Ocean Protocol Foundation Ltd. *
- Aishwarya Raman, Associate Director, Ola Mobility Institute
- Rajat Rajbhandari, CIO, Co-Founder and Board Member, dexFreight
- Douglas Ramsey, Partner, HYT Global Advisors
- Harri Santamala, CEO, Sensible4
- Punit Shkla, Project Lead in AI and Blockchain, World Economic Forum *
- Anne Smith, Head of Mobility and Automotive, IOTA Foundation *
- Ben Stanley, Global Research Lead, Automotive, Aerospace&Defense, IBM Institute for Business Value *
- Naosumi Tada, Representative Director and President, ZF Japan Co., Ltd. *
- Michiyasu Takada, Head of Blockchain Unit, IBM Japan Ltd. *
- Junya Takahashi, Dr. Eng., Department Manager, Center for Technology Innovation, Hitachi Ltd. *
- Terence Tan, Lead Consultant, Geospatial Specialist Office, GovTech Singapore (Alex Tapscott, Co-Founder, Blockchain Research Institute)
- Susumu Tategami, Mnaging Director and CEO, Aioi Dowa Services Asia Pte. Ltd. *

- Wayne Tian, Overseas Operation Director, CPChain *
- Martin Ting, President, HYT Global Advisors
- Risto Vahtra, Founder and CEO, HIGH MOBILITY
- Thosten Weber, CEO, ZF CAR eWsllet GmbH *
- Holger G. Weiss, Founder and CEO, German Autolabs
- Allen Wong, Director of Innovation, Japan, MRN Worldwide Inc.
- Munetoshi Yamada, Corda Evangelist, Head of Business Development Dept., SBI R3 Japan Co., Ltd *
- Allen Zhang, 销售总监, 人工知能系,百度
- Prof. Yin Zhifang, 博士 副研究員, 中國交通運輸部科學研究院城市交通研究中心 *

전작에 이어, 이 책의 일본판을 편집해주신 닛케이 BP 출판부의 아카기 유스케 씨가 집필과 관련해 정확한 지적과 조언을 해주었습니다. 또, 〈니혼게이자이〉 신문사의 나카야마 준지 씨는 이 책을 집필하기 전부터 자동차 산업이나 디지털기술의 최신 동향에 대해 의견을 교환해주었습니다. 이 두 분의 도움으로 출간된 전작이 크리스 씨를 포함한 MOBI와 인연을 맺도록 해주었고, 그로 인해 저는 블록체인의 세계에 뛰어들게 되었습니다. 책 쓰기의 훌륭함을 가르쳐주신 두 분께 깊이 감사드립니다.

이토추 상사와 이토추 종합연구소의 여러 선배와 동료들에게도 감사드립니다. 특히, 마토바 요시코 조사·정보 부장과 아키야마 이사무 이토추 종합연구소 대표님은 저의 MOBI 활동이나 집필을 응원해주셨고, 여러 가지 사내 조정을 통해 협력해주셨습니다. 덕분에 자유롭게 조사 및 집필 활동을 할 수 있었습니다. 감사합니다. 이토추의 발상지인 오미의 DNA를 가진 자로서 저는 이토추 그룹과 함께 '산포요시'를 추구해가고 싶습니다.

2020년 3월에 교토대학교 대학원 경제학 연구과 교수를 퇴직하신 시오치 히로미 선생님은 매우 귀중한 가르침과 광범위한 네트워크를 제공해주심으로써, 아시아의 자동차 산업을 깊게 이해할 수 있도록 도와주셨습니다. 코로나19 바이러스 감염 위험 때문에 안타깝게도 교수님의 마지막 강의와 정년퇴직 송별회가 취소되어 이 행사의 발기인 중 한 명인 제가 축사를 하는 것도 불가능해졌습니다. 이 자리를 빌려서나마 깊은 감사의 말씀을 드립니다. 선생님께서 주재하신 교토대학교 아시아 중고차 유통 연구회의 최종 회합에서 블록체인·모빌리티에 대해 강연하도록 해주신 것은 큰 영광이었습니다.

영국 자딘 매테슨 상회Matheson&Co., Ltd.의 제레미 브라운Jeremy John Galbraith Brown 전 이사는 런던에서의 학생 시절부터 어학과 국제 감각을 배우는 데 도움을 주신 저의 인생 스승입니다. 팬데믹이 안정되어 자유롭게 영국에 갈 수 있게 되면, 이 책을 가지고 스코틀랜드 던프리스의 자택을 찾아가 여러 가지 논의를 할 수 있기를 기대해봅니다.

마지막으로 영국 유학에 도전할 수 있도록 허락해주신 부모님께 감사드립니다. LSE에서 배운 것을 이제 겨우 평생 직업으로 살릴 수 있게 되었습니다. 아버지가 43년 전에 국제경영대학원인 IMD에서 공부하시면서 맺은 스위스와의 인연은 저에게도 영향을 끼쳐 블록체인 세계관과 커뮤니티를 이해하는 데 도움이 되었습니다.

이 책의 일본어판 출판계약을 맺고 집필 활동을 시작한 3월 23일은 도쿄 도지사가 기자회견에서 '3밀(밀접/밀폐/밀집)'이란 말을 처음 하면서 긴장감이 고조되던 때였습니다. 그로부터 4개월 남짓한 저의 집필 활동은 코로나19 팬데믹으로 불안한 나날을 보내는 아내 아야코에게 많은 부담을 주었지만, 전작 때와 마찬가지로 이번에도 헌신적인 지원을 아끼지 않았습니다. 아내의 이해가 없었다면 이 책은 완성되지 못했을 것입니다. 고맙다는 말을 전하고 싶습니다. 이제 곧 여섯 살이 될 아들 에이이치로는 별과 블랙홀에 관심이 많습니다. 그런데 아버지의 영향 때문인지 최근에는 가끔 '블록체인'이라고 중얼거립니다. Z세대인 아이가 커서 이 책을 비평해줄 날을 기대하고 있습니다.

2020년 7월 26일 코로나가 계속되는 가운데
도쿄 시부야 자택에서

⊙ 모빌리티 오픈 블록체인 이니셔티브Mobility Open Blockchain Initiative(MOBI)

2018년 5월 2일에 설립된, 모빌리티에 대한 블록체인, 분산원장기술 및 관련 기술의 표준화와 보급을 추진하는 세계 최대의 국제 컨소시엄이자 비영리조직NPO이다. 전 세계 100개 이상의 회원 기업과 조직들을 거느리고 회원사가 중심이 된 분과회Working Group를 운영하고 있다. 전 세계 곳곳에서 국제 전문가 회의Colloquium를 열며, SNS를 활용한 교육 및 계몽활동도 하고 있다. '보다 친환경적이고, 보다 효율적이며, 누구에게나 보다 친숙한 운송 시스템을 만들라Make transportation greener, more eicient and more affordable'를 모토로 한다.

⊙ 주요 회원사·조직

- **자동차 업계** | 미국의 제너럴 모터스GM, 포드, 독일의 BMW, 프랑

스의 르노, 일본의 혼다, 한국의 현대자동차, 독일의 로버트보쉬, 콘티넨탈, ZF, 덴소, 마렐리, 미국의 KAR 옥션 서비스 등.

- **금융·보험 업계** | USAA(전미 자동차협회), AAIS(전미 보험서비스협회), 루트원RouteOne, 아이오이닛세이도와손해보험 등.
- **IT인프라 컨설팅 업계** | 미국 아마존 웹 서비스AWS, IBM, PG&E, 일본의 히타치제작소, 액센추어 등.
- **국제·정부계 조직** | WEF(세계경제포럼), 미국의 노블리스, 중국 교통운수부과학연구원, 싱가포르의 트라이브 액셀레이터TA, 스위스의 크립토밸리협회 등.
- **학술·기술 표준화 기관** | IEEE(미국 전기전자학회), SAE International(미국 자동차 기술자협회), SEMI(국제 반도체 제조 장치 재료협회), EEA(이더리움 기업연합), Blockchain at Berkeley(캘리포니아대학교 버클리 분교 블록체인 학생 단체), 이탈리아 토리노 공과대학교 등.
- **블록체인 업계** | 하이퍼레저, 컨센시스, 트러스티드IOT연합Trusted IoT Alliance, IOTA 재단, Tezos 재단, DAV 재단, DLTL 랩스, 오션 프로토콜, 미국의 R3, 리플, 리플라이Reply, 퀀트스탬프Quantstamp, 누사이퍼NuCypher, 필라멘트Filament, 싱크팹, 영국의 페치에이아이, 독일의 카 이월렛Car eWallet, 스위스의 룩소프트Luxoft, 오스트리아의 리들 앤드 코드Riddle&Code, 스웨덴의 블록체인협회, 싱가포르의 코인어스Koinearth, 호주의 셰어링ShareRing, 중국의 CP체인CPChain, 대만의 비랩스, 카우라 등.

⊙ 분과회

1 차량 ID VID 2019년 7월 세계 최초 VID 표준규격 발표

제1기 | 회장Chair : 르노, 부회장Vice Chair : 포드

제2기 | 회장 : BMW, 부회장 : 포드

2 사용자 기반 운전습관연계보험UBI

회장 : 아이오이닛세이도와손해보험

3 전기차와 전력망의 융합EVGI 2020년 8월 세계 최초로 EVGI 표준규격 발표

회장 : 혼다, 부회장 : GM

4 커넥티드 카와 데이터 거래 시장CMDM

회장 : GM, 부회장 : 덴소

5 공급망SC

회장 : BMW, 부회장 : 포드

6 금융, 증권화 및 스마트 계약FSSC

회장 : 루트원, 부회장 : 오릭Orrick, 헤링턴 앤드 서트클리프 LLPHerrington&Sutclife LLP

참고문헌

1장

- Coase, Ronald (1937) "The Nature of the Firm," *Economica*, New Series, Vol.4, No.16, pp.386-405.
- Schwab, Klaus (2017) *The Fourth Industrial Revolution*, London: Portfolio/Penguin.
- Williamson, Oliver (1981) "The Economics of Organization: The Transaction Cost Approach", *American Journal of Sociology*, Vol.87, No.3, pp.548-577.
- Williamson, Oliver (2002) "The Theory of the Firm as Governance Structure: From Choice to Contract", *Journal of Economic Perspectives*, Vol.16, No.3, pp.171-195.
- Wollschlaeger, Dirk, Jones, Matthew and Stanley, Ben (2018) *Daring to be irst: How auto pioneers are taking the plunge into blockchain*, IBM Institute for Business Value, http://www.ibm.com/thoughtleadershipinstitute-business-value/report/autoblockchain.

2장

- Gelernter, David (1991) *Mirror Worlds*, New York: Oxford University Press, Inc.

3장

- International Energy Agency (2018) *World Energy Outlook 2018*, Paris: IEA Publications
- Ma, Richard et al. (2019) *Fundamentals of Smart Contract Security*, New York: Momentum Press.
- Okabe, Tatsuya. et al. (2019) "Development of Blockchain Technology to Protect

Mobility Data and Traceability Data," *Denso Technical Review*, Vol.24 2019, pp.42-52(in Japanese).

- Sachs, J., Schmidt-Traub, G., Kroll, C., Lafortune, G., Fuller, G. (2019) *Sustainable Development Report 2019*, New York: Bertelsmann Stiftung and Sustainable Development Solutions Network(SDSN).
- Tapscott, Don and Tapscott, Alex (2016) *Blockchain Revolution: How the technology behind bitcoin and other cryptocurrencies is changing the world*, New York: Portfolio/Penguin.
- United Nations, Department of Economic and Social Afairs, Population Division (2019) *World Population Prospects: The 2019 Revision*, https://population.un.org/wpp/.
- World Commission on Environment and Development (1987) *Our Common Future*, https://sustainabledevelopment.un.org/content/documents/5987our-common-future.pdf.
- 吉田寛 (2019) *市場と会計 人間行為の視点から*, 春秋社.

5장

- Harper, Gavin et al. (2019) "Recycling lithium-ion batteries from electric vehicles," *Nature*, Vol.575, pp.75-86.

6장

- Akelof, George A. (1970) "The Market for "Lemons": Quality Uncertainty and the Market Mechanism", *The Querterly Journal of Economics*, Vol.84, No.3, pp.488-500.

7장

- Botsman, Rachel and Rogers, Roo (2011) *What's Mine Is Yours: How collaborative consumption is changing the way we live*, London: Collins.
- Caldecott, Ben eds. (2018) *Stranded Assets and the Environment: Risk, Resilience and Opportunity*, Abingdon, United Kingdom: Routledge.
- Hess, Charlotte and Ostrom, Elinor, eds. (2007) *Understanding Knowledge as Commons: From Theory to Practice*, Cambridge, MA: MIT Press.

- Ostrom Elinor (1990) *Governing the Commons: The Evolution of Institutions for Collective Action*, Cambridge, United Kingdom: Cambridge University Press.
- 宇沢弘文, (1974) *自動車の社会的費用*, 岩波書店.

8장

- Bris, Arturo et al. (2019) *IMD Smart City Index 2019*, The IMD World Competitiveness Center, https://www.imd.org/research-knowledge/reports/imd-smart-Gity-index-2019/
- NITI Aayog (2020) *Blockchain: The India Strategy*, https://niti.gov.in/node/1056
- Raworth, Kate (2017) *Doughnur Ecomomis: Seven Ways to Think Like a 21st-Century Economis*, White River Junction,VA: Chelsea Green Publishing.
- Schumacher, E.F. (1973) *Small i Beautiful: A Study of Economics as if People Matered*, London: Blond&Briggs Ltd.
- 中国信息通信研究院, *区共缝赋能新型智意城市白皮* (2019), 8 November, 2019, http://blogcsdn.net/zhouzhupianbei/article/details/103506824(2020.7.20. 접속)

마무리하는 말

- Weber, Max (1930) *The Protestant Exhic and the Spirit of Capitalim*, London: Allen and Unwin.
- 宇佐美英機 (2015) *近江商人研究と「三方よし」論*, *滋賀大学経済学部付属史料館研究紀要 48号*.
- 宇佐美英機編 (2012) *初代伊藤忠兵衛を追慕する在りし日の父, 丸紅, そして主人*, 清文堂.
- 木本正次 (1999) *伊庭貞剛物語*, 愛媛新問社.
- 小倉榮一郎 (1988) *近江商人の経営*, サンプライト出版.
- 小倉榮一郎 (1990) *近江商人の金言名句*, 中央経済社.
- 末永図紀 (1999) 近江商人中村治兵衛宗岸の「書置」と「家訓」について, ***同志社商学第50巻 5·6号***.
- 樋口炭太郎 (2003) *わが経営と人生*, 日本経済新聞社.
- 星野靖之助 (1968) *三井百年*, 鹿島出版会.
- 村井祐樹 (2019) *六角定頼部門の棟梁,天下を平定す*, ミネルヴァ出版.

1장

1) René Höltschi, "Bosch-Chef: 《Möglicherweise ist der Zenit der Automobilprodu ktionüberschritten》", Neue Zürcher Zeitung, 30 Jan, 2020, https://www.nzz.ch/wirtschaft/bosch-chefzenit-der-autoproduktion-moeglicherweise-ueberschritten-ld.1537237?reduced=true(2020.7.13. 접속).
2) Wollschlaeger, Dirk, Jones, Matthew and Stanley, Ben (2018), 2쪽에서 인용.
3) Schwab, Klaus (2017), 155쪽에서 인용.
4) 이하에서 인용, "Driverless cars are stuck in a jam," *The Economist*, 10 Oct, 2019, https://www.economist.com/leaders/2019/10/10/driverless-cars-are-stuck-in-a-jam(2020.7.13. 접속).

2장

1) 무라야마 게이치, "Apple의 쿡 CEO 'AR이 다음 플랫폼"', 일본, 닛케이신문, 11 Dec, 2019, https://www.nikkei.com/article/DGXMZO53200090Q9A211C1MM8000/(2020.7.13. 접속).
2) 2020.6.10, 웹 인터뷰.
3) 2020.2.19, 독일·베를린 Kaufhaus des Westens의 인터뷰.
4) Toh Ee Ming, "The Singapore irm using blockchain tech to build a smart city", *Tech in Asia*, 14 Aug, 2019, https://www.techinasia.com/singapore-irm-blockchain-tech-build-smart-city(2020.7.14. 접속).

3장

1) Tapscott, Don and Tapscott, Alex (2016), 126쪽에서 인용.

2) Michael del Castillo, "Secretary-General Says United Nations Must Embrace Blockchain," *Forbes*, 28 Dec, 2019, https://www.forbes.com/sites/michaeldelcastillo/2019/12/28/secretary-general-saysunited-nations-must-embrace-blockchain/#46c797a11379(2020.07.14. 접속).

3) "Gains in Financial Inclusion, Gains for a Sustainable World", *The World Bank*, 18 May, 2018, https://www.worldbank.org/en/news/immersive-story/2018/05/18/gains-in-financial-inclusion-gains-for-a-sustainable-world?cid=ECR_TT_worldbank_EN_EXT(2020.7.14. 접속).

4) Marina Petrovic, George Harrap and Jamshed Kardikulov, ""From Russia to Tajikistan": changing the way money moves," *United Nations Development Programme*, 25 July, 2017, https://www.eurasia.undp.org/content/rbec/en/home/blog/2017/7/25/-From-Russia-to-Tajikistan-changing-the-way-money-moves.html(2020.7.14. 접속).

5) International Energy Agency (2018), 5쪽에서 인용.

6) Dumitru Vasilescu, "Here comes the sun… to relieve you from the burden of electricity bills", *United Nations Development Programme*, 25 April, 2018, https://www.eurasia.undp.org/content/rbec/en/home/blog/2018/here-comes-the-sun-to-relieve-you-from-the-burden-of-electricity.html(2020.7.14. 접속).

7) Moonyoung Joe, "Adopting a cedar tree brings diaspora money home", *United Nations Development Programme*, 7 February, 2019, https://www.undp.org/content/undp/en/home/blog/2019/adopting-a-cedar-tree-and-bringing-diaspora-money-home.html(2020.7.14. 접속)

8) Laurie Goering, "Red Cross boosts disaster-prone communities with blockchain 'cash'," *Thomson Reuters Foundation News*, 26 November, 2019, https://news.trust.org/item/20191126123058-xtxvz/(2020.7.14. 접속).

9) Nick Szabo, "Formalizing and Securing Relationships on Public Networks", https://www.fon.hum.uva.nl/rob/Courses/InformationInSpeech/CDROM/Literature/LOTwinterschool2006/szabo.best.vwh.net/formalize.html(2020.7.14. 접속).

10) Okabe, Tatsuya. et al. (2019).

4장

1) Puraphul Chandra, "3 ways you can prepare your supply chain for the posy-COVID-19 economy", *World Economic Forum*, 6 April, 2020, https://www.weforum.org/agenda/2020/04/supply-chains-leadership-business-economics-trade-coronavirus-covid19/(2020.7.14. 접속).

2) Linda Lacine, "Thoughtful blockchain implementation is key to improving supply chains in a post-COVID world", *World Economic Forum*, 28 April, 2020, https://www.weforum.org/agenda/2020/04/blockchain-development-toolkit-implementation-supply-chains-in-a-post-covid-world/(2020.7.14. 접속).

3) 홍콩 카고스마트의 2020년 4월 7일 보도자료, https://www.cargosmart.com/en/news/GSBN-shareholders-pilot-innovative-cargo-release-application-in-shanghai.htm(2020.7.14. 접속)

4) 2020.7.21, 미국 싱크팹의 데니스 델가도 공동창립자 겸 CPO 웹 인터뷰.

5) 키타야마 히로토시, 후쿠다 토모후미, "광물자원의 '책임 있는 조달'에 힘쓰는 RSBN", *IBM*, 30 September, 2019, https://www.ibm.com/blogs/solutions/jp-ja/consortium-supported-blockchain-applications-responsible-sourcing/(2020.7.14. 접속).

6) Tracy Francis and Fernanda Hoefel(2018), '*True Gen': Generation Z and its implications for companies*, McKinsey Insights, November, 2018, https://www.mckinsey.com/industries/consumer-packaged-goods/our-insights/true-gen-generation-z-and-its-implications-for-companies#(2020.7.14. 접속).

7) Davide Sher, "Italian hospital saves Covid-19 patients' lives by 3D printing valves for reanimation devices", *3D Printing Media Network*, 14 March, 2020, https://www.3dprintingmedia.network/covid-19-3d-printed-valve-for-reanimation-device/(2020.7.14. 접속).

8) 2020년 7월 28일, 웹 인터뷰.

5장

1) 2020년 2월 21일, 독일 오펜바흐Ofenbach am Main의 Honda R&D Europe(Deutschland) GmbH 인터뷰.

2) 2019년 11월 13일에 미국 로스앤젤레스에서 개최한 MOBI 국제회의MOBI Colloquium에서

혼다의 프레젠테이션 자료를 필자가 일본어 번역.

3) 2020.5.7, 웹 인터뷰.

4) 이하에서 인용, "Smart E-Mobility Challenge 2019 - Electric Vehicle Charging Use Case", *Youtube*, https://www.youtube.com/watch?time_continue=4&v=XuXcQPSzk5E&feature=emb_title(2020.7.15. 접속).

5) 이하에서 인용, 요시노 아키라·아사히카세이 명예 연구원 회견, 일본기자클럽, 20 December, 2019, https://www.jnpc.or.jp/archive/conferences/35542/report(2020.7.15. 접속).

6) Harper, Gavin et al. (2019), 75쪽에서 인용.

7) Chandler, David L. (2020) "Solar energy farms could ofer second life for electric vehicle batteries: Modeling study shows battery reuse systems could be proitable for both electric vehicle companies and grid-scale solar operations," *MIT News*, 22 May, 2020, https://news.mit.edu/2020/solar-energy-farms-electric-vehicle-batteries-life-0522(2020.7.15. 접속).

6장

1) George Lin, "BiiLabs and TransIOT Drive Blockchain Technology into Usage-Based Insurance(UBI)", *IOTA News*, 23 May, 2019, https://iota-news.com/biilabs-and-transiot-drive-blockchain-technology-into-usage-based-insurance-ubi/(2020.7.15. 접속).

2) 이하에서 인용, "sgCarMart and Ocean Protocol partner to build Singapore's first Know-Your-Vehicle secure data marketplace", *PR Newswire*, 5 July, 2019, https://www.prnewswire.com/news-releases/sgcarmart-and-ocean-protocol-partner-to-build-singapores-first-know-your-vehicle-secure-data-marketplace-300880264.html(2020.7.15. 발간)

3) Ianna Cooper, "Mercedes-Benz leverages on blockchain for secure data tracking", Electric Speciier, 29 August, 2019, https://www.electronicspecifier.com/products/design-automation/mercedes-benz-leverages-on-blockchain-for-secure-data-tracking(2020.7.15. 접속).

4) Danny Nelson, "Sri Lanka's Central Bank Calls for Blockchain-Based KYC Proposals", *CoinDesk*, 2 December, 2019, https://www.coindesk.com/policy/2019/12/02/sri-lankas-central-bank-calls-for-blockchain-based-kyc-proposals/(2020.7.15. 접속).

5) 2017년 8월 7일 스리랑카 콜롬보(스리랑카 자동차수입업 협동조합Vehicle Importers'Association of Lanka의 아시리 다얀 메렌치게Asiri Dayan Merenchige 부회장 인터뷰.

6) 독일 폭스바겐 AG의 2020년 4월 3일 보도자료, https://www.volkswagen-newsroom.com/en/press-releases/volkswagen-with-virtual-motor-show-for-the-first-time-5942(2020.7.15. 접속).

7) Belinda Parmer, "Oi car salesmen: it's time to talk to women, not just their 'husbands'", *The Telegraph*, 26 June, 2014, https://www.telegraph.co.uk/women/womens-life/10925075/Oi-car-salesmen-its-time-to-talk-to-women-not-just-their-husbands.html(2020.7.15. 접속).

8) Cox Automotive (2018), 2018 Car Buyer Journey Study, https://www.coxautoinc.com/learning-center/2018-car-buyer-journey-study/.

9) Luca Mentuccia et al. (2015), *Driving Automotive Growth through Opportunities in the Digital World*, Acccenture.com, https://www.accenture.com/t20150618T023950__w__/us-en/_acnmedia/Accenture/Conversion-Assets/LandingPage/Documents/3/Accenture-Auto-Digital-PoV-FY15-On-Line-Version.pdf%20-%20zoom=50.

10) 미국 아마존의 2020년 6월 26일 보도자료, https://blog.aboutamazon.com/company-news/were-acquiring-zoox-to-help-bring-their-vision-of-autonomous-ride-hailing-to-reality(2020.7.15. 접속).

7장

1) 우자와 히로후미 (1976), "자동차의 사회적 비용", 79쪽에서 인용.

2) "Bologna metropolitana fa (di nuovo) una Bella Mossa", *Comune di Bologna*, 3 April, 2018, http://www.comune.bologna.it/news/bologna-metropolitana-fa-di-nuovo-una-bella-mossa(2020.7.15. 접속).

3) 이하에서 인용, "How Bologna encouraged 15,000 people to ditch their cars", BetterPoints.uk, 9, October, 2017, https://www.betterpoints.uk/blog/watch-this-video-that-shows-how-much-italianusers-love-betterpoints(2020.7.15. 접속).

4) "A MOBI Vision: Car Wallets, Tokens, and the New Economy of Movement?", *Youtube*, https://www.youtube.com/watch?v=ik_WeitjvGM.

5) Caldecott, Ben eds. (2018), 16쪽에서 인용.

8장

1) 도넛 경제 모델이란, 그 이름 그대로 도넛형으로 도식화된 경제 모델이다. 지구 환경의 허용 범위 안에서(도넛의 바깥바퀴), 사회적인 욕구를 충족하면서도(도넛의 안바퀴), 지속가능한 경제적 발전을 실현시킨다(가장 맛있는 도넛 반죽 부분)는 것이다. GDP 성장에 의존하지 않고 빈곤문제와 환경문제를 해결하면서 풍요롭고 행복한 사회를 구축하기 위한 전혀 새로운 경제 모델로 세계적으로 주목받고 있다. 또한 레이워스는 블록체인 추진파이다. 7장에서도 언급했지만, 순환경제는 블록체인과의 친화성이 높기 때문이다.

2) 소니의 2020년 4월 23일 보도자료, https://www.sony.co.jp/SonyInfo/News/Press/202004/20-030/(2020.7.15. 접속).

3) Von Nils Wischmeyer, “Bitcoin-Hype vorbei? Egal!”, *Süddeutsche Zeitung*, 25 July, 2018, https://www.sueddeutsche.de/digital/digitale-waehrungen-bitcoin-hype-vorbei-egal-1.4067323(2020.7.15. 접속).

4) 2020년 2월 19일, 독일 베를린 오션 프로토콜 사무실 인터뷰.

5) 成岚, “习近平在中央政治局第十八次集体学习时强调把区块链作为核心技术自主创新重要突破口加快推动区块链技术和产业创新发展”, *新华网* Xinhuanet.com, 25 October, 2019, http://www.xinhuanet.com/2019-10/25/c_1125153665.htm(2020.7.15. 접속).

6) Yilun Cheng, “Chinese tech giant Tencent launches blockchain accelerator program”, *The Block*, 29 April, 2020, https://www.theblockcrypto.com/linked/63493/chinese-tech-giant-tencent-launchesblockchain-accelerator-program(2020.7.16. 접속).

7) 姚立伟, “百度发布“区块链智慧城市”规划 四大试点在落地中”, *网易科技*, 8 November, 2019, https://tech.163.com/19/1108/18/ETFSF8MI00097U7R.html#(2020.7.16. 접속).

8) Tsai Yi-chu and Frances Huang, “Taiwan intent on becoming global blockchain technology hub”, *Focus Taiwan CAN English News*, 2 July, 2018, https://focustaiwan.tw/sci-tech/201807020027(2020.7.15. 접속).

9) 郭建志, “區塊鏈大聯盟七月成軍”, *工商時報* Commercial Times, 15 June, 2019, https://ctee.com.tw/news/policy/105776.html(2020.7.15. 접속).

10) Bris, Arturo et al. (2019), 8쪽에서 인용.

11) “BiiLabs ID System based on IOTA supports Taipei on the way to Smart City”,

Public IOTA, https://publiciota.com/biilabs-id-system-based-on-iota-supports-taipei-on-the-way-to-smart-city(2020.7.15. 접속).

12) 대만 비랩스의 2018년 11월 15일 보도자료, https://prtimes.jp/main/html/rd/p/000000003.000038637.html(2020.7.16. 접속).

13) 2020.6.15, 웹 인터뷰.

14) Shalini Priya, “Can Blockchain be next big disruption for Indian auto sector?”, *The Economic Times*, 29 April, 2020, https://auto.economictimes.indiatimes.com/news/auto-technology/canblockchain-be-next-big-disruption-for-indian-auto-sector/75419241(2020.7.16. 접속).

15) 가와무라 지카라, “한국, 부산을 블록체인 특구로. 문재인 대통령은 ‘국가의 생존을 위한 규제 완화’ 발언”, Business Insider, 1 August, 2019, https://www.businessinsider.jp/post-195698(2020.7.16. 접속).

16) Park Sae-jin, “Sejong City to establish blockchain-based autonomous vehicle trusted platform”, *Aju Business Daily*, 8 May, 2020, http://www.ajudaily.com/view/20200508135754098(2020.7.16. 접속).

17) Felipe Erazo, “South Korean Government Labels Blockchain a Golden Opportunity”, *Cointelegraph*, 17 April, 2020, https://cointelegraph.com/news/south-korean-government-labels-blockchain-a-golden-opportunity(2020.7.16. 접속).

마무리하는 말

1) 미쓰이 가문의 원조'인 미쓰이 에치고노카미타카야스가 성을 짓고 자리 잡은 곳은 비와호 동쪽 나마즈에(鯰江)다. 1568년 주군인 롯카쿠 사사키가 오다 노부나가와 벌인 싸움에서 패하자 떠돌이 무사가 되어 이세로 이주했다. 그 아들 미쓰이 다카토시(高俊)는 오미의 히노(日野) 출신으로 도요토미 히데요시를 섬긴 마쓰사카 성주 가모 우지사토의 권유로 무사의 길을 버리고 상인이 되었다. 다카토시의 상점은 아버지 다카야스의 이름에 따라 붙었던 ‘에치고노카미'로부터 유래한 ‘에치고덴의 술집'으로 불렸다. 다카토시의 아들인 다카토시(高利 : 아버지와 이름이 같지만, 한자가 다름-옮긴이)가 에도에 진출해, 현재의 도쿄도 츄오구에 포목점 ‘에치고야[현·미츠코시(三越)]'를 1673년에 개점했다. 1683년이 되자 현재의 미츠코시 본점 소재지로 가게를 옮겼고, 일본 최초의 은행인 미쓰이 환전소(나중에 미쓰이 은행이 된다)을 병설했다. ‘미쓰이 에치고야(미쓰코시·미쓰이 은행)'는 미쓰이 그룹의 시작이다.

정확한 사실적인 근거는 없지만, 헤이안 시대의 관백·태정대신이었던 후지와라노 미치나가의 후예인 후지와라노 우마노스케노부나루가 1100년경 교토에서 오미로 이주했을 때 비와호 영지에서 3개(三つ)의 우물(井戸)을 발견했는데 그곳에 보물이 있었고, 이를 기리기 위해 성을 미쓰이(三井)로 고쳐 쓰게 되었다고 전해온다. 호시노(星野)[1968] 및 미쓰이 홍보위원회 홈페이지에서. https://www.mitsuipr.com/history/edo/01/(2020.7.26. 접속).

2) 시가현 오미하치만시 아즈치초는 이탈리아 롬바르디아주 만토바시와 자매결연을 맺고 있다. 역사적 유래를 살펴보면, 16세기 덴쇼켄구 사절이 아즈치 마을이 그려진 병풍 그림을 로마 교황에게 바치기 위해 당시 만토바 공국을 방문한 것이 계기가 되고 있다.

3) 에도 시대 중기(18세기 중반)의 가모군 히노초에서 나카이 겐자에몬이라는 '히노 상인'이 총계정 원장(元帳)에 상당하는 다이후쿠초[大福帳 : 상가(商家)의 매매 원장-옮긴이]와 같은 장부들을 바탕으로 복식결산 구조의 장부 기입법을 확립했다. 이것은 독일식 종합부기법과 같은 것으로, 그 발상은 나카이 가문 쪽이 독일보다 빨랐다. 오미 지역에서 시작된 이런 부기회계 시스템은 여러 지역에서 장사를 하는 히노 상인들을 통해 '나카이 가문 장부 기입법'으로 일본 전국에 알려졌다.

4) 알레산드로 발리나노 신부는 당시 유럽에서는 볼 수 없었던 '적응주의'를 세미나리오(16세기 후반 예수회가 사제 및 수도사 육성을 위해 일본에 세운 초등 교육기관-옮긴이)의 교육에 도입했다. 이곳에서는 예수회 공용어인 라틴어와 라틴어 문학뿐만 아니라, 일본 문화에 적응한 교육으로서 일본어, 일본 고전문학, 일본 문화, 전통 등을 가르쳤다.

5) '산포요시'는 시가 대학교 경제학부 교수 고(故) 오구라 에이이치로의 저서《오미 상인의 경영(近江商人の経営)》(1988)에서 처음 등장한 용어다. 이때 '오미 상인'은, 다카시마(高島) 상인(16세기 말부터 대두), 하치만(八幡) 상인(17세기 초~), 히노 상인(18세기 초~), 고토(湖東) 상인(19세기 중반~)이라는 계보로 이어지며, 시대에 따라 활동 양식이 조금씩 다르다. 주로 비와호 동쪽 기슭의 히코네(彦根)·다카미야(高宮)·도요사토(豊郷)·에치가와(愛知川)·고카쇼(五箇荘)를 본거지로 하는 고토 상인들이 따르던 상인 정신이 나중에 '산포요시 정신'으로 거듭났다. 이런 상인 정신이 문장으로 기록된 것은 고카쇼의 삼베 상인 나카무라 지혜가 1754년에 15세의 후계자에게 쓴 가훈「어린 주인 소지로에게 남김(宗次郎幼主書置)」제7·8조와 이토추 상사·마루베니의 초대 이토 쥬우베의 좌우명에서 볼 수 있다.

자동차 산업과 블록체인이 이끌어갈
새로운 경제 패러다임

모빌리티 이코노믹스

초판1쇄 인쇄 2022년 2월 4일
초판1쇄 발행 2022년 2월 14일

지은이 크리스 밸린저, 후카오 산시로
옮긴이 유윤한

발행인 조인원
발행처 (주)서울문화사
등록일 1988년 12월 16일 | 등록번호 제2-484호
주소 서울시 용산구 한강대로43길 5 (우)04376
문의 02-791-0762
이메일 book@seoulmedia.co.kr

ISBN 979-11-6438-980-3 (03320)

• 책값은 뒤표지에 있습니다.
• 잘못된 책은 구입처에서 교환해 드립니다.